Oskar von Wydenbrugk

Die Deutsche Nation und das Kaiserreich

Oskar von Wydenbrugk

Die Deutsche Nation und das Kaiserreich

ISBN/EAN: 9783743327016

Hergestellt in Europa, USA, Kanada, Australien, Japan

Cover: Foto ©ninafisch / pixelio.de

Manufactured and distributed by brebook publishing software
(www.brebook.com)

Oskar von Wydenbrugk

Die Deutsche Nation und das Kaiserreich

Die deutsche Nation

und

das Kaiserreich

von

Dr. O. von Wydenbrugk,

Großh. Sächs. Geh. Staatsrathe a. D.

Eine Entgegnung auf die unter demselben Titel erschienene
Schrift von H. v. Sybel.

„Entzwei' und gebietel Tüchtig Wort:
Verein' und leitel Beff'rer Hort."

München, 1862.

E. A. Fleischmann's Buchhandlung.

(August Rohsold.)

Vorwort.

—

Wer die nachstehenden Blätter lies't, der findet in denselben zum größten Theile alte Anschauungen, welche sich in jahrelanger Zurückgezogenheit des Verfassers von allem Parteileben durch Nachdenken über das Erlebte, über die Vergangenheit unsres Volkes und durch stete Beobachtung der Gegenwart gebildet oder befestigt haben.

Die bedeutende Arbeit Ficker's „das deutsche Kaiserreich in seinen universalen und nationalen Beziehungen" führte zu einer wiederholten Prüfung der obersten Resultate des Studiums der vaterländischen Geschichte. Ich fand nur einzelne wichtige, aus dem Inhalt gegenwärtiger Schrift von selbst hervortretende Fragen, in welchen ich mit jenem Werke nicht übereinstimmen konnte. Darin hätte ich keine Veranlassung gefunden, denselben Gegenstand zu behandeln, da mir im Uebrigen die Beurtheilung unsrer Kaiserzeit durchaus objectiv erschien. Denn dies ist jede Geschichts= forschung, welche die Ereignisse der Vergangenheit dadurch geistig durchbringt, daß sie den Zusammenhang der= selben mit dem in ihrer Zeit gewonnenen Ideen= kreis erkennt und darstellt. Gewiß ist nichts deutlicher darzuthun, als die fortschreitenden Eroberungen des mensch= lichen Geistes in der, die äußeren Handlungen bestimmenden Gedankenwelt. Auch ist es von hohem Interesse, vergangene Dinge an Ideen der Gegenwart zu messen, welche in einer früheren Zeit dem menschlichen Geiste noch gar nicht, oder nur im Dämmerlichte aufgegangen, oder welche nur von wenigen, ahnungsvoll in die Zukunft vorstrebenden Geistern erfaßt waren, aber noch keine allgemeine Bedeutung hatten. Allein nur, wenn jenes andre Geschäft in möglichster Rein= heit vorausgegangen ist, hat diese zweite Arbeit Werth. Im andren Falle wird sie statt zu nützen, schaden; statt aufzuklären, verwirren.

V

Ganz anders als die Schrift Ficker's wirkte auf mich
die vor einigen Monaten erschienene historisch = politische Ab=
handlung H. von Sybel's: „Die deutsche Nation und das
Kaiserreich." Trotz der fesselnden Darstellung, trotz der
unbestreitbaren Richtigkeit einzelner Partien, befestigte sich,
je mehr ich sie las und wiederlas, der Contrast, in welchem
sich meine Ueberzeugungen zu der allgemeinen Beurtheilung
sowohl unsrer geschichtlichen Vergangenheit, als des Zieles
einer gesunden nationalen Politik in der Gegenwart befinden.
Aus diesem tiefen Gegensatz wissenschaftlicher wie politischer
Ueberzeugungen ist gegenwärtige Schrift entstanden. Sie ver=
meidet jede polemische Form, und strebt darnach, durch eigene
Entwickelung der einschlagenden geschichtlichen Partien die
obersten Gesichtspunkte festzustellen. Die Begründung derselben
ist zugleich die Widerlegung der entgegengesetzten Auffassung.
Die geschichtlichen Thatsachen selbst sind natürlich als bekannt
vorausgesetzt; und nur, soweit es nicht vermieden werden
konnte, ist an dieselben kurz erinnert.

Der „Schluß" dieser Schrift war geschrieben und
zum Druck gegeben, bevor die Noten über die Bundes=

reform von Oesterreich, Bayern, Würtemberg, Sachsen, Hannover, Hessen=Darmstadt und Nassau in Berlin über= geben und von da beantwortet waren. Ich habe in diesen wichtigen Thatsachen nur neue Belege für die dargelegten allgemeinen Grundsätze und keine Veranlassung zu einer Aenderung derselben gefunden.

München, am 16. Februar 1862.

v. Wydenbrugk.

Uebersicht des Inhalts.

Berichtigungen.

S. 8 Z. 6 v. o. lies „Grabe" statt „Zenithe"

S. 9 Z. 4 v. o. lies „nicht blos" statt „nicht"

S. 10 Z. 20 v. o. lies im „Frankenreiche" statt „in Frankreich"

S. 20 Z. 7. und 8 v. u. ist statt des Satzes „der Rhein und die Niederlande waren Ripuarierland" zu lesen: „der Rhein und die Niederlande, das alte Ripuarierland, erhoben sich erst jetzt, unter dem Pipinischen Geschlechte, zur Bedeutung des Kernlandes."

S. 30 Z. 12 v. o. ist das Wort „haben" zu streichen.

S. 74 Z. 13 v. u. lies „betäubenden" statt „bedeutenden"

S. 80 Z. 15 v. o. lies „welchen" statt „welches"

S. 90 Z. 9 v. u. lies „heranzuziehen" statt „herumzuziehen"

Erster Abschnitt.

Karl der Große.

I.

Was die Bildung eines allgemeinen christlichen Kaiserreichs einleitet. Die christliche Kirche — die fränkische Monarchie.

Als am Weihnachtsabend des Jahres 799 Karl dem Großen die Kaiserkrone von der Hand des Papstes in Rom gereicht wurde, vollzog sich da etwas, was auf vorübergehenden Verhältnissen beruhte, oder war es nur die Weihe einer großen Gestaltung, welche, seit langer Zeit vorbereitet, mit geschichtlicher Nothwendigkeit aus den Ereignissen jener Zeit, und aus den in ihr herrschenden Ideen hervorgegangen war? Dies ist die erste Frage.

Die zweite Frage ist die: Welchen Einfluß übte die innere Verschmelzung des weltlichen Königthums mit der propagandistisch-katholischen Idee und mit dem Amt des Schutzherrn der Kirche, auf die politischen Zustände derjenigen Stämme oder Völker, welche wir später den Kern des Reichs deutscher Nation bilden sehen?

Es ist einer der bezeichnendsten Gegensätze zwischen den socialpolitischen Zuständen des Alterthums und denen der folgenden Zeiten, daß dort völkertrennende Ideen vorherrschen, hier aber völkerverbindende Ideen auftreten. Bald erscheinen sie im Hintergrunde, bald im Vordergrunde der Dinge, früher roh und mit rohen Mitteln arbeitend, später geläutert und mit geistigeren

1

Mitteln kämpfend; überall aber schaffen sie, mit den auf Iso=
lirung gerichteten Lebenskräften sich kreuzend, weit complicirtere
Verhältnisse. Wir sehen im Alterthum in ganz anderer Weise
wie später den Menschen im Bürger, die Individualität im Staate
aufgehen, Religionen nach Staatsgebieten sich scheiden, und fremd
und feind zu sinnverwandten Begriffen werden. Doch je mehr
sich die Menschheit dem Zeitpunkte nähert, welcher heute für alle
Culturvölker den Anfang einer neuen Zeitrechnung bezeichnet,
beginnt schon die griechische Geistes= — und die römische Staats=
bildung das Starre der früheren Zeit zu durchbrechen. Wohl
vergeht das Reich Alexanders, dessen Eroberungszug wie kaum
ein anderer von völkerverbindenden Ideen begleitet ist, schnell
wie es entstanden. Aber an dem Geiste seines großen Lehrers,
entzünden sich noch in später Zeit, nachdem mehr als 50 Ge=
schlechter nach ihm gekommen und gegangen sind, andere Geister.
Sie leiten neue Kämpfe, neue Umbildungen ein, gegenüber dem
Stoffe der Gedanken und Stimmungen, welche eine andere Zeit
geschaffen hatte. Und diese andere Zeit hatte, von andern Aus=
gangspunkten aus ansetzend, die Menschheit unter gewaltigen
Wirren und Stürmen ebenfalls nicht für starr abgeschlossene
Volkskreise herangebildet.

Geht man auf die Ausgangspunkte dieser Zeit zurück, so
trifft es sich, daß die Zeitpunkte nahe zusammen liegen, in wel=
chen eine Religion auftritt, welche wie keine zweite in ihrem
innersten Kerne statt nationaler Eigenthümlichkeit das allgemein
Menschliche erfaßt, und in welchem der römische Staat sich zu
einem wahren Weltreich erweitert. Dieses Weltreich war auf
eigenthümlicher fester Grundlage erwachsen. Denn Jahrhunderte
hindurch verfolgte hier nicht der erobernde Geist eines Welt=
stürmers, sondern der erobernde Geist eines Volkes consequent
dieselbe Richtung. Er bildete nicht eines jener schnell entstehen=
den und schnell zerfallenden Völker und — Staatenaggregate,
sondern ein Reich, welches so weit war, daß kein eigentlicher
Culturstaat außer seinen Gränzen bestand, und welches lange
genug dauerte, um römisches Wesen, und römische Sprache dem

größten Theile der unterworfenen Völker so tief einzuprägen, daß sie von diesem wieder zu einem guten Theile auf jene roheren Eroberer übergingen, welche später ihre Herrn wurden.

Bald erfaßt der zur Weltreligion aufstrebende Christenglauben jenes Weltreich. Damals waren die inneren Lebenskräfte, welche es groß gemacht, in dem Maaße in seinem Centrum abgestorben, als es seine kräftigsten Triebe nach Außen gewendet hatte. Nach Außen war es in's Ungemessene gewachsen, im Innern zu einem zügellosen Despotismus ausgeartet. Still und arm, unzählige unbefriedigte Gemüther durch seine innere Hoheit und den Heldenmuth eines entsagenden Martyriums gewinnend, zog die christliche Kirche ein in das römische Weltreich und in die ewige Stadt. Unter furchtbaren Verfolgungen fortwährend wachsend, erringt sie unter Constantin volle Freiheit gegenüber dem nur noch geduldeten Heidenthum, schreitet unter seinen Söhnen zur Unterdrückung des letzteren vor, und steht nach der kurzen Julianischen Reaction zu Gunsten des Heidenthums am Schlusse des 4. Jahrhunderts unter Theodosius auf Grund eines Senatsschlusses als die allein berechtigte Staatsreligion da. Aus der unterdrückten ward nur eine privilegirte, aus der verfolgten eine verfolgende, aus der armen eine reiche, aus der einfachen eine prächtige Kirche. Aus dem anfangs wenig scheinbaren Verbande der christlichen Gemeinden erhebt sich in stolzer Architectonik eine wohlgegliederte Hierarchie. An die Geschichte und Ausbildung des römischen Weltreichs sich anlehnend nimmt der Patriarch von Rom die erste Stelle unter den übrigen ein. Persönlicher Ehrgeiz mischt sich in den Seelen tüchtiger römischer Bischöfe mit einer großen Idee, und die Weltreligion thut den Schritt zur Weltkirche; der Felsen, auf welchem sie ruht, wird lebendig weithin wirkend durch das ganze römische Reich.

Dieser Bau ward auch nicht erschüttert, als im gewaltigen Zusammenstoß der römischen mit der germanischen Welt das römische Reich zerschellte. Mochten auch die Vandalen Rom plündern, mochte auch Romulus Augustulus auf dem Throne der Cäsaren dem Heerführer deutscher Söldner Odoakar und dieser

dem Oſtgothenkönig Theoborich weichen: der römiſche Stuhl
ſchwankte deshalb nicht. Im Gegentheil, unmittelbar darauf
(494) wird das ſchon früher geltend gemachte Primat deſſelben
als Glaubensſatz verkündet, und wenige Jahre ſpäter vom Papſt
Symmachus die Unabhängigkeit der Verfaſſung und Verwaltung
der katholiſchen Kirche vom Staat ausgeſprochen. Wohl machten
nach Wiederherſtellung der griechiſchen Herrſchaft in Italien die
Kaiſer ihre alten Rechte geltend. Allein in dem Maaße wie das
neu gegründete Longobardenreich die griechiſche Herrſchaft ein-
engte und bedrängte, hob ſich auch wieder die Unabhängigkeit des
Papſtthums.

Als aber das Longobardenreich ſelbſt die Unabhängigkeit des
römiſchen Stuhles zu bedrohen ſchien, da bildete ſich zwiſchen
demſelben und dem Papſt Gregor dem Großen (590—604) bereits
ein feindſeliges Verhältniß. Dies blieb auch ſpäter der Grundton der gegenſeitigen Beziehungen, ſelbſt dann, als nach der Zeit
der Königin Theodolinde die arianiſchen Longobarden wie früher
ihr König den katholiſchen Glauben angenommen hatten (unter
König Grimoald von 652—671).

Dieſe Thatſachen würden zu äußerlich erklärt ſein, wenn
man lediglich das arianiſche Bekenntniß des Odoakar, des Theoborich, und einer Reihe der lombardiſchen Könige accentuiren
wollte. Sie waren ſchon bedingt durch den Umſchwung, welchen
die äußere Stellung der Kirche bereits im römiſchen Reiche eingenommen hatte, ferner durch die perſönliche Bedeutung vieler
aufſtrebenden Päpſte, endlich dadurch, daß ſich unter den chao-
tiſchen Völkerwogen jener Jahrhunderte in Italien kein Reich
begründet hatte, welches für die neue römiſch-germaniſche Staatsbildung nur im Entfernteſten etwas Aehnliches bedeutet hätte,
wie das römiſche Reich für die alte Welt.

Ein ſolches erhob ſich erſt allmählig aus dem Frankenreiche.
Wie der römiſche Biſchof die übrigen Biſchöfe, ſo überragte bald
das Frankenreich alle übrigen neuen Staatsbildungen. Dieſes
Reich war gleich von Anfang an in eine beſonders nahe Verbindung zur Kirche getreten. Wir treten hier dem inneren Kerne

des späteren römisch=germanischen Kaiserreiches näher. Deshalb ist es vielleicht erlaubt, daß eine allgemeine Beurtheilung der geschichtlichen Wege unsrer nationalen Entwickelung hier aus= nahmsweise bei der genaueren Betrachtung der geschichtlichen und rechtsgeschichtlichen Thatsachen etwas verweilt. Zunächst muß an einige bekanute Thatsachen erinnert werden.

In Gallien hatte bekanntlich Cäsar eine feste über das ganze Land sich verbreitende politische Ordnung gegründet. Die cel= tische Bevölkerung war sodann gerade hier gründlich romanisirt, und dann von der christlichen Religion und Kirche durchdrungen worden. Als nun das römische Reich fiel, und die große Völker= bewegung auch diesen Boden ergriff, da hatte sich in der Mitte von Gallien von Paris bis zur Loire der römische Statthalter Aegidius als unabhängiger Fürst constituirt, sein Reich auf seinen Sohn Syagrius vererbt. Nachdem diesen der Franke Chlodwig bei Soissons (486) besiegt und verjagt hatte, nahm er seinen Sitz zuerst in Soissons, dann in Paris, demselben Paris, von welchem aus in früherer Zeit Julianus seine Verwaltung geführt, wo ihn die Legionen zum Kaiser ausgerufen hatten. Sein Volk aber, die salischen Franken, hatte hauptsächlich an der Schelde seinen Sitz. Sie blieben noch längere Zeit heidnisch, nachdem Chlodwig von Siegbert, dem König der ripuarischen Franken zu Hülfe gerufen, die Alemannen bei Zülpich besiegt hatte und zum Christenthum übergegangen war. Von dieser neuen Basis, von einem christlich=römischen Mittelpunkte aus, mit welchem er seine Franken in Verbindung bringt, vollzieht nun Chlodwig, vor keinem Mittel zurückschreckend, eine doppelte Arbeit. Er ver= nichtet alle besondern Herrschaften der Franken. Er legt die Art an die Wurzel der selbständigen Reiche, welche andre ger= manische Stämme (Burgunder, Westgothen) auf gallischem Boden errichtet hatten, verschiedene Herren jener durch die Römerherr= schaft geeinten celtisch=römischen Volksmasse; ja er kämpft mit Glück gegen die an die ripuarischen Franken angränzenden rein germanischen Stämme. Seine Söhne arbeiten an seinem Werke in seinem Geiste fort, und einer derselben Clotar vereinigt deren ge=

trennte Bestrebungen mit Erfolg wieder in einer Hand. Das Frankenreich war gegründet und zwar aus dem Mittelpunkte der salischen, eng mit dem römisch = celtischen Leben verwachsenen, Franken heraus. Dazu gehörten nun auch die ripuarischen rein germanischen Franken am Rhein und den anstoßenden deutschen Gebieten; aber die Einflüsse der christlichen Religion kamen ihnen nicht blos aus Rom und Paris, auch aus dem Norden. Das Leben des Volkes ruhte hier nicht auf der Unterlage eines durch und durch romanisirten Volkes. Lose verbunden, weniger in= corporirt als die fränkische Oberhoheit factisch anerkennend, waren einige an die ripuarischen Franken anstoßenden Stämme. Ganz geschieden aber war und blieb trotz gelegentlicher Kämpfe der ganze germanische Norden und Osten, das eigentliche Heimath= land der sächsischen und friesischen Stämme.

Die meisten geschichtlichen Erzeugnisse des Mittelalters, namentlich die umgebildeten Standesverhältnisse tragen mehr oder minder erkennbar die Züge der Aeltern, aus deren Ver= einigung sie hervorgegangen sind, des römischen, des christlichen, des germanischen Wesens. So gestaltet sich denn auch das Königthum während der Völkerwanderung wesentlich um. In's Besondere scheint sich in dem fränkischen Königthume von Chlo= dewigs Zeit bis zu seinem Verfalle, welchem das Emporkommen des Pipinischen Geschlechts folgt, die rohe naturwüchsige Kraft eines aufstrebenden Häuptlings mit der Entartung des römischen Cäsarenthums zu mischen. Rechtsgeschichtlich weit nachweisbarer ist die Verbindung desselben mit der christlichen Kirche und wie beide sich gegenseitig durchbringen.

Die Kirche war durch die Umwandlung, welche sie schon zur Zeit der römischen Weltherrschaft erfahren, aus der Richtung herausgetreten, in welcher sie nur durch die Macht der Idee, durch stilles Wirken, und durch das wunderbar anregende Bei= spiel eines entsagenden Martyriums den Christenglauben in alle Welt zu verbreiten strebte. Ob man dies lobe, ob man es tadele, es ist so. Es blieb aber das höchste Anliegen der Bischöfe und Päpste, die Fackel des christkatholischen Glaubens unter den theils

als Heiden, theils als arianischen Christen lebenden Stämmen
der Germanen und andern ihnen unterworfenen Völkerschaften
anzuzünden, und so die Macht der Kirche in weitem Umfange zu
begründen. Dazu bedurften sie einer äußern Stütze. Chlodwig,
durch seinen Glaubenswechsel der erstgeborene Sohn der Kirche
unter den germanischen Königen, ward eine solche Stütze. Er
berief (511) eine Kirchenversammlung nach Orleans, gab den
Bischöfen in seinem Reiche eine höchst bedeutende Stellung, wahrte
aber auch die seinige. Die Kirche hingegen wies mit Hingebung
auf die erbliche Königsgewalt als auf eine Fügung Gottes hin,
welche dem König mit großen Rechten auch ernste Pflichten und
die Rechenschaft dafür vor Gott auferlege. Darin fand der König
hinwiederum eine mächtige Unterstützung seines auf eine frei
waltende Königsmacht gerichteten Strebens, welches die alten
Sitten und Rechtsanschauungen seines Volkes überschritt und
durchbrach. Mit dieser Anschauungsweise steht nicht nur der
Eid *) der Treue in Verbindung, welchen die nunmehrigen Unterthanen dem Könige leisteten, sondern sie fand, als das Geschlecht
der Carolinger aus dem Gebiet der ripuarischen Franken zur
Herrschaft aufstieg noch einen höheren sinnbildlichen Ausdruck
durch die zuerst an Pipin vollzogene Salbung. Er zuerst erscheint
als König ex Dei gratia. Es war aber auf dem Boden Galliens
die Kirche zufolge königlicher Ueberweisungen und zufolge großer
Stiftungen von Privaten zu eben so unverhältnißmäßigem Besitz
und Reichthum aufgestiegen, als sie gleich manchen Andern im

---

*) Für den Zweck dieser Schrift kommt es nur darauf an, zu bemerken
daß alle Franken den Eid der Treue, als Unterthanen ableisteten. Diese Thatsache wird nach den neuesten Forschungen, als bereits im 6. Jahrhundert be-
stehend nachgewiesen. Es gilt dies aber gleichmäßig für die germanischen
Franken und für die mit ihnen in eine und dieselbe Staatsgemeinschaft eingetretenen Provinzialen. Auf beide Klassen von Unterthanen bezieht sich der im
Verlaufe der Zeit sich näher feststellende Begriff der fidelitas, der Pflicht der
Unterthanentreue, und der Erfüllung der daraus abgeleiteten, durch Herkommen
näher bestimmten, positiven Leistungen, gegenüber dem König. Auf beide bezieht
sich die infidelitas, besonders hart (meistens mit Tod oder Güterconfiscation) zu
strafende Verletzungen (s. Roth Geschichte des Beneficialwesens S. 128 fgg. S. 222

Frankenreich zu einer ungemessenen sittlichen Entartung herab=
gesunken war. Dagegen war das eigentliche Heimathland der
Völker, welche jetzt die Herren neuer Staaten im römischen Welt=
reich waren, theils dem Christenthume, theils wenigstens der
römisch=katholischen Kirche noch zu gewinnen. Es scheint dies
selbst bis zu einem gewissen Zenithe von den ripuarischen Franken
angenommen werden zu müssen.

Wohl hatte mit der Römerherrschaft auch die römisch=katho=
lische Kirche die südlichen und westlichen Gränzen des alten Ger=
maniens überschritten. Es werden im vierten Jahrhundert
Bischöfe oder doch Kirchen in Tongern, Mainz, Speier, Worms,
Köln, Straßburg, Metz und in Rhätien genannt. Allein die
Sprachgränze beweist, daß der hier erst begonnene Romanisi=
rungsprozeß während der Völkerwanderung vollständig unter=
brochen, ja daß das germanische Element als massenhafte Grund=
lage für die Gesammtheit des Volkes noch vorgeschoben worden
ist. So hatte auch in den kirchlichen Zuständen ein Rückschlag
stattgefunden. Vollständig vernichtet wurde allerdings die
Uebung der christlichen Religion nur in wenigen der Gegenden,
wo sie einmal Wurzel geschlagen hatte. Doch scheint dies in
Noricum und in den unteren Donaugegenden fast völlig der
Fall gewesen zu sein. Viele der von andren Orten erwähnten
Kirchen waren während der Eroberungszüge zerstört worden.
Das Sachsenland war dem Christenthum noch ganz verschlossen.
In andern Gegenden gab es Heiden und Christen; und über=

Anm. 95). — Die Controversen, die darüber bestehen, ob die Franken, welche das
fränkische Reich begründeten, nur in Gefolgschaften erobernd eingezogen waren;
ferner welcher Begriff den Worten fideles oder leudes zukommt, können hier füg=
lich übergangen werden. Wenn die leudes nur diejenigen gewesen sein sollten,
welche den Fidelitätseid un mittel bar dem Könige selbst ableisteten, — sei es als
Gefolgsleute, sei es ohne dieses Band — wenn sie also im Wesentlichen für gleich
bedeutend mit den Antrustionen anzusehen wären, so ist dies für das richtige Ver=
ständniß der Quellen allerdings wichtig. Allein es ergäbe sich daraus nur eine
Modification rücksichtlich der Zeit. Denn auch nach dieser Auffassung ist später
der Leubeseid und die Heerbannspflicht auf alle Unterthanen übertragen worden.
(S. Walter Rechtsgeschichte I. S. 68 und die daselbst angeführten Schriftsteller.)

dies wurde das Christenthum vielfach bis zu Bonifazius Zeiten
abweichend von der römischen Auffassungsweise und unabhängig
von Rom gelehrt. Es war von Bedeutung, daß das Christen=
thum in dem eigentlichen Deutschland sich nicht vom Frankenreiche
aus, sondern von England und Irland aus zu verbreiten begann.

So lag diesseits des Rheins ein Gebiet, welches dem Fran=
kenreich eben so wohl wie der römischen Kirche nur halb erschlos=
sen war, in welches aber beide schon den Fuß gesetzt hatten.
Beide folgten dem natürlichen Zug, weiter vorzubringen. Beide
waren angewiesen, Hand in Hand zu gehen. Das Königthum
lieh der Kirche Schutz und Schirm, diese dem Königthum, was
sie damals allein besaß: Die Mittel der Bildung, und die die
Stammesgränzen durchbrechende Macht der religiösen und kirch=
lichen Verbindung.

Anders gestaltet, doch ebenfalls eng verbunden, erschien die
politische und kirchliche Mission des Frankenreiches jenseits
des Rheines, in dem ursprünglichen Kern des großen Franken=
reiches.

Die Kirche war hier wie bemerkt im Besitz großer Rechte
und noch größerer Reichthümer, aber sie war auch theils hier=
durch, theils durch eine Corruption, welche von der weltlichen
Macht ausging, völlig entartet, des inneren Haltes entbehrend.
Wäre letzteres nicht der Fall gewesen, so würde die äußere Stel=
lung der Kirche der aufstrebenden Macht der Karolinger vielleicht
als das erste Hinderniß erschienen sein. So aber lag dieses
Hinderniß nach einer andern Seite.

Die Stellung der politischen Vorsteher der Gaue, welche
einen selbstsüchtigen Particularismus gegenüber der Centralge=
walt verfolgten, vielfach kleine Tyrannen spielten, wurden all=
mählig der Macht, welche die Karolinger erstrebten, um so hin=
derlicher, als das ganze Heerwesen in ihrer Hand lag. Zu die=
sem Zwecke geboten sie nicht blos über die selbständigen Freien des
Gaues, sondern auch über jene Masse von Freien, welche sich
auf den Gütern der weltlichen Großen und besonders der Kirche
in ein ihnen Schutz gewährendes Abhängigkeits = Verhältniß

begeben hatten. Diese gefährliche Macht brach oder beschränkte man. Einerseits entzog man diesen kleinen Herrn das Zusammenziehen der auf kirchlichem Grundbesitz angesiedelten freien Hörigen zum Reichsheere, und überließ es der Grundherrin, anderseits stattete man zuverläßige und ergebene Männer mit einem großen Grundbesitz und dem Rechte, die darauf wohnenden freien Hörigen dem Heerbanne zuzuführen, aus. Man fesselte sie an die Krone dadurch, daß man ihnen den Grundbesitz nur auf Widerruf gab. Zu dieser Maßregel aber, welche zwischen die Bischöfe und die Vorsteher der politischen Verbände ein eigenthümliches, trennendes Mittelglied einschob, nahm man die Mittel von der Kirche selbst. Anfangs unter Karl Martell geschah dies von Fall zu Fall, später, als unter Pipin das System im Großen angewandt wurde, durch die große Säcularisation.*)

Daß die königliche Gewalt die derartigen einzelnen Verwendungen aus dem Kirchengut durch die Bischöfe selbst bewirken, und zu der Säcularisation im Ganzen die Zustimmung eines Concils finden konnte, beweist wie damals die kirchliche Gewalt in Frankreich gebrochen, und von der weltlichen Macht an Bedeutung übertroffen war. Sehr wichtig aber ist, daß sich an diesen Eingriff in das Kirchengut, eine Reaction innerhalb der Kirche selbst, eine Läuterung, eine Erhebung ihrer inneren Kraft anschließt.

Diese innere Umgestaltungen der älteren fränkischen Kirche begegnen sich mit dem Auftreten des Bonifazius, mit dem wirk-

---

*) Man stößt an dieser Phase der Geschichte gewissermaßen auf einen Knotenpunkt der Entwicklung, in welchem die aufstrebende Macht des Frankenreichs, seine Verknüpfung mit der katholischen Idee und Kirche, und zugleich im Senioratswesen die Keime der nach dem Verschwinden eines Dienstadels auftretenden Aristokratie zusammenlaufen. Wir können leider diese höchst folgenreiche Entwicklung hier nicht im Einzelnen und in ihrer vielfachen Verknüpfung mit andern politischen Verhältnissen erörtern. Es findet sich vielleicht nirgends eine gründlichere Auseinandersetzung dieser Verhältnisse, als in Roths vortrefflichem Werke über Beneficialwesen.

lichen Anschluß vieler deutschen Stämme an die römisch-katholische Kirche, mit der großen von der Mainzer Diöcese ausgehenden, durch die Gebiete der verschiedenen Stämme sich erstreckenden, kirchlichen Verbindung. Beides aber schließt sich an die wieder gewonnene Befestigung und die Erweiterung des fränkischen Reiches an.

Wir stehen an der Zeit, in welcher Pipin und sein Nachfolger hier den weltlichen Arm zum Aufbau der Kirche in den derselben neu gewonnenen Gebieten leihen, dort für die innere Reform der Kirche wirken, und aus dem System der Entziehung gegenüber der entarteten in das der Restitutionen gegenüber der reformirten Kirche übergehen.

Auf diese Weise hatte sich die Reform und Ausdehnung der Kirche mit der Befestigung und Ausdehnung der fränkischen Herrschaft in der Hand seiner Könige in ein eng zusammenhängendes Ganze verwebt. Indem auf diesem Wege das Reich sich immer mehr befestigte, immer weitere Gränzen erstrebte, sehen wir die Vorbildung und den Causalnexus jenes Verhältnisses, welches später in den beiden Schwertern seinen Ausdruck fand, bereits klar gezeichnet in den weltgeschichtlichen Gang der Dinge eintreten.

II.

Der Abschluß dieses Entwicklungsprozesses im Kaiserreich selbst.

Es waren aber zwei Ereignisse, welche die Frankenherr=
schaft in noch unmittelbarere Beziehung brachten zu der christ=
katholischen Idee als Weltreligion und zu dem römischen Stuhl
als dem Mittelpunkt der Kirche, welche diese Idee trug.
Der Islam, indem er mit den Waffen in der Hand
Propaganda machte und die Pyrenäen überschritt, bedrohte das
fränkische Reich. Damit traf er zugleich den Katholicismus an
der Stelle, wo er in dem mächtigsten Reiche seine festeste äußere
Stütze hatte. So schirmte Karl Martell durch den glänzenden
Sieg zwischen Tours und Poitiers sein Reich und die Kirche
zugleich. Sicher ist das Kaiserreich nicht aus der politischen
Berechnung hervorgegangen, daß die abendländischen christli=
chen Völker ohne dasselbe dem Andrang anderer Völker nicht wi=
derstehen könnten. Es war schon in anderer Weise vorbereitet.
Aber gemeinschaftliche Gefahr kräftigt allezeit die schon vorhan=
denen Keime einer Verbindung. Der großartige Zusammenstoß
mit einem Feinde aber, dessen Kraft in der eigenthümlichen Ver=
bindung seines Staatswesens mit seiner Religion und Kirche
lag, konnte nicht anders, als ähnliche Ideen, soweit sie sich mit
den im Abendlande gegebenen staatlichen und kirchlichen Zustän=
den vereinigen ließen, mächtig fördern. Dies um so mehr, als
nach dem mächtigen Schlag den Karl Martell geführt, die feind=
lichen Berührungen zwischen dem muhammedanischen Reiche der
Araber und dem christlichen Reiche der Franken ihr Ende noch nicht
erreicht hatten. Auch wendet sich an diesen durch die Macht der Er=
eignisse wie zu einem christlichen Großkalifen gegenüber dem Kalifen

von Bagdad gestempelten Karl der Papst, als er von den Longobar=
den in seiner äußeren Stellung sich bedroht glaubt. Solches geschah,
obgleich die Lombarden Karl gegen die Araber unterstützt hatten.
Hiermit ist das zweite Verhältniß bezeichnet, welches jenes
Ehebündniß zwischen dem mächtigsten Staate Europa's und der
allgemeinen christlichen Kirche schließen half. In der That hatte
Karl sofort eine feierliche Gesandtschaft an den Papst geschickt.
Nur sein Tod hinderte, daß die Folgen dieser Verbindung schon
unter ihm eintraten. Dies geschah in vollem Maaße unter Pipin
und Karl dem Großen durch die bekannten geschichtlichen Ereignisse.

Braucht nun noch gesagt zu werden, daß alle die folgenrei=
chen Thaten Pipin's, seine weiteren Kämpfe gegen die Araber,
sein Vordringen im deutschen Lande, sein Zusammenwirken mit
Bonifazius, seine Kämpfe gegen Aistulph den König der Lom=
barden, von demselben Geiste getragen, die innigste Verschmelzung
des Kirchlichen und Weltlichen zeigen. In der That als Pipin
den Papst befragt, ob es der Wille Gottes sei, daß der, welcher
unthätig zu Hause sitze König heiße, oder der, welcher alle Last
und Sorge des königlichen Amtes trage; als in Folge der ge=
wünschten Antwort und des darauf hin von dem Märzfelde zu
Soissons gethanen Ausspruches Childerich III. Mönch, Pipin
aber König wurde; als dann der König von Bonifazius im Bei=
sein der Bischöfe, und später von dem Papste selbst nebst seinen
Söhnen und seiner Gemahlin nochmals gesalbt wurde; als er
darauf die erbetene Hülfe in zwei wiederholten Kriegszügen
gegen die Lombarden brachte; als er dem Papste eine bedeu=
tende Schenkung an Land machte: da war das in germanisch=
christlicher Gestalt wieder auflebende römische Kaiserthum bereits
bis auf den Namen fertig.

Als viele Jahre später Karl der Große den mißhandelten Papst
Leo III. in seinem Reiche mit der höchsten Ehre aufgenommen und nach
Rom zurückbegleitet hatte, um strenges Gericht über die Aufständi=
schen zu halten, und einen Abglanz seiner Macht auf den von ihm
geschirmten obersten Priester der Christenheit fallen zu lassen, als
er dagegen die Krone aus des Papstes Hand erhielt, und alles

Volk dem von Gott gekrönten großen und friedebringenden Kaiser der Römer Leben und Sieg zujauchzte, da kam nur der Glanz und der Namen zu der schon vorhandenen Sache. In der That hatte er, der jetzt erst römischer Kaiser hieß, schon ein ganzes Menschenalter hindurch als solcher gehandelt und die Welt mit dem Ruhme seiner Thaten erfüllt. Schon als Knabe vom Papst gesalbt, zeigte er bei der Besteigung des väterlichen Thrones der Geistlichkeit sofort, daß er sich wie sein Vater zur Kirche stelle. Und was er dann Bedeutendes that, die innere Organisation seines Reiches, in welchem christliche Bildung und ein festes Regiment heimisch werden sollten, sein Siegeslauf durch halb Europa, vor Allem der furchtbare 32jährige Krieg gegen die Sachsen, unter die er das Christenthum und mit ihm seine Macht durch Feuer und Schwert trug, dies Alles zeigte der Welt schon den mächtigen König und christlichen Glaubenshelden in ganz untrennbarer Verbindung. Er kämpfte nicht blos mit der Schärfe des Schwertes, sondern mit ihm kämpfte Alles, was damals Bildung und Civilisation hieß, mit ihm kämpfte die religiöse Idee, welche die Seelen der Menschen seiner Zeit erfüllte, und darum strahlte sein Stern ihm hell bis an's Ende seiner Tage.

Wenn die Verbindung der allgemeinen von Rom aus geleiteten christlichen Kirche mit dem modernen Kaiserthum unter Karl dem Großen sich als eine geschichtliche Nothwendigkeit zeigt, so haben alle Fragen, was denn geschehen sein würde, wenn die Weltgeschichte einen andern Gang genommen hätte, in der That nur einen secundären Werth.

Soll man Karl's Kampf gegen die Sachsen, gegen slavische Stämme, sein ganzes Vorbringen in den Norden und Osten unsres Welttheils loben, seine Züge jenseits der Alpen und Pyrenäen aber tadeln? Aber das Eine wie das Andere ist durch dieselben Triebfedern bedingt. Karl zog gegen die Longobarden, weil ihn der Papst rief; aber er, der schon als Knabe vom Papste gesalbte König, folgte diesem Rufe, weil er nicht nur ein kriegerischer unternehmender Fürst, sondern auch von der Idee beherrscht war, ein Schirmherr und Streiter für seine Kirche zu sein, weil diese Idee in seinem Hause schon traditionell war, mit ihr sein Geschlecht gestiegen, sein Reich gewachsen war. Ganz dieselbe Geistesrichtung offenbart sich in den langen und furcht= baren Sachsenkriegen. Das Eine annehmen, das Andere ver= werfen wollen, ist schlechterdings unzulässig, man müßte denn die Dinge jener Zeit nach einem ganz fremden Maaße messen wollen. Aus diesem Grunde ist es auch eine für unsre Aufgabe ziemlich fremde Frage, zu erörtern, was geschehen sein würde, wenn Pipin und Karl das Longobardenreich nicht gestürzt hätten, ob sich dann von jener Zeit an ein einiges Italien dauernd ge= bildet haben würde. Man stößt schon in dieser frühen Zeit an jene so viel bestrittene und so schwer zu lösende Frage, was in dem Gewebe socialer und politischer Zustände Italiens Folge, was Ursache ist, eine Frage, welche im Laufe der Jahrhunderte an Wichtigkeit und an Verworrenheit zugenommen hat. Jeden Falles bleibt, wenn man darüber sinnen will, ob die Lombarden damals ganz Italien politisch geeinigt haben würden, wenn das Fran= kenreich sie nicht daran verhindert hätte, ein unter andern zu beachtendes Moment auch dieses, daß selbst der mächtige Karl wohl das Longobardenreich zu stürzen, die Byzantiner aber aus Apulien und Calabrien so wenig zu vertreiben vermochte, als 5—6 Menschenalter später sein großer Nachfolger Otto I. Auch wird man darin schwerlich irren, daß, wenn die Longobarden die Herren von ganz Italien, der Papst ihr Unterthan gewor= den wäre, deshalb die gewünschte Trennung des Weltlichen und Kirchlichen in jener Zeit doch nicht eingetreten sein würde. Es ist fast mehr als wahrscheinlich, wenn man das Wesen der da= maligen unentwickelten Zustände erwägt, daß ein mächtiges ita= lienisches Reich, welches dem späteren Zerfalle der fränkischen Monarchie aufstrebend gegenüber gestanden hätte, in irgend eine, Weltliches und Religiöses vermischende Verbindung getreten sein würde. Ob dieselbe ähnlicher Art, wie jene des späteren Mittel= alters gewesen, oder ob sie der Richtung, welche später die grie= chische Kirche im Cäsaropapismus nahm, gefolgt sein würde, ob diese Idee dauernd von Italien getragen, oder ob sie unter den

deutschen Ottonen in Deutschland, ob sie vielleicht später in
Frankreich einen anderen Schwerpunkt gefunden hätte, dies sind
Fragen, für deren Beantwortung alle Anhaltepunkte fehlen.

Auch eine weitere Frage liegt, wie mir scheint, außerhalb
der geschichtlichen Sphäre jener Zeit, die Frage nämlich: ob denn
nicht über die ganze mittelalterliche Verbindung zwischen Staat
und Kirche, zwischen Kaiserthum und Papstthum, zunächst also
über die damit in Verbindung stehende Weltmonarchie Karl des
Großen deshalb der Stab zu brechen sei, weil in ihrem Gefolge
neben andern Dingen auch viel menschliches Elend ging, und
es traurig um eine Kirche stehen müsse, wenn sie solches Völker=
elend gleichsam wie einen Dünger für ihr Gedeihen gebrauche.

Sicher ist der Glanz, die Macht, die feste Staatsordnung,
die kirchliche und die Völkerverkettung, der, ihren Einfluß bis
zur Wiege des Christenthums, bis nach Palästina vorschieben=
den, Monarchie Karl des Großen nur die eine Seite jener
großen Schöpfung. Sicher haben die Züge Karl's nach Italien
zunächst den Longobarden viel Uebles zugefügt, haben die steten
Kriege seinen Völkern außerordentliche Opfer auferlegt, und die=
selben wenigstens für einige Zeit ermattet. Es ist ganz gewiß,
und findet jawohl zu allen Zeiten Analogien, daß nicht Alles,
was Karl für die Geistlichkeit und für Bildung that, edle Früchte
trug, daß sich auch Keime der Entartung und des Uebergriffes
aus der reichlich botirten Kirche entwickeln. Jene stramme Ge=
walt, ohne welche das Reich gar nicht zu gründen, und die Völ=
ker jener Zeit, wenigstens nicht in fester, den Stempel der Ver=
einigung einprägender, Ordnung zusammenzuhalten waren, diese
Centralisation hätte wohl viele Keime unserer reich gegliederten
abendländischen Bildung nicht zum Gedeihen kommen lassen,
wenn dieses Reich in solcher Ausdehnung, und mit solcher Ge=
walt dauernd hätte bestehen können, und wenn die centralisirende
Richtung sich stetig gesteigert hätte. Allein theils haben die in
der Geschichte wirkenden Kräfte auf andere Wege geführt, theils
mag man die großen weltgeschichtlichen Prozesse erst noch ent=
decken, deren Schritte nicht neben reineren Eindrücken auch Spu=

ren menschlichen Blutes und menschlichen Jammers hinter sich gelassen haben.

Wenn für die Beurtheilung eines geschichtlichen Weges der Maaßstab in den Leiden und Uebeln zu finden wäre, über welche die, so ihn wandeln, hinwegschreiten, dann müßte Karl's Vorgehen gegen Osten und Norden mehr als alles Andere verurtheilt werden. Kein Krieg von allen, welche er führte, ist für die Besiegten so furchtbar, keiner für die Sieger so erschöpfend gewesen, als der 32jährige erbitterte Sachsenkrieg.

Läuft aber nicht überhaupt die ganze Frage lediglich auf einen Anachronismus hinaus? Will man fragen: warum hat der Papst, obgleich die christliche Kirche ihre erste Entwicklungsstufe längst überschritten hatte, den Gedanken nicht von sich gewiesen, in unmittelbare Verbindung zu treten mit dem mächtigsten Fürsten zur Erhaltung und Ausbreitung der christlichen Kirche? Warum hat er nicht selbst das bereits gewonnene Maaß äußerer Unabhängigkeit aufgegeben, um in ein reines Unterthanenverhältniß zu den Königen der Longobarden zu treten? Warum beschränkte er sich nicht darauf, durch den Geist der Religion auf die Geister der Christen und der zu gewinnenden Heiden zu wirken? Will man verlangen, das fränkische Reich hätte seinerseits ebenfalls die an dasselbe herantretenden Ideen jener Zeit zurückweisen, gleichwohl aber seine Herrschaft in den Norden und Osten unsres jetzigen Deutschlands, aber eben auch nur dahin, vorschieben sollen? Dies Alles hieße von jener ursprünglichen Zeit eine äußere Trennung und eine innere Verbindung von zwei großen Sphären des menschlichen Lebens verlangen, einen geistigen Prozeß, der vor 200 Jahren noch kaum begonnen, und jetzt noch lange nicht beendigt ist. Um dahin zu kommen, hat das Menschengeschlecht viele Mittelstufen durchlaufen, viel Großes und viel Scheußliches erzeugt. Man mag es wünschen, daß höhere Entwickelungsstufen, ohne die oft furchtbaren Kämpfe, welche dahin führen, der Menschheit frühe in den Schooß fallen. Aber so ist niemals der Entwicklungsgang, die staatliche und sociale Verkörperung der bedeutendsten menschlichen Ideen gewesen. Gerade das edelste Metall braucht, um von den Schlacken getrennt zu werden, das stärkste Feuer.

Endlich gehört zu jener Kategorie von Fragen auch die Erwägung, welchen Einfluß die Bildung der Monarchie Karl's des Großen für unsre nationale Entwickelung gehabt hat. Es ist vollkommen richtig: die nach Sprache und Abstammung rein germanischen Stämme wurden durch diese Staatsbildung weit mehr als früher mit fremden — römischen und romanisirten — Elementen zu einem einheitlichen Reiche verbunden. Aber es ist eben so wahr, daß gleichzeitig weit mehr rein germanische Elemente in diesen Staat eintraten, ja daß jetzt zum ersten Male alle rein germanische, zwischen der slavischen und der romanisirten Bevölkerung in der Mitte unsres Erdtheils wohnenden Stämme zugleich mit einigen slavischen Bestandtheilen unter eine und dieselbe kräftige Reichsgewalt gestellt und so in die unmittelbarsten Beziehungen zu einander gebracht wurden. Ausgeschlossen ist nur die skandinavische auf Inseln und Halbinseln wohnende und die nach Britannien übergesiedelte Bevölkerung.

In dieser Thatsache aber liegt der innerste für alle Folgezeit fortwirkende Kern der Frage. Hätte das Weltreich Karl's des Großen Jahrhunderte hindurch in Kraft und Blüthe ungetheilt fortbestanden, so könnten sich im Laufe der Zeit besondere nationale Richtungen innerhalb des Reiches mehr und mehr entwickelt haben. Es könnte aber auch diese Völkerverbindung allmählig ein ganz neues, von den in Bildung vorgeschrittenen Bestandtheilen wesentlich bestimmtes, Gemische erzeugt haben. In diesem Falle würde unsre damals ganz entschieden vorhandene, doch wenig entwickelte, und kaum zum Bewußtsein gekommene Nationalität als etwas Besondres in dem Amalgama einer allgemeineren Nationalität — wie angelsächsisches und normännisches Wesen — untergegangen sein. Beides ist durch den Zerfall des großen Weltreiches an uns vorübergegangen.

Was war nun die natürliche Folge? Der Glanz des christlichen Weltreichs erblaßte, als dieses unter den Nachfolgern Karl's

des Großen keine würdigen Träger fand. Das in der fränki=
schen Monarchie hergebrachte Prinzip der Theilung des Reiches
überwucherte das Prinzip des einheitlichen christlichen Staates.
In dem Versuch, beide Prinzipien zu combiniren, trat letzteres
mehr und mehr zurück. Es ging endlich unter, doch nur für
eine ganz kurze Zeit. Kaum sind, wenigstens in einem Theile
der großen fränkischen Monarchie, wieder bedeutende Herrscher
aufgetreten, als auch die Idee des Kaiserreiches an sie herantritt,
um wieder Licht und Leben, Fleisch und Blut zu erhalten. Un=
sere Betrachtung aber weilt noch bei einer früheren Zeit.

Die Theilung von Karl's des Großen Reich erfolgte so
wenig aus nationalen Motiven, als seine Theile nach Sprachgrän=
zen oder nach nationalen Verschiedenheiten gebildet wurden. Aber
der eine, der östliche Theil umfaßte schon in Folge der geogra=
phischen Lage der Hauptsache nach die eigentlich deutschen, nicht
schon früher romanisirten, Stämme. Sie traten zu einer ab=
gesonderten politischen Existenz zusammen. Diese Theile wur=
den auch in der folgenden anarchischen Zeit, bis das Geschlecht
der Karolinger erlosch, im Wesentlichen zusammengehalten. Es
traten bis zum Schlusse der karolingischen Epoche noch Modifi=
kationen in dem geographischen Umfang ein, aber dem Kerne
nach blieb der östliche Theil der Monarchie vereinigt, mit ganz
kurzen Unterbrechungen. Er umfaßte fortwährend das eigentlich
deutsche Element mit einigen Eroberungen und Einverleibungen
im slavischen Osten. Dies Alles war wesentlich Folge dynasti=
scher, von kirchlichen Gliederungen unterstützter, Verhältnisse.
Auch für die Abgränzung der verschiedenen selbständig wer=
denden Theile der fränkischen Monarchie nach Westen, ward
weder Anfangs noch in der Folgezeit die Sprachgränze be=
stimmend. Dies ist von Ficker so genügend und überzeugend
dargethan, daß es unmöglich ist, auf eine besondre Erörterung
dieser Verhältnisse zurückzukommen.

Nun hätten aber begreiflicher Weise die deutschen Stämme
in den Theilungen der Monarchie Karl's des Großen nicht
einen besondern Theil, die Grundlage eines eigenen Staates bil=

ben können, wenn sie nicht zuvor von der festen eisernen Hand
Karl's zu staatlicher Ordnung zusammengefügt worden wären,
wenn sie nicht mit gefaßt worden wären von der Tendenz jener
Monarchie möglichst viele Länder und Völker der christlichen
Kirche und dem christlichen Frankenstaate zu unterwerfen.

Hier liegen die eigentlichen Wurzeln unsrer staatlichen Verbind=
ung. Diese selbst wurde verändert, nie ganz beseitigt. Daß über=
haupt in der Mitte unsres Welttheils die deutschen Stämme sich
gefunden und nicht geschieden, daß sie mit zwei ganz kurzen Unter=
brechungen bis auf den heutigen Tag in einer bald engeren bald
loseren politischen Verbindung geblieben sind, daß sich unter
dieser Verbindung ein zwar manchfach geartetes, doch im tiefsten
Innern von demselben geistigen Zuge, von demselben Strom der
Gefühle bewegtes großes Culturvolk gebildet hat, daß dieselben
Gesänge in den Thälern der Alpen wie an den Dünen der Nord=
see tönen, dieselben unsterblichen Geister in edler Sprache zu uns
reden dort wo die Wogen der Adria rauschen, und hier wo
Rhein und Mosel rebengeschmückte Länder grüßen, dies knüpft
sich mit unerbittlicher Nothwendigkeit an die Thaten Pipin's und
Karl's, an die Gestaltung seiner großen Monarchie. Es war
der erste, der nothwendigste Schritt. Ohne ihn gab es in Zu=
kunft überhaupt kein großes, also weder ein königliches noch ein
kaiserliches Deutschland.

Welches war denn in der That die politische Stellung der
deutschen Stämme vor Karl, vor Pipin?

Der Hauptstoff des Frankenreichs war die romanisirte Be=
völkerung des alten schon von Cäsar unificirten Galliens, die
salischen Franken an der Spitze. Der Rhein und die Nieder=
lande waren Ripuarierland. Andre deutsche Stämme schweif=
ten bald von der factischen Unterwerfung zur Unabhängig=
keit hinüber, bald wurden sie wieder mit Glück bekriegt.
Ganz getrennt davon stand der Norden und Nordosten, vornehm=
lich die compacte Masse der Sachsen. Wie schroff die Trennung
war, dies lehren Karl's des Großen Sachsenkriege. Welche
politische Kristallisirungen im 9. Jahrhundert stattgefunden haben

würden, hätte Pipin und Karl nicht das große Kaiserreich ge=
schaffen, ist natürlich ganz ungewiß. Vielleicht wären die teu=
tonischen Franken mit dem ursprünglichen Frankenreiche oder
einem Theile desselben verbunden geblieben, und allmählig in
das Leben des romanisirten Volkes hinübergezogen worden. Im
übrigen Deutschland würden sich wohl mindestens zwei Reiche
aus dem Kern der Sachsen und dem der Bayern (wie später im
scandinavischen Norden drei) gebildet haben. Vielleicht wäre
die Zersplitterung noch größer gewesen. Man möchte sagen:
wahrscheinlich, wenn man die geographische Lage und die, noch
heute in uns besonders kräftig fortlebende, Neigung der rein
germanischen Stämme zum Individuellen, zum Absondern erwägt.
Sie lebten damals in wirrer Zeit, im schneidenden Gegensatz zu
dem auch geographisch mehr geschlossenen Gallien, auf einem
Boden zerstreut, auf welchem noch niemals eine politische Ver=
bindung stattgefunden hatte. Wie dem aber auch sei, Aussicht
auf die Bildung Deutschlands, auf die Entstehung einer deutschen
Nation, eines Reiches deutscher Nation, gab es ohne die Schöpf=
ungen Pipin's und Karl's nicht; man müßte denn unberechen=
bare Zufälle als Thatsachen, die nothwendig eingetreten sein wür=
den, voraussetzen wollen.

Zweiter Abschnitt.

Entstehung der deutschen Nation.

Den Untergang der großartigen Schöpfung des Pipinischen Geschlechtes kann man aus der zu massenhaften Verbindung großer Volkskörper erklären. Es zeigt sich in dem Untergang des Reiches der Reactionsprozeß der nationalen Bestrebungen gegenüber der Tendenz zur Weltmonarchie.

Eine andere Auffassung ist diese: Die aus dem Lande der teutonischen Franken sich erhebende Monarchie stellt nicht blos ein Reich mächtiger Ausdehnung, sondern in besonders hohem Grade das Werk der Civilisation und des Staatsgedankens dar. Es ist ein edler Oberbau, errichtet von einem durch und durch deutschen Herrschergeiste auf einer noch rohen Unterlage. Wenn das Reich Chlodwigs und seiner Nachfolger von der christlichen Idee oft nur das äußere Gewand entlehnte, von dem römischen Despotismus aber tief eingeprägte Züge, so trägt dagegen die einheitliche Macht der Pipinischen Herrscher mit und ohne Königs- und Kaisertitel ein edleres Gepräge. Die Idee des Staates leuchtet auf, aber nicht im Geiste des römischen Despotismus. Der Kern des Christenthums sucht sich mit der allgemeinen staatlichen Verbindung der Individuen und Stämme auf dem Boden des Rechts zu durchbringen. Ja noch mehr, wer die Institutionen Karl's studirt, die Rechtsinstitutionen, die Schöffeneinrichtung, die regelmäßigen Versammlungen der Volksgemeinden in den verschiedenen Sprengeln bis hinauf zu den Reichsversammlungen und den Maifeldern seiner Zeit neben der Grafschaftsverfassung und den Sendboten, der findet alle Keime localer Autonomie in angemessener Sphäre neben der Staatsidee im Gegensatz zu ganz oder halb unabhängigen Stammesstaaten. Er findet bis in die oberste Sphäre

das Heranziehen geeigneter Kräfte aus dem Volke für das
öffentliche Leben. Wie diese Verfassung sich weiter entwickelt
haben würde unter der Pflege kräftiger und ausgezeichneter
Nachfolger Karl's, ob sie zu einer Art von Cäsaropapismus,
oder zu einer die Selbstthätigkeit erstickenden weltlichen Centralisation, oder zu einer Vereinigung der Kraft des Ganzen
mit der Freiheit des Besondern geführt haben würde, dem
würde man, da man sich eine Menge bestimmender Factoren
willkührlich denken müßte, eben so vergeblich nachforschen, wie
dem räthselhaften Königsgrab unter den Fluten des Busento.

Karl's Monarchie wurde lebendig durch zwei Dinge. Sie ging
Hand in Hand mit der die Gemüther der Menschen ergreifenden
religiösen Idee, und sie wurde geführt durch Herrscher von seltener Einsicht und Kraft, gewaltigen Pionieren der Civilisation,
arbeitend mit den in jenen Zeiten und für jene Volkszustände
allein wirksamen Mitteln. Dies Werk konnte, bis dahin, wo
seine innersten Triebe in den Volksgeist selbst übergeleitet waren
— eine lange und schwere Arbeit — nur mit den Mitteln erhalten werden, mit welchen es gegründet war. Denn es stieß
theils auf die rohere Natur der Stämme, theils auf jene den
meisten unentwickelten Völkern so eigene Vorliebe für passive
Freiheit oder Unabhängigkeit, für Sonderherrschaft und Sonderleben, welche überall und allezeit dem Aufbau eines größeren
geordneten Staates feindselig gewesen sind. Der Auf- und
Niedergang des großen von Ostfranken aus neu gegründeten
Frankenreiches geht nach dieser Auffassungsweise parallel mit
dem Auf- und Niedergang des Pipinischen Geschlechts, welches
in Karl dem Großen culminirt hatte. Der politische Reactionsprozeß ist hiernach wesentlich von den Trieben der Barbarei
gegen die Civilisation, von dem krankhaften Sonderleben und
Sonderinteresse gegen die Idee eines zusammenhängenden, alle
seine Theile wirklich beherrschenden, Reiches geführt. Daß aber
dieser Charakter in der That die Zeit nach Karl dem Großen überwiegend beherrscht, dies würde, wenn uns davon nicht der allgemeine Charakter des Mittelalters überzeugte, schon daraus her-

vorgehen, daß unter den Karolingern die Rebellion sich gar nicht vorzugsweise gegen den Bestand des Reiches im Ganzen wendet. Sie ist am entschiedensten gegen die Herrschaft in den getheilten Reichen gerichtet. Sie führt überall den Zerstörungsprozeß gegen die ein wohlgeordnetes Regiment schirmenden staatlichen Einrichtungen Karl's. Sie zerstört dieselben zum Theil oder läßt sie zerfallen, und entfaltet die schon lange vorhandenen Keime des Lehnswesens zu einer dem geordneten Staate verderblichen Üppigkeit. Die Theilungen des Reichs dagegen erfolgen fast ganz unabhängig von diesem Auflösungsprozeß, wesentlich nach dynastischen Bestimmungsgründen. Daneben war die Verbindung, welche zwischen den verschiedenen deutschen Stämmen nun schon so lange Zeit fast ununterbrochen thatsächlich bestanden, dieselben sich genähert, und viele neue Berührungspunkte geschaffen hatte, keineswegs bedeutungslos geworden, als die Karolinger in Deutschland endeten. Es ist unverkennbar, daß man zunächst darnach trachtete, frei von einer eigentlichen Oberherrschaft zu sein. Dann aber suchte und fand man sich auch wieder, besonders im Falle der Noth zu gemeinsamem Schutze, keineswegs aber um eine staatliche Vereinigung zu gründen, unter welcher von einem **Mittelpunkte** aus eine wie immer beschaffene **Regierung in den verschiedenen Stämmen** geführt worden wäre.

Ganz dieses Gepräge hat das Königthum Konrad's, zu welchem sich vier Stämme vereinigen. Sobald der König dem Sachsenstamme gegenüber in die inneren Landesverhältnisse eingreifen will, erhebt sich der Sachsenherzog Heinrich; Konrad bekämpft ihn ohne Erfolg, auch Schwaben und Bayern isoliren sich unter ihren Herzogen. Konrad verbindet am Ende seiner Tage die Franken mit den Sachsen; diese beiden Stämme ernennen den Sachsenherzog Heinrich zu ihrem König, während die anderen, Schwaben und Bayern isolirt zur Seite stehen.*)

---

*) Bedeutend für das Studium der Zeit Konrad's und Heinrich's, auf welche hier nicht im Einzelnen eingegangen werden kann ist: F. Löher, die deutsche Politik König Heinrich's I.; desselben König Konrad I. und Herzog Heinrich von Sachsen.

Wir stehen hier vor der Regierung Heinrich's, der auf dem Wege gewesen sein soll, einen wesentlich deutsch-nationalen Staat zu gründen; einen Staat, welcher eine innigere Verbindung weder mit den Bischöfen noch mit dem Papstthum, auch keine weitausgebreitete Herrschaft über nichtdeutsche Völker hätte erstreben sollen. Man nimmt an, dieses Ziel, die Ausbildung eines den Aufgaben der Nation genügenden rein nationalen Staates, würde erreicht worden sein, wenn nicht Heinrich's Nachfolger, Otto unglückseliger Weise den von jenem eingeschlagenen Weg durch die Idee des Kaiserthums gekreuzt hätte.

Das Wichtigste, was wir über jene schwach erhellten Zeiten wissen, ist, daß das Land, auf welchem die deutschen Stämme wohnten, durch fremde räuberische Einfälle besonders im Norden und Osten stark bedroht war, daß Heinrich mit Macht und Erfolg dagegen auftrat, vorzugsweise mit seinem eigenen Volke, daß er mit demselben siegreich über die früheren Gränzen, namentlich in die slavischen Länder vordrang, daß er überall zu hohem Ansehen stieg und die Anerkennung auch derjenigen Stämme, welche ihn nicht mitgewählt hatten, fand, daß die Kämpfe der verschiedenen Stämme unter sich eine Zeit lang ruhten, daß diese aber auch thatsächlich fast ganz selbständig neben einander standen, daß eine wirkliche staatliche Verbindung ihnen noch fehlte. Es ist dies an einem andren Orte treffend so bezeichnet: „Fragt man „nach den verfassungsmäßigen Rechten seiner Monarchie, so „erkennt man leicht die große Schwäche derselben, die skizzenhafte „Weise eines ersten Anfangs. Jeder Herzog huldigte ihm als „seinem Senior oder Kriegsherrn, verspricht ihm Treue und „Heeresfolge, bleibt aber seinerseits der Kriegsherr über die „Einwohner des Herzogthums und selbständig in der inneren „Verwaltung des Landes. Nur wo der König persönlich „erscheint, ist er befugt, die Rechte des Herzogs über die Provinz „für den Augenblick selbst auszuüben. Endlich besaß er nach „damaliger Praxis durchgängig das Recht, erledigte Bisthümer „zu besetzen, und damit den großen Einfluß des hohen Clerus „nach seinem Sinne zu lenken. Allein so mäßig diese Kron-

„rechte waren, so vermochte Heinrich ihre Anerkennung nur
„durchzusetzen, indem er in der Praxis den möglichst geringen
„Gebrauch von ihnen machte. Die Einsetzung der bayerischen
„Bischöfe überließ er freiwillig auf Lebenszeit dem Herzog des
„Landes. Sein persönliches Auftreten hat nach erlangter Hul=
„digung Bayern niemals, Süddeutschland selten gesehen. Das
„auch in Schwaben und Lothringen mächtige Herzogsgeschlecht
„der Franken behandelt er mehr als Verbündeten, denn als
„Unterthan. Er schweigt dazu, wenn der Herzog von Schwaben
„auf eigene Hand ein Bündniß mit dem Burgunderkönig schließt,
„oder der Herzog von Bayern nach eigenem Beschlusse einen
„Kriegszug gegen Italien unternimmt. Seine eigenen glorrei=
„chen Kriege hat er fast ausschließlich mit dem fränkischen, säch=
„sischen und thüringischen Heerbann geführt."*)

Ueberblicken wir die ganze Zeit von Karl's Tode oder von der
ersten Theilung seines Reiches bis zu König Heinrich's I. Tode, und
beantworten wir uns die Frage, ob es wahr ist, „daß unsre ge=
sammte Geschichte vom 9. zum 10. Jahrhundert eine Bewegung vom
Weltreich zum Nationalstaat, daß sie nicht allein das
Werk dynastischer und kirchlicher Interessen, sondern durch
und durch erfüllt mit dem Wirken und Wachsen
nationaler Regungen ist." Wir können nur sagen, die
Bewegung jener Zeit ist die rückläufige Bewegung einer für die
Staatsidee noch nicht reifen Gesellschaft. Sie strebt aus dem
sie beengenden Staate in die natürliche Unabhängigkeit der Theile
zurück, aus welchen sie entstanden. Diese Theile waren aber
nicht verbundene große Nationen, sondern unabhängig neben
einander stehende Stämme. Da jedoch durch die Verbindung in
dem einen Reiche verschiedene Stämme derselben Nation einmal
verbunden waren, so ist denselben, sobald die Anarchie der Auf=
lösung sich einigermaßen erschöpft hat, auch nach dem Ende der
deutschen Karolinger den Weg gezeigt, sich zu verbinden und
gemeinsam zu schützen. Es ist also eine Zeit, in welcher das Gefühl,

---

*) S. von Sybel die deutsche Nation S. 29.

welches viele Stämme zu einer Nation verbindet in seinen
ersten rohen Anfängen in die Sphäre des staatlichen Lebens
hinübergreift. Daß dies möglich war, verdanken wir Karl dem
Großen und seinen Vorfahren, wir verdanken es seinem Werke,
welches man als ein aus seiner sittlichen Thatkraft und aus der
Ideenverbindung seiner Zeit hervorgegangenes Ganze, im Ganzen
loben oder tadeln, wovon man aber nicht den Theil der Wirkung,
der uns nach einem Jahrtausend convenirt, als gut annehmen,
den Rest als Unrecht verwerfen mag. Die Auflösung von
Karl's Reich trennte die deutschen Stämme von dem größten
Theile der romanisirten Bevölkerung, aber erst die Gründung
seines Reiches hatte sie zum ersten Male vereinigt. Nun finden
wir sie nach dem Ende der deutschen Karolinger, losgelöst von
anderen Bestandtheilen, wieder auf dem ersten schwankenden Wege
zu einem staatlichen Gemeinwesen.

Wir haben zu fragen, wie dieser Weg verfolgt wurde.
Die Antwort der Geschichte ist einfach: Heinrich's Nachfolger griff auf die Ideen Karl's des Großen zurück, jedoch
nur soweit dies unter den mittlerweile sehr veränderten Umständen, namentlich dem in ganz anderer Weise entwickelten
Lehnswesen, noch möglich war. Er trat in die innigste Verbindung mit den Bischöfen, suchte so sich der Abhängigkeit
von den Stammeshäuptern zu entziehen, stritt mit dem so
gewonnenen größeren Einflusse überall nach außen und innen
mit Kraft und Glück, befestigte das königliche Ansehen und
seine Macht, und verband, wozu sein Auftreten von Anfang
an die Einleitung gewesen, die Kaiserkrone mit seiner königlichen
Gewalt. Hiermit war eine bestimmte Richtung für eine lange
Folgezeit gegeben. Aber an diesem Wendepunkt ist die Frage
aufgeworfen, ob es nicht eben ein großes nationales Unglück
genannt werden muß, daß dieser Weg eingeschlagen wurde. Daß
dem Königthum Heinrich's noch die Mittel fehlten, um ein festes
politisches Band um die deutschen Stämme zu schlingen, sie unter
dem Dache eines Staates zu vereinigen, darüber herrscht Ein-
verständniß. Allein statt wieder zur Kaiseridee sich zu erheben,

hätte der König — so will die Ansicht, welche im Kaiserthum ein nationales Unglück sieht — seine Hausmacht verstärken durch allmähliges Einschieben von Beamten und Vasallen in das Gebiet der herzoglichen Macht Organe für die national-königliche Macht gewinnen und so locale Autonomie und einheitliche königliche Macht in ein richtiges Gleichgewicht bringen, letztere zu einer planmäßigen festbegränzten und stufenweisen Ausdehnung erheben sollen.

Einiges hiervon, die Verstärkung der Hausmacht, die Ernennung oder Einschiebung neuer Vasallen ist nun keineswegs etwas Neues gegenüber den Wegen, welche die Kaiserpolitik Deutschlands in der Folgezeit gegangen ist. Wir kennen beide, oft sehr entschieden angewendete Maxime und ihre Erfolge aus Erfahrung. Wir wissen insbesondere, daß der Regel nach die neuernannten Vasallen, welche Stützen der königlichen Gewalt gegen den selbstsüchtigen Particularismus sein sollten, entweder selbst, oder daß doch ihre Nachfolger in eben die Richtung geriethen, welche sie bekämpfen sollten. Sie wurden aus Stützen Hindernisse der nach Ausbreitung und fester Begründung ringenden königlichen Gewalt. So war es im kaiserlichen Deutschland, so war es in den Königreichen unsres Welttheils in der Periode der Geschichte, die uns hier beschäftigt, und in langer Folgezeit. Welches sind überhaupt die Mittel, mit welchen wir nicht blos in Deutschland, sondern überall in jener und in der nächstfolgenden Zeit die staatliche Verbindung mit dem Particularismus, das Königthum mit der Aristokratie kämpfen sehen? Die Einschiebung eines eigentlichen Beamtenthums kommt vorläufig noch gar nicht, später hier und da in untergeordneter Weise, und erst, als der Feudalstaat sich zu überleben beginnt, als System in Betracht. Dagegen entscheidet jetzt oft nur die physische Macht; das Widerstandsrecht oder die willkührliche Auflehnung der Großen wechselt mit vernichtenden Schlägen der Könige; oder man sucht die großen Vasallenreiche zu theilen, oder durch Heirathen mit der Hausmacht zu verbinden; oder man bringt diejenigen Kräfte, welche damals inneres Leben und Bedeutung hatten

gegen einander in das Spiel, die geiſtlichen Großen gegen die
weltlichen Großen, ſpäter (am auffallendſten in England) die Städte
und den kleinen Adel gegen die Fürſten. In dieſem Spiel der
Kräfte ſteht das Königthum bald auf dieſer bald auf jener Seite.
Anders als mit dieſen Mitteln verhält es ſich freilich mit
dem Gedanken, die königliche Macht durch Organe, welche von
ihr abhängig blieben, durch Beamte im modernen Sinne des
Wortes in den die verſchiedenen Stämme repräſentirenden Herzogthümern allmählig zu begründen, durch ſie die Befugniſſe der
Vaſallen direct oder indirect ſo weit es nöthig zu beſeitigen und
auf das Königthum überzuleiten. Rein logiſch betrachtet,
erſcheint dieſes Mittel als völlig geeignet für den gewollten
Zweck. Auch die Geſchichte beſtätigt ſeine Anwendbarkeit. Es
iſt in weit ſpäterer Zeit in den meiſten Staaten, ganz beſonders
in Frankreich als ein planvolles Syſtem angewendet worden,
und hat außer dem zunächſt gewollten Zwecke auch einige ſehr
unangenehme nicht gewollte Erfolge gehabt. Die Frage iſt
nur, ob auch zur Zeit Kaiſer Otto's dieſer Hebel anzuſetzen
war. Als viele Jahrhunderte ſpäter eine neue Welt von Bedürfniſſen, Gedanken und Beſtrebungen aus dem innern Born
des Geiſtes in die äußere Welt zu bringen begann, hatte ſich
das Feudalſyſtem auf dem Continente faſt überall nicht mit den
neuen Bedürfniſſen elaſtiſch erweitert, und gab deshalb die
Leitung des öffentlichen Dienſtes hier mehr dort weniger an
eine neue Ordnung der Dinge ab. Im 10. Jahrhunderte aber
hatte die königliche Gewalt nicht blos das jugendliche Bewußt-
ſein der noch nicht durch das Territorialſyſtem zerbröckelten Stämme
ſich gegenüber, ſondern man ſtand, nicht vor der Schwäche des ab-
ſterbenden, ſondern vor der Jugendkraft des aufſtrebenden Feu-
dalſyſtems. Gleichmäßig durchdrang daſſelbe das Eigenthum
und alle öffentliche Gewalt als ein feſt zuſammenhängendes
Ganzes. Sein Syſtem ſteht mit unſren Beamtenſtaaten in
einem ſo ſchneidenden Gegenſatz, daß gewiß nur ſehr Wenige des
jetzt lebenden Geſchlechtes eine ganz lebendige Anſchauung deſſelben
in ſich zu reproduciren vermögen. Es iſt uns eben ſo leicht,

daſſelbe da lebendig zu faſſen, wo es alternd in unſre Zeit ſich
verläuft, als ſchwer, wo es — ein Compromiß zwiſchen ver=
ſchiedenen auf einander geſtoßenen Kräften — die eigentlich bele=
bende Kraft der Zeit, der Träger eines nach unſren Begriffen
ſehr unvollkommenen Gemeinweſens war.

Der Umſchwung, welcher ſeit dem Tode Karl's des Großen
bis zum Tode Heinrich's eingetreten, war ſchon außerordentlich
groß. Da Jedermann in ſeiner Zeit nur mit den Mitteln wirken
kann, welche ſie erfaßt und trägt, ſo hätte Heinrich's Nachfolger
mit gutem Erfolge weder nach den Mitteln der ſpäteren Jahr=
hunderte vorausgreifen, noch einfach auf die Karl's des Großen
haben zurückgreifen können. Nachdem ſich die Kaiſermacht feſt
begründet hatte, ſehen wir, z. B. zu Heinrich VI. Zeit ſchwache
Verſuche der Art machen. Die Hohenſtauſen, erfüllt von den
Ideen des römiſchen Kaiſerthums im früheren Sinne hatten die
beſte Neigung, eine größere Centraliſation durch Beamte herzu=
ſtellen. Dieſe Verſuche konnten aber in Deutſchland keine
Wurzel ſchlagen, im vollen Gegenſatz zu Sicilien, deſſen vorher=
gegangene Geſchichte Anderes als in Deutſchland möglich machte.
Wäre dieſer Weg gleichwohl eingeſchlagen worden, wer möchte
bezweifeln, daß daraus ein gewaltiges Ringen zwiſchen der
Macht der Sachſen mit den übrigen Herzogthümern, mit den
Franken, den Lothringern, den Schwaben und Bayern hervor=
gegangen wäre? Und was berechtigt zu der Anſicht, daß die
Staatseinheit und nicht die völlige Trennung in verſchiedene
Staaten die Folge geweſen wäre? Warum ſollte ſich nicht Aehn=
liches ereignet haben, wie damals in faſt allen Ländern, Spalt=
ungen, Sonderungen? Denn daß dazu im Laufe der nächſten
Jahrhunderte viele mächtig wirkende Einflüſſe im Innern und
von außen gegeben waren, iſt klar. War doch ſelbſt in der
Zeit nach Karl dem Großen und vor Heinrich I. Deutſchland
einmal wenigſtens in verſchiedene Theile auseinander gegangen.

Selbſt wenn wir, zuſammengehörige Dinge trennend, den Fall
ſetzen, daß Heinrich's Nachfolger, wie ſie gethan, ſich vorzugsweiſe auf
die biſchöfliche Gewalt geſtützt hätten, aber die Verbindung mit dem

Kaiserthum nicht eingegangen wären, ist der Erfolg ein verschlossenes Buch für uns, was wir nur unsicher deuten können. Ein allgemeiner Blick auf die europäische Staatenwelt spricht aber so wenig wie die Betrachtung der nächsten Verhältnisse für die Wahrscheinlichkeit, daß sich ein in sich geschlossener großer deutscher Nationalstaat gebildet und erhalten haben würde.

In der That, wohin wir auch in jener Zeit und in den nächstfolgenden Jahrhunderten blicken, die Bedürfnisse und Lebensrichtungen der Völker erscheinen der Verbindung vieler durch Abstammung und Wohnort auf einander gewiesener Stämme zu größeren Staaten nicht günstig.

Gehen wir an den damaligen ganz zerrissenen politischen Zuständen der slavischen Stämme vorüber und blicken wir nur auf die uns näher liegende römisch-germanische Welt.

Italien war und blieb das Bild der Zerrissenheit bis auf unsre Tage.

Auf der iberischen Halbinsel sehen wir noch in der Gegenwart nicht einen, sondern zwei Staaten. Zu der Zeit aber, als die christlich-gothische Bevölkerung die Araber zurückgedrängt hatte, treten uns seit dem 11. Jahrhundert sehr zahlreiche Staatsbildungen entgegen, Leon, Castilien, Navarra, Aragonien, Asturien. Castilien, später neu begründet, zeigt uns im 13. Jahrhundert in seinen 22 Provinzen fast eben so viele nur lose verbundene Staaten, und Aragonien umfaßt außer anderm Zubehör drei Staaten mit verschiedener Verfassung: Aragonien, Catalonien und Valencia. Und nach manchen Veränderungen fällt die Vereinigung Castiliens und Aragoniens durch die Heirath zwischen Ferdinand von Aragonien und Isabella von Castilien bekanntlich erst in das 15. Jahrhundert.

Frankreich, heute für uns der Einheitsstaat par excellence nach innen sowohl wie nach Außen, bot in der Zeit Heinrich's und in langer Folgezeit ein ganz andres Bild dar. In der Mitte des 12. Jahrhunderts war Frankreich auf den Raum von 8—9 seiner jetzigen Departements und auf etwa 1½ Millionen Einwohner beschränkt. Alles was sonst das heutige Frankreich

bildet, so weit es schon früher vereinigt gewesen war, war aus=
einander gestoben. Es gehörte England, dem Erben der nor=
männischen Eroberungen in Frankreich, dem Kaiserreich und
einer Reihe von Großen, welche sich und ihre zum Theil sehr
umfangreichen Länder zu völliger Unabhängigkeit erhoben hatten.
Auf den dem Kaiserreich eben so wie Spanien ganz ent=
rückten brittischen Inseln fällt — von Irland nicht zu reden —
der erste Versuch, Schottland theilweise unter die Lehnshoheit
Englands zu bringen, in das 12. Jahrhundert, der Anspruch
auf die Herrschaft in Schottland selbst an das Ende des 13. Jahr=
hunderts, und doch herrschten auch dort kräftige Könige. Welche
Wechselfälle seitdem eingetreten, welche Zeit noch verflossen, welche
Ströme Blutes vergossen wurden, bis endlich beide Länder blei=
bend vereinigt wurden, und wie auch im Innern bisweilen aller
staatliche Zusammenhang sich fast zu verlieren schien, dies sei
hier nur angedeutet.

Im Norden Deutschlands endlich sehen wir noch heut zu
Tage drei verschiedene Reiche germanischen Stammes.

Die Erinnerung an diese bekannten Thatsachen sagt uns,
daß die Stammesverwandtschaft der Bevölkerung und die ent=
sprechende Lage des bewohnten Landes überhaupt nicht überall,
selbst bis auf unsre Tage nicht, zur politischen Einheit geführt
hat. Sie sagt uns weiter, daß diese Ursachen in jener Periode
der Geschichte, von welcher hier die Rede ist, nirgends auf
unserm Welttheil zu diesem Erfolge geführt haben, mit einer
einzigen Ausnahme. Und diese Ausnahme ist das deutsche Reich,
wie es von den Nachfolgern Heinrich's begründet wurde.

Diese Einigung ist so fest, als wir überhaupt in jenen
Zeiten der Feudalstaaten politische Verbände befestigt sehen, sie
erfaßt alle deutschen Stämme und fügt noch andere Theile an
diesen Kern des Staates.

Darauf also, ob durch den Weg, welchen Heinrich's Nach=
folger gingen, das von ihm nur eingeleitete Werk der politischen
Einigung der deutschen Stämme entwickelt und befestigt werden
konnte, gibt uns die Geschichte eine bestimmte Antwort.

Diese Betrachtung zeigt uns aber freilich nur die eine Seite
der das Mittelalter beherrschenden Idee des Kaiserthums für
unser nationales Leben. Gewiß ist, daß die vom Pipinischen
Geschlechte begonnene, von Karl vollendete Bildung eines christ=
lich=kaiserlichen Reiches die unerläßliche Vorbedingung war für
allen Zusammenhang deutscher Stämme, deutschen Lebens in der
Mitte unseres Welttheils. Es ist wenigstens im höchsten Grade
wahrscheinlich, daß nach dem Zerfall der fränkischen Mo=
narchie die Verbindung des Kaiserthums mit unserm nationalen
Leben uns von Neuem fester geeinigt und Jahrhunderte lang mit
innerer Bindekraft vor dem Zerbröckeln bewahrt hat, welches in
jenen Zeiten der vorherrschende Charakter im europäischen Völ=
kerleben ist. Allein diese Idee, mit welcher unser nationales
Leben wie in eine Ehe getreten war, hat uns nicht blos auf die
Höhen des Lebens, sie hat uns auch in Abgründe geführt. Auch
die Tage der aufreibenden Kämpfe haben nicht gefehlt, und der
tragische Sturz des Heldengeschlechtes, welches zuletzt das Banner
dieser Idee hoch trug, hat Deutschland bis auf's Mark erschüttert.
An jenen Punkten der Geschichte angekommen, mag der Forscher
eher dem Zweifel Raum geben, ob uns das Kaiserthum in uns=
rem nationalen Leben mehr gefördert oder mehr geschadet hat?
Auf diese Frage werden wir später zurückgeführt.

Die Art, in welcher die deutsche Staatsbildung mit der Idee
eines allgemeinen christlichen Staates in eine innere Verbindung
gebracht worden ist, der Unterschied des Kaiserthums der Ottonen
von dem Kaiserthum Karl's des Großen, erfordert eine besondre
Betrachtung. Daß aber das eine an das andre anknüpft, daß die
Schöpfung Karl's des Großen nicht einfach aus der Weltgeschichte
ausgestrichen war, als sie in den Händen unfähiger Nachfolger
vorläufig in sich zerfiel, daß an die Stücke des Ganzen vielfach
angebaut wurde, daß der oberste Gedanke derselben wieder auf=
lebte, sobald sich Persönlichkeiten fanden, die ihn zu tragen, zu
gestalten fähig waren, dies geht aus der nun folgenden Geschichte
des Kaiserreiches unwiderleglich hervor. Eine Gestaltung der
Dinge, um welche sich Jahrhunderte hindurch das öffentliche

Leben des ganzen Welttheils dreht; welche ihre Wurzeln bis tief
in die untersten Schichten des Volkslebens treibt*); welche, nach=
dem sie ihren Glanz verloren, noch ein Dante für Italien, als
eine heilige Weltordnung zurückruft; welche, tief gesunken, im
14. und 15. Jahrhundert noch als die Regel für alles christliche
Staatsleben erscheint, so daß die fortwährend bestandene Unab=
hängigkeit großer Reiche wie Frankreichs nur als eine besondere
Exemtion allgemein angesehen wird: eine solche Gestaltung der
Dinge muß wohl in hohem Grade den Ideen ihres Zeitalters
entsprochen haben, und das Gepräge geschichtlicher Nothwendigkeit
deutlich an sich tragen.

Ehe aber die Geschicke unserer mit der Idee eines allge=
meinen Kaiserreiches so innig verflochtenen Nation weiter ver=
folgt werden, ist die Art der Entstehung eines deutschen Staates
in der Periode, die uns jetzt beschäftigt, noch an den Gesetzen,
nach welchen große Staaten zu entstehen pflegen, zu messen.

Die deutschen Stämme hatten damals in ihrer Gesammtheit
— darüber sind die Meisten einig — in höherem Grade das
Bewußtsein dessen, wodurch sie sich gegenseitig im Rechte, in der
Sitte, in Lebensgewohnheiten, im Dialecte schieden, als das Be=
wußtsein der tiefer liegenden Gemeinsamkeit, welche die Stammes=
verschiedenheiten in einem allgemeineren Typus der Cultur auf=
löst, und einen Gegensatz zu andren Nationalitäten bildet. In
späteren Zeiten klärt sich der denkende Geist über diese Gemein=
samkeit auf, indem er entweder mit dem Gegebenen synthetisch
aufbaut, oder die verschiedenen Nüancen auf eine früher vor=
handene historische Einheit zurückführt. Instinctiv und massen=
haft entwickelt sich das gemeinsam nationale Gefühl und Bewußt=
sein aus großen und wiederholten thatsächlichen Zuständen,
durch welche ein aus vielen Stämmen gebildetes Volk als Ganzes
in feindliche Gegensätze zu einem andren tritt, oder durch welche
dasselbe in friedliche, weit in einander greifende, die Volksver=

---

*) Näheres über das Eindringen des Kaiserthums in die Volkszustände
findet man in dem Ficker'schen Werke S. 86—89.

schiebenheiten offenbarende, Beziehungen gebracht wird. Damals stieß fast überall Stamm auf Stamm, allgemeinere Beziehungen, welche das nationale Bewußtsein wach gerufen hätten, gab es wenige. An der Westgränze, wo der Gegensatz des deutschen Wesens am ersten sich entwickeln konnte, hatten ihm der fränkische und allemannische Stamm, indem sie zum Theil die Sprache des andren Landes angenommen hatten, wieder die Spitze abgebrochen. Die Meinungen gehen nun besonders darüber auseinander, in welchem Umfange trotzdem allgemeine nationale Beziehungen schon damals in das Leben der deutschen Stämme eingegriffen haben und für die Bildung des Staatslebens bestimmend geworden sind.

Bei dieser Betrachtung werden Geschichtsforscher, welche im Uebrigen sehr verschieden über jene Zeiten urtheilen, auf die Bedeutung der germanischen Staatsidee im Gegensatz zu der römischen oder auch zu der romanischen (sollte wohl richtiger heißen der neu=französischen) geführt. Wenn nicht schon das Königthum unter Heinrich dem I., so doch das Königthum, wie es sich sofort unter seinen Nachfolgern gestaltet, soll, nach der einen Ansicht, alle wesentlichen Stücke enthalten haben, zu gleichzeitiger Sicherung der staatlichen Einheit und angemessener Freiheit und Selbständigkeit aller untergeordneten Kreise.*) Es soll dies in dem Königthum als solchem gelegen haben, abgesehen von dem, was ihm das Kaiserthum an Ansehen und Gewicht zubrachte. Dieses Königthum gab erst dem Kaiserthum seinen Charakter; und da im deutschen Königreich Raum war für die ungehinderte Entwicklung der Stämme, so war auch im

---

*) Man vergleiche Ficker: das deutsche Kaiserreich S. 55 u. 56, S. 61. Damit scheint freilich das, was S. 135—138 erörtert ist, nicht verträglich. Ohne Wechselbeziehungen zu andren Reichen können wir uns überhaupt kein Land, welches nicht etwa auf einer fernen Insel liegt, können wir uns am wenigsten das Gebiet der Stämme denken, welche Heinrich I. ihren König nannten. Eine Verfassung, welche diesen Beziehungen nicht entspricht, ist eben ungenügend, unangemessen, gibt nicht „die nöthige Kraft und Einheit des Ganzen.“

3*

Kaiserreich Raum für die freie Entfaltung der Nationen. Des=
halb war, nach dieser Ansicht, das Kaiserreich nicht blos noth=
wendig und heilsam für eine gewisse Zeit, sondern an sich eine
vortreffliche, alle Zeit angemessene politische Gestaltung, um das
Staatsleben der abendländischen Völker an oberster Stelle zu
regeln. Es war eine zusammengesetzte Staatsform, die von
einem maßhaltenden Volke getragen, wenn sie nicht durch beson=
dere Zufälle aus ihrer Bahn gelenkt worden wäre, nirgends das
Völkerleben beengt, es überall geordnet, geschirmt haben würde.

So weit diese Auffassung das Kaiserthum betrifft, werden
wir später darauf zurückgeführt. Hier verweilen wir noch bei
dem Königthum, welches als die Verkörperung jener ächt ger=
manischen Rechtsbildung gedacht wird, welche eng geschlossene
Kreise ihre Verhältnisse selbst ordnen läßt, welche von Stufe zu
Stufe aufschreitet, und an jede folgende, zuletzt an das König=
thum das abgibt, was für die allgemeinen Zwecke nöthig ist,
nicht mehr aber auch nicht weniger. Der germanische Staat ist
nach dieser Ansicht der von unten organisch gewachsene, der die
Selbständigkeit der Theile bewahrt, sie nur, so weit es unbedingt
nöthig ist, beschränkt. Der römische, der französische Staat ist
der, welcher mechanisch von oben nach unten geht, welcher jedem
untergeordneten Kreise Selbständigkeit gar nicht, an Rechten aber
nur so viel ihm beliebt, überträgt, als einem für ihn functio=
nirenden Organ. Hier ist die Centralisation, dort die Autonomie
und die organische Gliederung höchstes Gesetz.

In welcher concreten Gestalt tritt uns nun aber diese ger=
manische Staatsbildung in dem deutschen Königthum jener Zeit
entgegen? Wenn ich dies nur an zwei Richtungen desselben zeige,
so geschieht es, weil gerade sie (und zwar oft im entgegengesetzten
Sinne) häufig hervorgehoben werden, sodann weil eine umfas=
sende rechtshistorische Darstellung hier ohnedies unmöglich ist.

Die deutsche Königsgewalt wurde unter Heinrich von Sach=
sen auf andrer Grundlage errichtet, als auf welcher die Mo=
narchie Karl's des Großen geruht hatte. Der König ließ

die Stämme der Stammesherrschaft der Herzöge, suchte sie lose zusammenzufügen, indem er nur Anerkennung seiner Führung in allgemeineren Angelegenheiten verlangte. Die nächste Frage ist, wo war denn wenn nicht eine feste Gränze, doch eine billige Abtheilung zwischen Allgemeinem und Besonderm getroffen? Und welche Mittel waren der königlichen Gewalt gegeben, um die Rechte, welche ein großes Gemeinwesen gibt, zu wahren, die Pflichten, die es auferlegt, gegen jede unbefugte Auflehnung zu erfüllen? Im Stamme herrschte zunächst der Herzog, nicht der König. Das aufsteigende Lehnsystem beschränkte die Möglichkeit, das Reich mit Organen, die von der obersten Gewalt abhängig waren, zu regieren. Ein stehendes Heer gab es nicht. Sich auf den geistlichen Adel gegenüber dem weltlichen stützen, hieß weniger eine eigne Macht, als ein Balancirungssystem schaffen, und war, wie später die Erfahrung zeigte, eine zweischneidige Waffe. Was blieb zuletzt also übrig, als mit dem eignen Stamme Krieg zu führen gegen den andren widerstrebenden Stamm? Dies ist aber so ziemlich das Gegentheil von einer staatlichen Ordnung. Und dann liegt in jener Stellung des Königs in dem Herüberschwanken der königlichen Herrschaft von dem Frankenherzog Konrad, welchen vier Stämme wählen, zu dem Sachsenherzog Heinrich, welchen zunächst nur zwei Stämme wählen, eben das Unselbständige des Königthums, welches seinen Ausdruck in der Wahlmonarchie zum äußersten Nachtheil unsrer Nation gefunden hat. Im Verlaufe der Zeit bewegte sich das Königthum in Verbindung mit dem Kaiserthum der Erbmonarchie entgegen, ohne sie jedoch, auch als das Kaiserthum am höchsten stand, begründen zu können. Der Zerfall des Kaiserthums zerstörte dann wieder, was es in besserer Zeit zu befestigen gesucht hatte. Selbst das Herkommen, regelmäßig den Sohn des Königs wieder zu wählen, und nur bei fehlender Descendenz das Königthum auf eine andre Linie zu übertragen, erhielt sich nicht, als jene Conflicte zu einem freieren Gebrauche des Wahlrechts aufforderten. Man fand sich, als Rudolph von Habsburg gewählt wurde, wieder auf der schwankenden Grundlage, auf welche man sich gestellt, als die

in der fränkischen Monarchie herrschende monarchische Anschau=
ungsweise aufgegeben war.

Ein andrer Grundsatz ist, daß die niedere Gewalt die höhere
vertritt, und daß letztere, wenn sie erscheint, die erstere aufhebt;
daß die herzogliche Gewalt cessirt, wenn der König selbst in dem
Herzogthum erscheint, um das königliche Amt zu üben. Es mag
unerörtert bleiben, mit welchen Mitteln der König seinem Rechte
Nachdruck geben konnte, wenn der gute Wille dessen fehlte, in
dessen Gebiet er eingreifen wollte; es mag unerörtert bleiben,
ob in jenem Grundsatz wirklich eine gesunde Gliederung zwischen
Allgemeinem und Besondrem liegt, die Abgränzung einer Sphäre,
worin das Glied des Ganzen selbstständig war, und einer andren,
worin das Recht des Ganzen frei und ungehindert waltete. Allein
das darf nicht unerwähnt bleiben, daß gerade aus dieser Auf=
fassungsweise, in ihrer naturgemäßen Verbindung mit dem Man=
gel der Erbmonarchie, die wandernden Hofhaltungen hervor=
gegangen sind, im Gegensatz zu einer bleibenden Hauptstadt, zu
einem Mittelpunkt, in welchem die allgemeinen Interessen zu=
sammenlaufen. Dies ist die andre Seite des Königthums, wel=
ches seinen König im Königsritt von Land zu Land, seinen Hof
von Stadt zu Stadt führte.

Ich vermag das deutsche Königthum, von welchem hier die
Rede ist, so wenig wie die eigentlich mittelalterlichen Staats=
bildungen überhaupt, als etwas anzuerkennen, worin „überaus
glücklich die nöthige Einheit und Kraft des Ganzen mit der
freien Bewegung der einzelnen Glieder gepaart war.“ Das Kaiser=
thum, indem es von denselben Personen, wie das deutsche König=
thum getragen wurde, hat in dieser Verbindung letzterem, lange
Zeit hindurch, Macht nach außen, und auch nach innen eine
wenigstens verhältnißmäßig bedeutende Festigkeit gegeben, welche
ihm an sich nicht inne wohnte. Das Kaiserthum in seinem Zer=
fall hat auch das Königthum mit ergriffen, und es von der ihm
mittelbar geliehenen Bedeutung wieder entkleidet.

Sehe ich recht, so wird überhaupt der Eigenthümlichkeit des
germanischen Lebens in der Sitte und in der Rechtsbildung eine

Bedeutung gegeben, welche ihr wenigstens für die Gestaltung
großer wohlorganisirter Staaten nicht zukommt. Sie ist gewiß
ein Factor, und ein sehr bedeutender Factor für die Staats=
bildung, welche wir als die germanische zu bezeichnen pflegen.
Sie bildet eine natürliche Schranke gegen die absolute Gewalt
von oben. Wer das eigne Haus nicht zu ordnen versteht, lockt
selbst die Einmischung eines Dritten oder eines Höheren, und
wird der stille Gesellschafter dieser stets wachsenden Macht. Wer
sein Haus gut bestellt, braucht keine ungebetene Hülfe und hat,
wenn sie sich unberufen aufdrängt, stets die Neigung, sie im
Bunde mit gleichgesinnten Nachbarn vor die Thüre zu setzen.
Der Sinn und das Geschick für eigne Ordnung der nächsten
Lebenskreise fördert, in das richtige Gleichgewicht mit an=
dern Kräften gebracht, jene edelste Staatsbildung, welche die
Einheit und Kraft des Ganzen mit der freien Bewegung der
Glieder paart. Einseitig entwickelt, hindert sie die Gestaltung
kräftiger Staaten, und die Erfüllung höherer nationaler Auf=
gaben, oder schlägt in ihr eigenes Gegentheil um.

Welche Bedeutung aber auch diese Lebensrichtung für die
Entwickelung des Staatslebens hat, sie ist doch nur das Begrän=
zende, nicht das Schaffende in der Bildung großer Staaten. Die
Krone, unter deren schützenden Schirm ein großes Volk mit allen
seinen Gliederungen, allen seinen Stämmen tritt, wächst nicht
in derselben organischen Weise wie die Krone eines stattlichen
Baumes, indem sich von unten nach oben fortschreitend Zelle an
Zelle schließt und auferbaut, noch bildet sie sich wie ein zusam=
mengesetzter Kristal, in welchem Kristal an Kristal schießt. Auch
auf germanischem Boden sind für die Bildung großer Staaten
ganz ähnliche Kräfte, wie überall, von oberster Bedeutung ge=
wesen. Deren kann man eine größere oder geringere Zahl auf=
stellen. Ueberwiegend vor allen übrigen sind aber zu allen Zeiten
in unsrem Welttheile zwei Dinge gewesen: die Verbindung der
weltlichen Staatsgewalt mit religiösen Ideen, welche größere
Gebiete durchdringen und welche noch eine frisch bewegende Kraft
auf die Menschen äußern, sodann die Macht und Gewalt oft

selbst die Eroberung, welche von oben nach unten, von einem engeren Kreis in weitere Kreise geht. Ist solche Macht nur vorübergehend von einer entsprechenden Kraft getragen, so fällt, was sie geschaffen, schnell zusammen. Ist das Gegentheil der Fall, so nöthigt sie, was sich ferner stand, sich zu einigen, schafft gemeinsame Interessen, gemeinsame Mittelpunkte, setzt sich mit den sie umgebenden Dingen und Bestrebungen mehr oder minder in's Gleichgewicht und wird, von innerer geschichtlicher Nothwendigkeit getragen, ein rechtlicher Zustand.

Wo sich die Waffengewalt der Eroberung oder doch die auf eigne Gewalt und eignen Willen sich gründende Herrschaft mit der Verschmelzung von Staat und Kirche, von Recht und Religion vereinigen, da gehen auch die Wirkungen am weitesten. Das Reich der Araber, die Türkenherrschaft besonders bis zu Soliman's II. Ende, das russische Reich sind die uns am nächsten stehenden Typen dieser Art. Daß letzteres sich nach der Mongolenherrschaft nach den Werken und Thaten eines Iwan und Peter I. in schrankenlose Weite und in der absolutesten Herrschaft, eng verschmolzen mit seiner Kirche, als das heilige Rußland, von einem Gebiete aus ausdehnt, in welchem vordem die Stämme gerade am losesten verbunden waren, ist gewiß höchst bezeichnend.

In andrer Weise tritt uns die Gewalt als Mittel größerer Staatsbildungen überall entgegen. Die unmittelbarsten Gefahren, welche den verschieden kaukasischen Völkern drohen, vereinigen heute diese rohen Stämme so wenig zu einer staatlichen Einheit, als im Alterthume die hochgebildeten Stämme der Griechen durch die ihnen von Asien her nahenden Gefahren zu einer solchen bestimmt wurden. Auch die Gleichheit der Sprache, das herrlichste geistige Gemeingut, welches in diese edelste Form gefaßt wurde, der Allen gemeinsame Stolz ein Grieche und kein Barbar zu sein, vermochten dies nicht, wohl aber die erobernd einziehende Macedonische Herrschaft. Der römischen Herrschaft das Nächste fest zu verbinden, brauchte fast längere Zeit, ununterbrochenere Kämpfe, und fast eben so große Ströme Blutes, als später die

Unterwerfung faſt der ganzen damals bekannten Welt. „Tantae molis erat Romanum condere urbem!"

Auch für die großen germaniſchen Staaten gilt daſſelbe. Wie das Frankenreich nach dem Hinfall der merovingiſchen Herr= ſchaft von Neuem begründet wurde, iſt bekannt. Auch Groß= brittanien, das Land, welches gewöhnlich als das Muſter orga= niſcher Rechts= und Staatsbildung genannt wird, entſtand durch den Eroberungszug der Normannen und die Kraft ſeiner Könige, die in den Kämpfen mit den Baronen und mit den ſchottiſchen und iriſchen Stämmen nach Innen und nach Außen vordrang, und deren Inuitative ſpäter troß allen Widerſtrebens die Elemente im= mer und immer wieder heranzog, welche die Grundlage für eine neue Ordnung der Staatsverhältniſſe wurden. Die Preußiſche Monarchie ging aus den Kämpfen und Eroberungen gegen Dänen, Schweden, Polen und gegen Oeſterreich hervor. Als in der Geſtaltung der öſterreichiſchen Monarchie der große Wende= punkt eintrat, daß die Krone des heiligen Stephan an das Haus Habsburg kam, war dies nur die äußere Signatur für etwas, was der lange wechſelvolle Kampf mit den Türken über dieſes Land entſchieden hatte. Auch Frankreich darf hier genannt wer= den; denn in gewiſſem Sinne gehört es troß ſeiner romaniſchen Sprache zu den germaniſchen Reichen. Wohl hat ſich ſeine Ent= wickelung ſeit dem Anfang des 17. Jahrhunderts von der der übrigen Reiche germaniſchen Urſprungs ſchärfer geſondert; ſie hat ſich auf dem Wege durch das abſolute Königthum, die Revolution, und das Kaiſerthum mehr als die jedes anderen Volkes der Staatsidee des ſpäteren Alterthums (natürlich nicht ohne große Modificationen) genähert. Vordem aber war Frank= reich wie irgend ein Land von Sonderbildungen, die ſich auf ſich ſelbſt ſtüßten, und nach Unabhängigkeit ſtrebten, durch= drungen. Das germaniſche Gepräge ſeines Rechtes erhielt ſich, nachdem das römiſche Recht ſich über einen großen Theil Eu= ropa's verbreitete, in einem Theile des Landes entſchiedener als in dem größten Theile Deutſchlands, und findet in vielen Theilen des Privatrechts noch heute im code Napoléon einen bestimmteren Ausbruck, als in manchen Cobificationen deutscher Staaten. Die Betrachtung der allgemeinen Gesetze großer Staats= bildungen in unsrem Welttheile, mag immerhin einigen Einfluß haben, wenn die Bedeutung des auf die Stammesselbständigkeit gegründeten deutschen Königthums und jene des allgemeinen christlichen Kaiserthums für unentwickelte Zustände, wie jene des 10. und 11. Jahrhunderts, festgestellt werden soll.

Dritter Abschnitt.

Römisches Kaiserreich deutscher Nation. Sturz des Kaiserthums durch die Kirche.

I.

Der Charakter dieses Kaiserreiches im Allgemeinen. — Sein Unterschied von dem Kaiserreiche Karl's des Großen.

In welch innige Verbindungen die Ideen jener Zeit das von den Ottonen wieder in's Leben gerufene Reich mit dem Reich Karl's des Großen brachten, dies zeigt sich in scharfem Umrisse dadurch, daß der Stamm der teutonischen oder Ostfranken auch im ferneren Verlaufe der Geschichte als der eigentliche Träger des Königthums und des damit verbundenen Kaiserthums angesehen wurde. Schon zu Karl's Zeit hatte Austrasien als Mittelpunkt des fränkischen Reiches und Aachen als Haupt- und Krönungsstadt gegolten. In Ostfranken, als dem Hauptlande, lebte daher jenes Recht fort, und man sah es dann als allen mit den Franken verbundenen Stämmen erworben an. In Franken ward der König gewählt, nur dort versammelte er die Fürsten des ganzen Reiches zur Berathung allgemeiner Reichsangelegenheiten um sich. War er einem anderen Stamme entsprossen, so wurde er durch die Wahl Franke, indem er fränkisches Recht annahm. Die erste Stelle im Reiche nach dem Kaiser hatten fränkische Fürsten, der Erzbischof von Mainz und der Pfalzgraf vom Rhein. Otto selbst nennt sich entweder einfach rex oder rex **Francorum** et **Longobardorum**, nicht rex Teutonicorum*) wie hier und da behauptet worden ist. Doch wird frühzeitig die Gründung des römischen Reiches deut= scher Nation auf ihn bezogen.**)

Dieses neu aufgelebte Kaiſerreich nun zeigt bei großer innerer Verwandtschaft doch auch wesentliche Verschiedenheiten. Die großen Fortschritte, welche in der Zwischenzeit die Stellung der weltlichen Großen, und die Entwicklung des Lehnsystems gemacht, ſind ſchon berührt. Dieses berührt dem Begriffe nach das Königs= thum und nicht das Kaiſerthum; allein je hemmender diese Schranke dem rein politischen Königthum war, um so mehr wurde es zur Ausbreitung und Begründung seiner Macht auf die Mittel gewiesen, welche aus dem Kaiſerthum hervor= gingen. Der oberſte Schirmherr der Kirche war naturgemäß auf eine innige Verbindung mit den Bischöfen gewiesen. Es lag ihm besonders nahe, ihren Einfluß, ihre Macht zu erwei= tern, in ihnen gegen die stets nach Unabhängigkeit strebenden Großen eine Stütze zu suchen, wie solche in jener Zeit etwas Andres gar nicht in gleichem Maaße geben konnte. Die Bi= ſchöfe hingegen, vom Könige ernannt, mußten schon an sich geneigt sein, den Schirmherrn ihrer Kirche zu unterstützen. Den= noch liegt hier nur eine mittelbare Bedeutung des Kaiſer= thums für die Stärkung der königlichen Gewalt. Auch in an= deren Reichen griffen die weltlichen Herrscher nach dieser Stütze.

Ganz anders und weit unmittelbarer wirkte der imponirende Eindruck, welcher nach den Ideen jener Zeit von dem ausgehen mußte, der nach dem Willen Gottes der höchſte Herr der Chri=

---

*) Maximilian I. nahm zuerſt den Titel eines Königs in Germanien an. Daß selbſt der Name Deutschland zur Bezeichnung eines Landes erſt später entstand, iſt bekannt. (Näheres darüber gibt auch Fider: das Kaiſerreich S. 45 folgg.)

**) Besonders nach Otto Frisingens. Chron. L. 6. c. 17: Otto, qui imperium a Longobardis usurpatum, deduxit ad Teutonicos orientales, forsan dictus est primus Rex Teutonicorum, non quod primus apud Teutonicos regnaverit, sed quod imperium ad Teutonicos revocaverit.

stenheit in weltlichen Dingen war, welcher „wie die Sonne an
Größe und Glanz alle Gestirne des Firmaments, so in höherem
Glanze alle übrigen Fürsten der Erde überstrahlte." Auch vor
dem besonderen Amte des Schirmherrn der allgemeinen christlichen Weltkirche, des Beschützers und Verbreiters des christlichen
Glaubens, neigte sich damals alles christliche Volk vom Fürsten
bis zum Hörigen herab, leichter und tiefer, als vor einem reinen
weltlichen Amt, dessen Inhaber unter den Fürsten nur primus
inter pares war. Der Träger dieser Idee wurde durch sie in
Wahrheit nicht blos „Mehrer" sondern auch „Einer" des Reiches.
Außer ihr bietet der ganze Ideenkreis jener Zeit nichts, was in
ähnlicher Weise das auf Gründung eines größeren Reiches
gerichtete politische Streben eines Königs hätte fördern, die aus
dem Unabhängigkeits- und Sondergeist der Stämme und Fürsten
erwachsenden Schwierigkeiten bis zu einem gewissen Punkte hätte
besiegen können.

Diese größeren Schwierigkeiten, welche der Königsmacht,
der Bildung größerer Staaten damals auf unserem ganzen
Welttheil entgegenstanden, wurden nun auch besonders wichtig
für die Gestaltung des Verhältnisses zwischen Kaiser und Papst.
Es kann und soll hier der später beginnende Kampf zwischen
kaiserlicher und päpstlicher Gewalt, das Ringen um Gleichgewicht
oder um Oberherrschaft nicht in seinen verschiedenen Phasen verfolgt werden. Es soll nur der allgemeinste Gegensatz zwischen der Zeit Karl's des Großen und derjenigen, in welche
uns die Ottonen führen, in Beziehung auf das Verhältniß zwischen Reich und Kirche bezeichnet werden.

Zur Zeit Pipin's und Karl's des Großen überwog der
weltliche Einfluß den kirchlichen in der Verbindung, in welche
beide durch ihre Bestrebungen und Interessen gezogen worden
waren, ganz entschieden. Die Säcularisation Pipin's, der Vorsitz,
welchen Karl in Kirchenversammlungen führte, die Disciplin,
die er mit der einen Hand gegen die Geistlichkeit übte, während
die andere ihnen den Zehnten selbst von königlichen Gütern
überwies, die Verfügungen, welche er selbst in rein kirchlichen

Dingen traf, dies und vieles Andere spricht deutlich genug. Es ist eben so gewiß, daß Pipin's und Karl's weltliche Bestrebungen erst durch die Verbindung mit der Geistlichkeit, mit der allge= meinen christlichen Idee und dem Schutzherrnamt der Kirche einen großen Theil ihrer innern Macht und Ausdehnung gewonnen haben. Aber in jene Zeit fallen erst die Anfänge des Feudalsystems, welches bald eine so lästige Fessel für die könig= liche Gewalt wurde. Auf der andern Seite steht der Schutz, welcher dem Papstthum gegen die Longobarden gewährt wurde, die Schenkungen an den Papst, die Zurückführung desselben nach Rom, die Züchtigung der Aufrührer, welche ihn vertrieben hatten. Der Papst bedurfte des Kaisers in noch höherem Grade als der Kaiser des Papstes; die königliche Gewalt aber hatte noch mehr Freiheit für ihre Zwecke durch königliche Beamte zu wirken, als einige Menschenalter später. Das damalige Ver= hältniß zwischen Kaiser und Papst, zwischen Reich und Kirche, ist der entsprechende Ausdruck dieser Zustände. In späterer Zeit änderte sich das Verhältniß in eben dem Maaße, als die staatlichen Einrichtungen Karl's des Großen in Verfall gekommen, das Lehnsystem aber emporgestiegen, und so das Königthum ärmer an eigenen Mitteln für seine Zwecke geworden war. Gewiß bedurfte die Kirche und das Papstthum noch sehr des kaiserlichen Schutzes. Niemals zeigte es sich deutlicher, als nach dem Siege des Papstthums über das Kaiserthum. Allein auch die königliche Gewalt bedurfte der Kirche, sie bedurfte derselben bisweilen mehr als zur Zeit Karl's des Großen. Dieses Verhältniß der gegenseitigen eignen Mittel von Kirche und Königthum für ihre nächsten Zwecke zeichnet den Grad, in wel= chem sie sich gegenseitig bedürfen. Es ist gewissermaßen der Ausdruck für das Niveau des Wellenschlages, welcher von nun an die Stellung zwischen Kaiser und Papst in großer weltge= schichtlicher Bewegung hebt und senkt. In dieser natürlichen Gravitation der Kräfte liegt in aller Folgezeit bei Weitem das Wichtigste. Die Persönlichkeiten, wie gewaltig sie oft sind, stehen doch erst in zweiter Linie. Sie schaffen nicht die Kräfte, mit welchen sie kämpfen, sie benutzen nur dieselben mit größerem oder geringerem Geiste, mit größerer oder geringerer Energie. Die größere oder geringere Sicherheit, mit welcher jeder auf seinem nächsten, ihm eigenthümlichsten Terrain steht, bedingt zum größten Theile die Auffassungen der Kaiser und Päpste in ver= schiedenen Zeiten. Sie läßt Karl sagen: „Unser Amt ist es, mit Gottes Hülfe die Kirche Christi nach außen gegen Anfall und Verwüstung der Heiden zu schützen, und nach innen durch Geltendmachung des kaiserlichen Namens zu befestigen. Euer apostolisches Amt ist es, durch Gebet uns beizustehen, damit das christliche Volk über die Feinde Gottes triumphire, und der Name Jesu in der ganzen Welt verherrlicht werde; auch überall die Kirchengesetze zu befolgen, einen unsträflichen Wandel zu führen, und die Völker zur Heiligkeit zu ermahnen."*)

In jener Zeit wäre es unmöglich gewesen, das kaiserliche Ansehen unter das päpstliche zu stellen, und mit Erfolg in dem Sinne zu sprechen, in welchem später Innocenz III., nachdem mittlerweile ein mannichfacher Wechsel in dem gewaltigen Ringen zwischen Kaiser und Papst erfolgt war, an die Rectoren Tusciens schrieb: „Gleichwie Gott der Schöpfer des Weltalls zwei große Lichter am Firmament des Himmels gesetzt hat, ein größeres, daß es den Tag, und ein kleineres, daß es die Nacht beherrsche, also hat er auch am Firmament der allgemeinen Kirche zwei große Aemter eingesetzt, ein größeres, die Seelen, und ein klei= neres, die Leiber zu beherrschen: das sind die päpstliche Hoheit und die königliche Gewalt."

Schon während der Wirren des Reiches unter den Karo= lingern hatte die päpstliche Curie angefangen, von einem jus conferendi imperium in einem ganz anderen Sinne als unter Karl dem Großen zu sprechen. Nachdem in der allgemeinen Verwirrung das Kaiserthum sich eine Zeit lang dem Papst= thum untergeordnet hatte, dann auf einige Zeit untergegangen war, trat es von der Heldengestalt Otto I. getragen, dem Papst=

---

*) Floto Kaiser Heinrich IV. und sein Zeitalter I. 144.

thum wieder ebenbürtig zur Seite. Wie letzteres schwach an eignen Mitteln erscheint, überwiegt wieder das Kaiserthum an Macht und Einfluß auf die Kirche. Dies ist, von Otto I. an, in langer Folgezeit vorherrschend der thatsächliche Sachverhalt. Nachdem der Wendepunkt zum Nachtheil des Kaiserthums einge=treten, wird auch vom Papstthum das jus conf. imperium ent=schiedener noch wie früher beansprucht.

Andrerseits haben aber auch weder die Stände noch die Könige des deutschen Reiches den Ansprüchen der Päpste zuge=stimmt, wenn sie später auf ihr jus conferendi imperium in dem Sinne zurückgekommen sind, daß es ihnen frei stehe, das Kaiserthum von dem deutschen Königthume zu trennen. Es ist von dieser Seite als eine Pflicht der Päpste angesehen worden, dem von den Ständen des deutschen Reiches gewählten König durch Krönung das Reich, d. h. die oberste Herrschergewalt in der Christenheit zu übertragen.

Der Umfang und die Art dieser Herrschergewalt, wie sich solche t h a t s ä c h l i c h an den Begriff des allgemeinen christlichen Kaiserrei=ches anschloß, bildet einen dritten Charakterzug, welcher das neue Kai=serreich deutscher Nation von dem Karl's des Großen unterscheidet.

Ju Karl's weitem Reiche finden wir viele gesunde Insti=tutionen einer lokalen Autonomie; aber in Allem, was in die Sphäre der königlichen Gewalt gezogen ist, ist das Reich im vollsten Sinne des Wortes ein einheitliches. Es ist nur ein Namen, wenn sich Karl auch König der Longobarden nennt. Der Befehl des Kaisers, die Wirksamkeit der Reichsversamm=lungen geht gleichmäßig von den Slavenstämmen bis in die spanische Mark, von Italien bis in das Sachsenland.

Diese Erscheinung kehrt in solcher Weise nicht wieder.

Der Unterschied zwischen dem in derselben Person vereinig=ten Königthum und Kaiserthum tritt im Rechte ganz genau hervor. Das Sächs. Landrecht sagt (B. 3. Art. 52) in seiner bezeichnenden fast naiven Art: „Die Deutschen sollen durch „Recht den König wählen. Wann er dann geweihet wird von „den Bischöfen die dazu gesazt sind, und auf den Stul zu Ach

„kommt, so hat er die königliche Gewalt und den königlichen „Namen. Wann ihn dann hernach der Papst weihet, so hat er „des Reichs Gewalt und den kaiserlichen Namen".

In der eigentlichen Regierung jedes Landes fließen aller=
dings die königlichen und die kaiserlichen Funktionen vielfach in Eines zusammen. Allein es bleibt ein anderer wesentlicher Unterschied. Das deutsche Königreich ist der politische Kern, der Träger des Kaiserthums. Es gibt dem, welcher damit be=
kleidet ist, mittelbar das Recht, in weiterem Kreise — der Theorie nach über die ganze Christenheit — zu herrschen; aber in diesem weiteren Kaiserreiche, in diesem „heiligen römischen Reiche deutscher Nation" verschwindet doch Deutschland nicht unterschiedslos. Sehen wir ab von der scheinbaren Bedeutung, welche das Kaiserreich hier und da in einer nur dem Namen nach bestehenden Lehnshoheit über ganz unabhängige Länder erhielt, blicken wir auf das Reich in sei=
nem wirklichen realen Machtgebiete, so gibt es darin ein Deutschland und gibt Nebenländer desselben. Dieser Begriff der Nebenlän=
der tritt minder bestimmt rücksichtlich der Erwerbungen, welche Deutschland im Osten und Westen machte, hervor. In manchen Beziehungen kann man hier weniger von eigentlichen Nebenlän=
dern sprechen, als von der factisch loseren Verbindung entfern=
terer Theile desselben Königreichs. Bis zu einem gewissen Punkte (in andren bestand allerdings eine Trennung) gilt dies selbst von Burgund. Die burgundischen Großen, die slavischen Fürsten besuchten die deutschen Reichstage seltener. Erschienen sie, so war es in der Regel, um zu huldigen oder sonst eine Gunst des Königs zu erhalten. Dagegen bildete Italien, d. h. diejenigen Theile des Landes, welche damals unter diesem Namen verstanden wurden, ein eigentliches Nebenland des Reiches. Mit dem Reiche ward auch das Herrscherrecht über dieses Land erwor=
ben; denn die deutschen Könige gestanden den Longobarden nie das von diesen in Anspruch genommene Wahlrecht zu. Aber die Könige ordneten die inneren Angelegenheiten des Landes mit den Reichstagen, die in Italien oder an dessen Gränzen gehalten wurden. Diese mischten sich so wenig in die Angelegenheiten

4

Deutschlands, als die deutschen Fürsten in jene der italienischen Großen. Vergleicht man die beiden größten christlich = germani= schen Reiche, das Karl's des Großen und Karl's V., welcher auch die Idee des Kaiserreiches wieder hoch zu heben suchte, welcher auch die Streitkräfte seiner vielen Länder in langen Kriegen beschäftigte, so wird trotz dieser Aehnlichkeiten die erwähnte Ver= schiedenheit scharf hervortreten. Spanien, Italien, Deutschland, sie sind ganz anders geschieden, als im Reiche Karl's des Großen, und nach verschiedenen Verfassungen regiert.

So führt die Idee eines allgemeinen christlichen Kaiser= thums selbst in dem Kreise, den sie sich thatsächlich eroberte, nicht zu einer gleichartigen, die Verfassungen und Völkerunter= schiede verwischenden Herrschaft.

Man darf aber an dieser Stelle wohl fragen: wie verhält sich dieser factische Zustand zu der Theorie? Denn allerdings sollte nach ihr der Kaiser das dominium mundi, die oberste Herrschaft über die Christenheit haben. Diese Theorie auf die Spitze treibend, schrieb Kaiser Heinrich IV. noch im Unglück an den König von Frankreich: die Erde ist mein, so weit sie bewohnt wird. Dagegen sind thatsächlich niemals die vielen Staaten, welche außer dem deutschen Reiche bestanden als widerrechtliche straf= bare Usurpationen, die man ganz allgemein zu vernichten die Pflicht habe, angesehen worden. In Wahrheit ist der Wider= spruch zwischen der Theorie und der Wirklichkeit nie durch eine fest bestimmte Abgränzung gelöst worden, weil der eigentliche Staatsbegriff und noch mehr der Begriff einer, nicht mit dem Christenthum zusammenfallenden, völkerrechtlichen Ordnung damals noch kaum zum Bewußtsein gekommen war. Und doch lag diese Idee der völkerrechtlichen Ordnung, instinktiv der Kaiseridee zu Grunde. Sie will nicht ein gleichförmiges, alle Verschiedenheiten verwischendes Weltreich*), sondern ein mächtiges

---

*) Dagegen kämpft Dante eben so entschieden, als er für das Kaiserreich selbst begeistert ist. Bulgarus schreibt dem Kaiser ein Herrscherrecht über alle Staaten zu, jedoch nicht quoad proprietatem.

politisches Centrum, welches, mit der christlichen Idee Hand in Hand gehend, von allen andren Staaten als eine oberste, ihre Streitigkeiten regelnde, Friede und Ordnung auch in der Staatenwelt herstellende Macht anerkannt würde. In gewissem Sinne erscheint in ihr der idealisirteste Versuch, eine allgemeine gültige Ordnung unter den Völkern wenigstens der abendländischen Christenheit aufzustellen.

In der Wirklichkeit freilich hat das Kaiserreich so wenig eine friedliche Ordnung unter den Staaten und Völkern hergestellt, so wenig die Kriege verbannt, als die Pläne König Heinrich's IV. von Frankreich, als die heilige Alliance, das System des Gleichgewichts, oder das europäische Concert der Pentarchie. Die Thatsache aber steht fest, daß, so lange das Kaiserreich der Mittelpunkt des europäischen Völkerlebens war, die allgemeinen von außen auf diese Völker geführten Stöße mehr als abgewehrt worden sind, und daß Deutschland in's Besondere bis zum Fall der Hohenstaufen einen Einfluß und eine Kraft entwickelt hat, wie für eine gleich lange Zeit kein andres Volk Europa's seit dem Sturze des Reiches der römischen Cäsaren.

Man wird, um dies zu erklären, keinen allzu großen Werth darauf legen dürfen, daß sich die deutsche Nation, so zu sagen, mit einem Wall von Ländern umgeben hatte, welche zum Kaiserreich, nicht aber zum deutschen Königreich gehörten, noch auch auf die Kämpfe, welche die Nation im Ganzen mit andren Völkern zu führen hatte. In diesen mag sich das Bewußtsein ihrer Eigenthümlichkeit entwickelt, das Gefühl, der Mittelpunkt eines großen, die Geschicke des Welttheils bestimmenden Reiches zu sein, mag das Selbstgefühl geschwellt haben. Allein abgesehen davon, daß der Umfang des Reiches, wenn schon immer sehr groß, dennoch seit Otto I. bis zum Untergang der Hohenstaufen mehrfache Schwankungen zeigt, so sehen wir in jenen Erscheinungen doch zunächst nur die Wirkung einer andren Ursache. Das ursprünglich Wirkende war theils die Kraft, welche in dem

Zusammenhang der Idee des allgemeinen chriftlichen Kaiferreiches mit der religiöfen Stimmung der Zeit und den Interessen der einen katholischen Kirche lag, theils die Tüchtigkeit und Thatkraft unserer Kaiser, welche mit dieser ganz der Zeit ange= paßten Idee Bedeutendes zu wirken verstanden. Daß dann die Erweiterung des Reiches, die vielfachen Beziehungen zu andren Völkern auch wieder eine große Rückwirkung auf eben diese Kraft, und weiter auf die Entwickelung der socialen Verhältnisse und der geistigen Cultur ausübten, ist klar. Jedoch ist es wichtig, Folge und Ursache genau zu unterscheiden, damit man nicht mit dem mittelalterlichen Kaiferreich deutscher Nation moderne Staatsbildungen zusammenstelle, welche in einzelnen äußeren Stücken einige Aehnlichkeit mit demselben haben, welche aber in den innerlich wirkenden Kräften, also im Wesen der Sache ihm gar nicht gleichen.

Den Betrachtungen, welches die Geschicke Europa's gewe= sen sein würden, wenn es in dem deutschen Kaiferreiche keinen Mittelpunkt gefunden hätte, folge ich hier nicht. Welches die Zukunft Deutschlands in diesem Falle wahrscheinlich gewesen sein würde, darüber ist schon früher Einiges bemerkt.

Folgt nun aber aus alle dem, daß das Kaiferreich nicht blos eine durch die Ideen jener Zeit getragene, und für Deutschland in's Be= sondre höchst werthvolle politische Gestaltung, sondern daß es auch ein angemessener oberster Regulator der Geschicke Europa's für alle Zeit war? Darf man statuiren, daß das Kaiferreich nur durch einige gar nicht mit seiner inneren Natur zusammenhän= gende Zufälligkeiten aus der ihm angewiesenen Bahn gedrängt, und so endlich von seiner Höhe herabgestürzt worden ist? Diese Ueberzeugung habe ich nie gewonnen.

Wie der Einfluß des Kaiferreichs in Deutschland selbst bis zu einem gewissen Punkte den dem Königthum inwohnenden Mangel an bindender Kraft ersetzte, so übertrug dieses seine laxere Natur auch auf die Regierung der nichtdeutschen Länder, über welchen der Kaiser als Oberherr stand. Hätte Deutschland ein strenges Königthum gekannt, so würde sich sein Charakter auch auf das Kaiserreich übertragen haben. Dies zeigt deutlich das Beispiel Friedrich's II., welcher Italien, in's Besondre das centralisirt regierte Sicilien zum Mittelpunkt des Kaiserreichs zu machen suchte. In diesem Falle würde — wie es regelmäßig zu geschehen pflegt — der Bogen immer strammer haben gespannt werden müssen. Er würde entweder an der natürlichen Widerstandskraft der Völker gebrochen sein, oder es würden die Geschicke der westlichen Hälfte Europa's denen ähnlich geworden sein, welche sich später in der östlichen Hälfte entwickelten.

Nun war aber das Gegentheil der Fall. Die Gefahr des Kaiserreichs lag nicht in der zu strammen Einheit, in einer überwältigenden weltlichen Centralisation, sondern in seinem losen Verbande. Sein Bestand war also vorzugsweise durch das Gleichgewicht zwischen dem Reich und der Kirche, zwischen dem Papst und dem Kaiser bedingt. Wir haben das System in der Gestalt zu beurtheilen, wie es einmal concret in die Welt getreten war, als eine Kirche mit einem auf weltliche Souveränität sich stützenden Papstthum, und als ein nach immer weiterer Herrschaft strebendes Kaiserthum. Theoretisch lag dies in seinem Begriff; praktisch aber strebt jede Herrschaft sich zu erweitern, wenn sie nicht von andren genügenden Kräften beschränkt wird. Der Begriff einer den Aufgaben des Kaiserthums gerade genügenden europäischen Mitte ist schwankend, und ist mehr ein moralisches Axiom als aus den Gesetzen genommen, nach welchen Staaten sich in der Wirklichkeit bilden und erweitern. Man darf annehmen, daß jeder unternehmende Kaiser die Neigung hatte, den Kreis seiner Macht so weit auszudehnen, als er in der Nation Mittel für seine Zwecke fand, und als ihn sein individueller Sinn trieb. Denn außerhalb des Kaiserreiches gab es kein Land, welches, demselben dauernd zu widerstehen, die Kraft in sich selbst hatte.

Ganz diesem Zustand entsprechend bildete sich im Verlaufe der Zeit das Verhältniß zwischen Kaiser und Papst. Man bedurfte einander, und man stieß sich ab; man förderte die gegenseitigen Zwecke, und man durchkreuzte sie; man schenkte sich Vertrauen und man beargwohnte sich. Der Kaiser sollte der Herr der

Christenheit sein, und doch sorgte der Papst für die Unabhängig=
keit einzelner Staaten, damit der Kaiser nicht zu mächtig werde.
Wenn irgend etwas nach der natürlichen Abgränzung beider
Sphären dem Kaiser zukam, so war es die schiedsrichterliche
Entscheidung von Streitigkeiten zwischen verschiedenen christlichen
Reichen. Und doch suchte gerade sie der Papst an sich zu brin=
gen, um dem übermächtigen Einfluß des Kaisers zu begegnen.
Durch die Verhältnisse in Sicilien und Unteritalien wurde der
Conflict nur flagrant. Aber der Kampf wäre nach menschlichem
Vermuthen doch entbrannt, auch wenn die berühmte sicilische
Heirath die Hohenstaufen nicht tief in den Süden geführt hätte,
oder wenn Friedrich II. sich hätte entschließen können, Sicilien
vom Reiche zu trennen und es sofort einem seiner Söhne zu
geben, einen zweiten aber zum künftigen Kaiser vorzuschlagen.
Dies scheint so tief in der Natur der Dinge zu liegen, als es
gewiß ist, daß die Flamme der Religionskämpfe in Deutschland
aufgelodert sein würde, auch wenn die utraquistischen Stände
Böhmens die Statthalter des Kaisers nicht aus den Fenstern des
königlichen Schlosses zu Prag geworfen hätten. Ein System
wie jenes kann, an einem gewissen Punkte angekommen, nicht
in dauerndem Frieden bestehen. Die Tugenden der Weisheit und
Mäßigung, jene klare Einsicht, welche Mißverständnisse bannt,
individuelle Verschiedenheiten versöhnt, sind Dinge, auf deren
gleichmäßige Fortdauer an den beiden Polen, um welche sich das
Ganze drehte, man nicht für alle Zeit rechnen konnte. Der
ganze, auf zwei Stützen ruhende Bau war schon unter Kaiser
Heinrich IV. erschüttert, unter Kaiser Friedrich I. folgte ein
neuer gewaltiger Stoß. Noch einmal aber leuchtet Deutschland
nach stürmischer Zeit ein günstiger Stern und wirft das reinste
Licht über das glückliche und mächtige Land. Endlich aber
bricht unter den letzten Hohenstaufen der oft begonnene, oft
verschobene, nie beseitigte Kampf herein.

Es gibt in der Weltgeschichte keine Institution, welche
in einer bestimmten Gestalt allezeit dauert. Eine folgt der
andren wie die Wellen der bewegten See sich folgen. Das

Kaiserthum ging unter, um so nicht wieder aufzuleben. Aber dem Dunkel, in welches es versank, war ein hoher, lichter Tag vorausgegangen. Wäre es nicht gefallen, als sich Papst- thum und Kaiserthum, beide aufstrebend, ungebrochen begeg- neten, gefallen in einem heldenmüthigen Kampfe, es würde, wie es das nachfolgende Kaiserthum auch that, doch zuletzt von der Bühne der Welt abgetreten sein, ermattet und ohne inneres Leben, nämlich zu der Zeit, als die Ideen einer eigenthümlichen Verbindung kirchlicher und weltlicher Dinge, welche es einst geboren, Abschied zu nehmen begannen von den menschlichen Geschlechtern.

Nationaler Gehalt des Kaiserthums.

Ueberblicken wir nun das Kaiserthum von der Zeit Otto I.
bis zum Sturz der Hohenstaufen als ein Ganzes. Fragen wir,
was hat es für unsere Nation bedeutet, für die Entwickelung
ihrer geistigen Kraft, für den politischen Zusammenhang nach
innen, für die Weltstellung nach außen? Nicht an der einen
oder andren Phase dieser hochgehenden wechselvollen Zeit, nicht
an dem Herrscherglanz Otto's, noch an der büßenden Gestalt
Heinrich's IV. haben wir unsre Betrachtung zu fesseln; nicht
die Gränze der vordringenden Fluth noch jene der zurück=
weichenden Ebbe haben wir für die Marke zu nehmen, welche
uns den Normalstand jenes Lebensstromes richtig zeichnet. Aus
den wechselnden Erscheinungen haben wir nach dem bleibenden
Gehalt, nennen wir ihn nun gut oder böse, zu greifen.

Noch in einer andren Beziehung ist es wichtig, die Wür=
digung des Ganzen nicht durch die einseitige Betonung einzelner
Nüancen jener Zeit zu verwirren. Es sind meistens bedeutende
Naturen, welche in dieser Zeit das Königs= und Kaiseramt im
Reiche deutscher Nation verwalten. Ihre Charaktere, ihre gei=
stige Physiognomie zu zeichnen, liegt ganz außerhalb der Auf=
gabe dieser Schrift. Es ist auch ohnedies einleuchtend, daß wohl
das Kaiserthum im Ganzen aus einer allgemeineren geschicht=
lichen Verkettung mit Nothwendigkeit hervorging, daß aber die
Persönlichkeit der Kaiser und Päpste viel Besondres in das
Gewebe der Dinge, wofür nur der allgemeine Rahmen gegeben
war, eingelegt hat. Auf diesem Punkte begegnet sich die indi=

vibuelle Verschiedenheit der Charaktere, mit der verschiedenen Benutzung derjenigen Mittel, welche in jener Zeit überhaupt möglich waren, um annäherungsweise eine wirksame politische Gewalt zu errichten. Diese Mittel waren natürlich ganz andre, als auf welche sich in einer späteren Zeit die kaiserliche Gewalt stützen konnte. Es waren ihrer wenige, der Erfolg oft weder einfach noch sicher. Wir sehen u. a. Otto I. — und Aehnliches begab sich im Mittelalter überall — sich ein Gegengewicht gegen die, das Königthum ganz überwuchernden, weltlichen Großen schaffen in den mit weltlichen Rechten, mit Immunitäten und Besitzungen auf Kosten der Fürsten ausgestatteten Bischöfen. Dem fast unabhängigen separatischen weltlichen Adel wird ein der Ernennung des Königs unterstellter geistlicher Adel entgegengesetzt. Aber neben dem gewünschten Erfolg lag auch die Gefahr, daß aus diesem Boden die Feindschaft und Auflehnung der sich verbindenden Fürsten, oder die Reaction der päpstlichen Curie gegen die Eingriffe in das canonische Gebiet oder beides zugleich im Verlaufe der Zeit erwachse. Wir sehen ferner Otto I. die einflußreichsten geistlichen und weltlichen Aemter an seine eignen Verwandten bringen. Aber so vorherrschend war der Zug, für sich etwas Selbständiges bedeuten zu wollen, so schwach das Königthum an eignen Mitteln, so sehr auf eine geschickte Benutzung der gegen einander in's Spiel zu bringenden particulären Kräfte gewiesen, daß die anfängliche Abhängigkeit der emporgehobenen Verwandten bald in das Gegentheil umzuschlagen droht. Im Kampfe zwischen dankbarer Unterwürfigkeit gegen den verwandten König und Kaiser und der Leidenschaft nach Unabhängigkeit und eigner Herrschaft wächst der Widerstand selbst bis zu unnatürlichem Verrathe.

Heinrich IV. will dem weltlichen Herrscherrecht eigne für sich ausreichende Mittel erwerben. Das südliche Deutschland, wo er schon durch zahlreiche königliche Güter sehr großen Einfluß hat, stellt er gegen das Herzogthum Sachsen, um dasselbe aufzulösen und seine Hausmacht daraus zu stärken. Dann unter-

nimmt er Aehnliches gegen die Fürsten, welche ihm bisher als Mittel
seiner Zwecke gedient hatten. Aber kaum nähert er sich einer
Stellung, welche die particuläre Selbständigkeit überall bedroht,
so sucht sich dieselbe auch überall gegen ihn zu einigen. Unter=
drückte Gegner und bisherige Helfer des Kaisers reichen sich die
Hände. Sie verfolgen ihr Interesse und gewinnen gemeinsam
ihr Spiel, indem sie den großen Kampf für sich ausbeuten, wel=
cher zwischen Kaiser und Papst entbrennt.

Ju früherer Zeit hatte sich Konrad II., darin ähnlich
Heinrich IV., gegen die zu mächtigen Großen und zugleich gegen
die Ausdehnung der bischöflichen Gewalt gewendet, und aus den
Ministerialen einen freien Reichsadel zu bilden begonnen. Aber sein
Streben hatte überall einen andren Charakter. Es sollten nicht
die weltlichen Fürstenthümer vernichtet und daraus eine große
Hausmacht gebildet, es sollte vornehmlich die herzogliche
Gewalt selbst untergraben werden. Zum Kampfe mit dem
Papstthume waren die Dinge nicht angethan. Diesem langsa=
meren Wege folgte deshalb auch nicht ein rascher erschütternder
Gegenschlag. Aber sollen wir deshalb glauben, daß die weiteren
Fortschritte dieses Systems nicht zu einer höchst bedenklichen
Reaction geführt haben würden? Das Königthum, welches sich
auf festem Fuße über die weltlichen Magnaten erheben, und
welches zugleich den geistlichen Adel aus der einmal eingenom=
menen Rechtssphäre herabdrücken wollte, hätte schließlich immer
beide gegen sich geeinigt. Würde es in denjenigen Theilen der
Nation, welche nicht von jenen abhängig oder durch ihre nächsten
Interessen oder religiösen Stimmungen mit ihnen verflochten
waren, eine hinlänglich sichere Stütze gefunden haben? Die Lage
der Dinge war doch folgende. Die Herzogthümer waren erbliche
Aemter, als solche aber keine Territorien. Das herzogliche Amt
gab das Recht, zum Heerdienst aufzubieten; allein die mächtige=
ren Fürsten, Pfalz= Mark= und Landgrafen hatten sich auch in
dieser Beziehung meistens in ein unmittelbares Verhältniß zu
Kaiser und Reich zu setzen gewußt. Nur die kleineren im Her=
zogthum wohnenden Herrn und Vasallen wurden von den Her=

zögen aufgeboten. Ihr Sonderinteresse traf oft mit dem des Königthums gegen die herzogliche Gewalt zusammen. Allein sie waren zerstreut, nicht verbunden und von den ihnen zunächst wohnenden mächtigeren Fürsten vielfach abhängig. Wir dürfen nicht vergessen, daß zu Konrad II. Zeit die Städte als eine Stütze der königlichen Macht noch wenig bedeuteten. Es ist deshalb auch schwer zu sagen, ob es mehr die Erkenntniß dieser Lage der Dinge, oder die persönliche Verschiedenheit der Charactere war, welche Konrad's Nachfolger Heinrich III. einen andren Weg betreten ließ, welche ihn trieb, seine weltliche Herrschaft ganz mit der religiösen Idee zu durchdringen, und den gefahrvollen Versuch zu machen, unbedingt über das Papstthum und durch das Papstthum herrschen zu wollen. Es ist noch schwerer zu sagen, ob, wenn Heinrich Konrad's Weg gegangen, er statt seiner außerordentlichen Erfolge nicht eine ähnliche, wenn auch gelindere Katastrophe erlebt hätte, wie solche später über Heinrich IV. kam. Wenn unsre höchst mangelhafte Kenntniß der Zustände jener Zeiten selbst für die Erklärung des Geschehenen kaum zureichend ist, so ist sie noch weit unzureichender, um nach der Voraussetzung einer nicht eingetretenen Thatsache mit einiger Sicherheit den Gang, welchen die Geschichte genommen haben würde, zu zeichnen. Frömmigkeit und lebhaftes Machtverlangen bewegten Konrad II. nicht minder wie Heinrich III., aber die Mittel für ihre Ziele wählten sie verschieden.*)

---

*) Es läßt sich übrigens schwerlich historisch begründen, „daß Heinrich III. in der Höhe seiner Weltstellung für die politische Einrichtung seines deutschen Staates nur noch schwaches Interesse hatte, daß er die unter Konrad fast zerstörte herzogliche Gewalt sich wieder erholen ließ." Ist vielmehr nicht die Annahme begründet, daß Heinrich III. den Plan gehabt habe, im inneren Deutschland die herzogliche Gewalt wieder aufzuheben, eine Maßregel, die später wirklich ausgeführt wurde, dann aber für die geschwächte königliche Macht nicht mehr die Bedeutung hatte, welche sie früher hätte haben können? Welches sind denn die Thatsachen? In Ostfranken gründete Heinrich eine Hausmacht für sein Geschlecht, Bayern erhielt zuerst sein Sohn Konrad, nach dessen Tode seine eigne Gemahlin Agnes, um es als ein Privatbesitzthum zu behalten so lange sie wolle (privato jure quoad vellet possidendum);

Die Kaiseridee selbst endlich in ihrer doppelten Beziehung zu dem Papstthum und der Kirche als Ganzes, und zu der Gründung eines großen über die Gränzen Deutschlands hinaus= strebenden Reiches ist von den verschiedenen Trägern derselben mit größerer oder geringerer Hingebung, bald ausschließlicher, bald vermittelnder, bald mit größerem Unternehmungsgeist, bald mit beschränkterem häuslichem Sinne aufgefaßt und geltend ge= macht worden. Diese individuelle Verschiedenheit neben einem gleichmäßigen Grundton zieht sich durch die bekannte hier nicht zu schreibende Geschichte der Jahrhunderte, in welchen das Kai= serthum am höchsten stieg, und am tiefsten fiel.

Auf diesem Wege ist die Nation trotz einzelner Auflehnun= gen lange als ein Ganzes mit ihren Kaisern und mit den von ihnen verfolgten Zielen gegangen, wie es in der ganzen deutschen Geschichte nicht wieder und in der gleichzeitigen Geschichte aller anderen Völker der christlich=germanischen Welt gar nicht vorkommt. Ich wüßte nicht, wie sich in jener Zeit der politische Zusammenhang eines großen Volkes, in einem großartigeren Style hätte zeigen können.

Auf diesem Wege hat sich endlich in der letzten Phase des Kaiser= reiches dieser Periode die Nation auch gründlich abgewendet von den Bestrebungen ihrer Kaiser, nachdem in den wiederholten Kämpfen mit dem Papstthum sich auch die Kehrseite der großartigen Ver= bindung gezeigt, und jene Bestrebungen über den Kreis, inner= halb dessen sie sich früher gehalten, immer mehr und mehr hinaus= gegangen waren. Wie sollte sich auch die Nation nicht abwenden von einem Kaiser, der sich selbst von ihr abwendete und im fernen Sicilien neue Grundlagen für seine Macht suchte. Es war eine verhängnißvolle Zeit. Ein herrliches Feld der Thätigkeit war

---

in das Herzogthum Sachsen begab er sich häufig um Aufsicht über die herzog= liche Amtsverwaltung zu führen. In Ober= und Niederlothringen bereitete er die Einziehung der Herzogthümer vor, und das Herzogthum Schwaben behielt er von seiner Thronbesteigung bis 1045 selbst. S. z. B. Eichhorn deutsche St. u. R. Gesch. II. S. 56 und Lamberti Schafnaburgensis annal. ad. a. 1056.

gerade damals einem Kaiser gegeben, der den Blick ganz auf das Heimathland gewendet, hier seine Macht fester zu gründen, und zu erweitern gesucht hätte. Wohl konnte der Kaiser nicht mehr wie ehedem frei über die Bisthümer schalten, wohl waren längst die Reichsbeamten der Karolingischen Monarchie Fürsten und Inhaber erblicher Aemter geworden. Allein ihre Sprengel wurden in dem Maaße, in welchem die alte Gauverfassung zerfiel, nicht blos zum Besten der Kirche und einzelner Herrn durch Exemptionen durchschnitten, sondern das Reich selbst hatte, seit die Reichsbeamten etwas ganz andres, wie früher bedeuteten, daran festgehalten, einzelne Stücke des Reichsbodens von den Bezirken auszunehmen, welche jenen unterstellt waren. Diesen Reichsvogteien standen jetzt noch wirkliche kaiserliche Beamten vor. Sie waren zu Kaiser Friedrich's II. Zeit bedeutend. Dazu waren fortwährend viele Anknüpfungspunkte zwischen dem königlichen Interesse und den nächsten Zwecken der kleinen Herrn und der Ritterschaft gegeben. Es ist wahr, daß die Kreuzzüge der Entwicklung einer untergeordneten Hoheit der Fürsten sehr förderlich gewesen waren. Sie hatten die Fürsten von einer großen Zahl unruhiger Vasallen und adeliger Einsaßen ihrer Amtssprengel befreit. Dagegen hatten, und dies war wichtiger, die Städte jetzt schon eine wirkliche Bedeutung erlangt. Daß diese Verhältnisse damals nicht benutzt, daß statt dessen den weltlichen Großen Privilegien bewilligt wurden, daß ihnen im Interregnum Freiheit gegeben war, factisch ihre Macht noch mehr zu erweitern, daß das Erbgut der Kaiser vergeudet wurde, dies und Anderes ist auch für uns mehr, als ein blos zufälliges, mehr als ein blos persönliches Werk, was eigentlich mit dem Kaiserthum nichts zu schaffen habe. Diese Folgen sind in der That die eine Seite des Kaiserthums, denn wir haben es nicht mit einem idealen, sondern mit dem realen Kaiserthum zu thun, wie es unter Menschen mit Mängeln und Schwächen und Leidenschaften in's Leben trat.

Wir sehen darin die eine Seite, aber auch nicht mehr; die einseitige Entwicklung der gefahrvollen Keime, welche neben anberen Dingen auch in demselben lagen. Auf der andren Seite steht das Schönste und Größte, welches die Geschichte des deutschen Volkes, dieses als ein politisches Ganzes gedacht, aufzuweisen hat. Hätte England das Königthum nicht gehabt, so würde es auch die Kämpfe der weißen und rothen Rose nicht gehabt haben, welche die englische Nation weit mehr zurückgeworfen, als uns der Fall der Hohenstaufen; es würden aber auch die Thaten und die einigende Kraft der Plantagenets mangeln. Unter andren politischen Formen würden sie, und würden wir Wechsel= fälle und Erschütterungen anderer Art gehabt haben, welche sich jeder Berechnung entziehen. Wer die weltgeschichtliche und natio= nale Wirksamkeit Friedrich des Großen zeichnen wollte, würde gewaltig fehlen, wenn er nur darstellen wollte, wie nach den Opfern langer Kriege sein erschöpftes Volk sich fast von ihm abgewendet hatte, wie es seine Heldengestalt weit weniger kannte, schätzte und liebte, als fremde Völker und die späte Nach= welt. Oder wer möchte glauben, das erste französische Kaiser= reich in seiner Bedeutung für Frankreich und die Welt dargestellt zu haben, wenn er zeigte, wie das französische Volk seiner Be= strebungen zuletzt von Herzen überdrüssig war, wie selbst viele Generale des Kaisers bereit waren, den Helden zu verlassen, der sie zu hundert Siegen geführt hatte? Das zusammenbrechende Kaiserreich, die Besetzung Frankreichs war der augenblickliche Abschluß des Kaiserthums, aber sein geschichtlicher Abschluß, seine Bedeutung für Frankreich und die Welt war es nicht. Diese lebte durch tausend Fäden fort, und würde fortgewirkt haben, auch wenn es später den Neffen des Kaisers nicht wieder auf seinen Thron geführt hätte. So wenig der Tag von Auster= litz, gegenüber dem von Waterloo, so wenig Moskau in den Händen der Franzosen gegenüber Paris in den Händen der Alliirten das Bleibende dieses modernen Kaiserreiches für die Geschichte bezeichnet, eben so wenig bezeichnet der Glanz der Ottonischen Herrschaft oder der Schiffbruch der Hohenstaufen den geschichtlichen Gehalt des mittelalterlichen Kaiserthums. Wir wollen versuchen, ihn am Schlusse dieses Abschnittes darzustellen.

Ueberfieht man die verfchiedenen Phafen des Kaiferthums, die abweichenden Wege, welche verfchiedene Kaifer gegangen find, so leuchten zwei Dinge von felbft ein. Einmal ift es unzuläffig, das Wirken des einen oder andren Kaifers, weil es etwa weniger extrem ift, z. B. das Conrad II., als außerhalb der Kaiferpolitik liegend, feinen Träger gewiffermaffen als außerhalb des Kaifer= thums ftehend aufzufaffen. Ein Kaifer, der zwei Mal nach Italien zog, der fich den Weg nach Rom zur Krönung mit den Waffen in der Hand bahnte, bewies wohl deutlich, daß er inner= halb des Ideenkreifes lebte, welcher damals die Welt bewegte.

Sodann ift es wichtig, in den Beftrebungen, Kämpfen, Sie= gen und Niederlagen der Kaifer das, was feinem Wefen nach mit dem Kaiferthum zufammenhängt, nicht mit demjenigen zu vermifchen, was fich ebenfo oder ähnlich vorfinden würde, wenn an der Stelle des Kaifers nur ein deutfcher König geftanden hätte.

Diefe Unterfcheidung ift felbft für den Zufammenftoß zwi= fchen Kaifer und Papft unter Heinrich IV. befonders wichtig. Der politifche Unverftand, daß und wie derfelbe mit den welt= lichen Großen und dem Papfte zugleich brach, hat ficher mit dem Kaiferthum als folchem gar nichts gemein. Woburch ent= ftand denn jene Kataftrophe? Der Kampf entbrannte wegen des Rechtes der Ernennung und Einfetzung der Bifchöfe. Diefe Frage war gezeitigt worden dadurch, daß bei der Befetzung der oberften kirchlichen Aemter eine abfcheuliche Simonie fich ein= gefchlichen hatte, und daß fie von der weltlichen Gewalt nicht befeitigt wurde. Wir überfehen heute vollftändig, daß die uner= hörten Erfolge eines Gregor VII., eines Innocenz III. nicht blos aus den Charakteren diefer Männer, nicht blos aus der gefchickten Benutzung der religiöfen Stimmung der Zeit und der Elemente der Zwietracht im Lager des Gegners fich erklären. Entfcheidend war, daß fich mit alle dem der fittliche Ernft gegen große und tiefe Mißbräuche verband. Wie fo oft, mifchte fich auch hier der Feuereifer für einen hohen Zweck mit perfönlicher Herrfch= fucht in ein kaum mehr zu fonderndes Ganzes, führte in Kampf und Sieg weit über die nothwendige und angemeffene, vielleicht selbst über die ursprünglich gewollte Gränze hinaus, und ließ nach errungenem Sieg den Sieger bald in noch ärgere Miß= bräuche und Schäden verfallen, als diejenigen waren, welche er ursprünglich bekämpft hatte. Jene Simonie aber hatte weder mit der königlichen noch mit der kaiserlichen Gewalt an sich das Geringste gemein. Sie war ein eben so unsittlicher als schäd= licher Mißbrauch in dem kaiserlichen sowohl wie in jedem könig= lichen Lande. Das Ernennungsrecht der Bischöfe dagegen war damals nicht blos für den Kaiser, sondern auch für jeden König, der ein größeres nationales Reich gründen oder erhalten wollte, ein höchst werthvolles, kaum zu entbehrendes Recht. Denn es fehlten unsre Heere und unsre Beamtenhierarchie, die Städte hatten zu Heinrich's IV. Zeit noch untergeordnete Bedeutung, der niedere Adel war vielfach an den höheren durch den Lehndienst und andere Interessen gefesselt; dieser aber stieg unter dem sich entwickelnden Lehnswesen zu größerer Unab= hängigkeit auf. Und doch beruhte auf den Dienstmannschaften, welche er zuführte, die bewaffnete Macht des Königs. Es blieb also für jeden weltlichen Regenten etwas sehr Gewagtes, diese Ernennung, welche ohne Einschränkung geübt, allerdings gegen die canonischen Bestimmungen verstieß, aufzugeben. Denn nicht nur war der geistliche Adel an sich in jener Zeit das größte Gegengewicht gegen den weltlichen Adel, man hatte, diesen Gegen= satz ausnutzend, das principale des kirchlichen Amtes mit vieler weltlichen Zuthat, die Bischofssitze vielfach mit den Spolien der Fürstenthümer umgeben, nachdem diese mit dem Beispiel der Beraubung der Bischöfe vorangegangen waren.

Es war also tief in der Natur der Dinge gelegen, daß ein Kampf mit der weltlichen Macht erfolgen mußte, als die auf= strebende Kirche nach diesem Rechte griff. Hätten auch nicht die zufälligen Umstände, welche sich an das erste Auftreten Heinrich IV. knüpfen, diesen Kaiser zum Mittelpunkt des Kampfes gemacht, derselbe würde sich doch gegen das Kaiserthum gerichtet haben, aber nicht gegen den Kaiser als Schutzherrn der Kirche, sondern gegen den Kaiser als den mächtigsten weltlichen Herrscher. Den

Kampf mit andren Königen zugleich zu beginnen, wäre Thorheit gewesen. War er gegen den Kaiser siegreich bestanden, so folgten die andren Königreiche — und der Erfolg hat dies bestätigt — leicht nach. Der Sieg des Kaisers wäre dagegen entschieden ein Sieg des weltlichen Königthums überhaupt gewesen. Denken wir uns, es wäre das Kaiserthum nach dem Untergang der Karolinger gar nicht wieder aufgelebt, und es hätten sich nur eine Reihe von Königreichen entwickelt, so würde sich der Kampf entweder gegen mehrere oder gegen dasjenige, welches eine her= vorragende Stelle eingenommen hätte, gerichtet haben. Wäre in diesem Falle Deutschland der Kampf erspart worden, so würde es nur gewesen sein, weil sich hier keine weltliche Macht von überwiegender Bedeutung gefunden hätte.

III.

Einzelne als besonders verderblich bezeichnete Richtungen des Kaiserthums.

Wenden wir uns im Einzelnen zu denjenigen Richtungen des Kaiserthums, welche als vorzüglich verderblich für die Entwicke=lung unsres nationalen Lebens bezeichnet werden, so begegnen wir 1) seiner Richtung auf romanische Centralisation. Das Verhältniß des deutschen Reiches zu andren damit verbundenen Nebenländern ist schon berührt. Auf diesem Gebiete würde in keinem Falle dem Deutschthum, höchstens der eignen Art andrer Stämme eine Gefahr gedroht haben. Aber es bleibt immer die Frage, ob die Richtung auf ein strammes Regiment, welches die Kräfte bereit haben wollte, um überall die letzte Entscheidung zu geben, nicht eine angemessene Unabhängigkeit der einzelnen Ge=biete zerstört, den Trieb der Autonomie gebrochen, und den Keim der reichen Gliederung des germanischen Lebens unter der üppigen Saat einer gleichförmigen Gesetzgebung oder eines gleichförmigen, von einem Centrum aus geleiteten, Justiz= und Verwaltungs=systems begraben haben würde.

Wir sind immer der Meinung gewesen, daß sich in allen Ländern während des Mittelalters ein so großer Reichthum von Localem, Autonomen und Sonderbildungen angesammelt hat, daß es gerade dieser Zustand einerseits, und der Mangel an einem großen gemeinschaftlichen politischen Zuge, der das Manchfaltige vor der Isolirung bewahrte, andrerseits gewesen ist, was unter neuen geistigen Anregungen die Nationen meistens in den Strom des nivellirenden Absolutismus, oder in furchtbare revolutionäre

Krisen, oft in beides hineingeworfen hat. Hätte uns, die wir
nach deutscher Art das Locale und Provinciale mit besondrer
Gunst Jahrhunderte hindurch gepflegt haben, ein gütiges Geschick
in dem auf das Königthum zurückwirkenden Kaiserthum ein hin=
länglich starkes Gegengewicht gegen jene Richtung der Zeit und
des germanischen Lebens in's Besondre gesendet, gewiß hätte
dabei nichts mehr gewonnen als die Entwickelung eines gemein=
samen nationalen Lebens. Wir meinen nun, daß seit Otto I. bis
zu den Hohenstaufen dem Kaiserthum auch in der Zeit seiner
vollesten Entwickelung in Deutschland weit weniger politisch
centralisirende Kraft inne wohnte, als für jenen Zweck wün=
schenswerth gewesen wäre.

Wo wären denn auch die Mittel für eine solche Centralisation
gegeben gewesen? Auch unter den Ottonen, auch unter einem
Heinrich III. fehlte fast Alles und Jedes, was wir mit dem
Begriff von Polizei und Verwaltung bezeichnen. Das Recht
hatte seinen Ausdruck in den alten Volksrechten, welche erst im
Laufe dieser Periode, aber lediglich auf dem Wege der volks=
thümlichen Rechtsgewohnheit zu dem ungebildet wurden, was
uns die „Rechtsbücher" darstellen; eine Gesetzgebung in unsrem
Sinne war jener Zeit ganz fremd. Die Reichsgesetze flossen
spärlicher als selbst die Capitularien in Karl des Großen Reich;
sie griffen in das Strafrecht selten, in das Privatrecht fast nie
ein. Die Rechtspflege wurde in den gewöhnlichen Verhält=
nissen von dem, in einer besondren Sphäre sich bewegenden,
oberstrichterlichen Amt des Königs fast gar nicht berührt. Es
ruhte das Meiste in den Händen der Schöffen. Die Inhaber
der alten — jetzt sehr veränderten — Grafschaften waren unter
den Fortschritten des Lehnswesens nicht geblieben, was sie im
Reiche Karl's waren. Sie waren nach oben zu einer halben
Unabhängigkeit aufgestiegen; nach unten waren sie durch die
Beziehungen, welche sich an ihren eignen und an den zu dem
Amte gehörigen Besitz anknüpften, mit dem Territorium ihres
Bezirkes und den Bewohnern desselben eng verbunden. So
fehlten eigentliche Beamten fast ganz, mit Ausnahme derjenigen,

welche den Reichsvogteien vorgesetzt waren. Die Heeresmacht des Königs aber beruhte schon jetzt wesentlich nicht mehr auf dem Heerbann, sondern auf den Dienstmannen der Großen.

Zu dem allen denke man sich nun ein Volk, dem unsre Straßen, unsre Druckerpressen, unsre Zeitungen, unsre Bücher, unsre Literatur, dem noch die meisten allgemeinen materiellen Interessen fehlen, welche unsren Blick von selbst auf den Ordner und Führer eines großen Gemeinwesens lenken, und man ermißt leicht, daß Centralisation für die damaligen deutschen Zustände ein Wort ohne wesentlichen Inhalt ist. Wo deshalb in jener Zeit deutsches Wesen in den Osten vordringt, geschieht es fast nur durch die Schärfe des Schwertes, durch das damals überall vermittelnde Bindeglied der geistlichen Stellen, durch Anlegung von Burgen, endlich hauptsächlich durch Einwanderungen.

2) Daß wir der romanischen Centralisation nicht verfallen sind, dies soll nur eine Folge der Bedrängnisse des Kaiserthums und seines schließlichen Sturzes unter den Hohenstaufen sein. Diese Umkehr der Dinge warf aber unsre Entwickelung — nach jener Ansicht — in das entgegengesetzte Extrem. „Ueber all den auswärtigen Sorgen geht Kraft und Zeit verloren, die nationale Staatsgewalt im Innern zu organisiren; Fürsten und Grafen thun Schritt auf Schritt, die Monarchie der Erblichkeit zu entkleiden, die eigenen Aemter aber zu erblichem Eigen zu gewinnen" — — „Wohl hat die kaiserliche Eroberungspolitik an Einer Stelle politische Freiheit erzeugt, auf Kosten der Krone und des Volkes, die Freiheit der Fürsten und Herren, welche schon damals anfängt, die Bauern zu Hörigen zu machen, und die Leibeignen wie eine Heerde zu verkaufen, welche schon damals auf systematische Schwächung der Monarchie und dynastische Ausbeutung der Nation sinnt."

Hier ist das Wahre und Unwahre eng in Eines verschlungen; und nirgends ist es nöthiger als hier, zu scheiden. Man sieht: es ist so ziemlich die ganze Lehnsverfassung, es sind alle die Umbildungen der altdeutschen Stände, und alle mittelalterlichen Mißbräuche, welche als Folgen des Kaiserthums von der Zeit der

Ottonen bis zu den Hohenstaufen bezeichnet werden. Man könnte ganz im Allgemeinen fragen: Wenn nur das Kaiserthum die Ursache dieser Dinge ist, wie kömmt es denn, daß z. B. ein Land wie England, welches so ganz außer dem Einfluß des Kaiserreiches lag, in einem Theil jener Zeit und nochmal in einer späteren Periode das Bild weit düstrer, wenn auch zum Theil anders gearteter Zustände ist? Aber es ist nöthig, in den deutschen Zuständen selbst zu sichten.

Was Ursache, was Folge, was gleichzeitige, auf andren Gründen beruhende Erscheinung ist, wird als gleichartig zusammengestellt. Es findet sich zu jener Zeit des Kaiserthums; also ist dieses die Ursache, trägt die Verantwortung. Dies ist nicht der wahre Ausdruck der Rechtszustände jener Zeit.

Es kann natürlich in dieser Schrift nicht in eine specielle geschichtliche und rechtsgeschichtliche Erörterung der einschlagenden Materien eingegangen werden. Es wird aber auch die Hindeutung auf einige ganz allgemeine Züge schon genügen.

Eine Umbildung der uralten germanischen Unfreiheit, welche theils eine strengere Sclaverei, theils eine mildere Unfreiheit war, und die Umbildung der freien Landesgemeinde fällt in eine sehr frühe Zeit. Von der freien Landesgemeinde war ein großer Theil der Glieder in die, unter dem Einfluß christlicher Anschauung weniger streng gewordene Unfreiheit der neueren Zeit, theils in ein Hörigkeits- oder Schutzverhältniß der Kirche oder weltlicher Großen übergetreten. Der günstige Boden für diese Umgestaltungen war der anarchische Zustand nach der Völkerwanderung, die Zeit der Zerrüttungen des fränkischen Reiches unter den Nachfolgern Clotars, und für Deutschland ganz besonders die Periode unter den späteren Karolingern. Diese trübe Zeit war für die fränkische Monarchie im Ganzen durch den ordnenden Geist des Pipinischen Geschlechtes und die glänzende Erscheinung ihrer Monarchie unterbrochen worden.

Karl der Große fand die Elemente des eben entstehenden Lehnwesens schon vor. Wir finden dieselben auch in seinem Reiche wieder. Er baute mit dem Material seiner Zeit; aber der Plan des Hauses war ein vollkommen verschiedener, als der des späteren Lehnsstaates. Er war auf dem Wege, den noch jugendlichen Rechtszuständen eine ganz andere Richtung mit Festigkeit vorzuzeichnen, als die, in welche sie bald geriethen. Der allmählige Untergang des Heerbannes, und die that=sächliche Verdrängung desselben durch die Dienstmannen der Großen folgte jenen Veränderungen der Standesverhältnisse. Sie förderte eben so sehr das Hörigkeitswesen, als sie, an die alten Beneficialverhältnisse anknüpfend, die Ausbildung des Lehnssystems begünstigte. Genaue Nachrichten über die Zeit, in welcher der Heerbann außer Uebung kam, fehlen; doch geht das Vorhandensein der berittenen Dienstmannen schon bis auf Arnulf zurück; sie scheinen besonders in den Kriegen, welche König Hein=rich I. führte, den Heerbann allgemein verdrängt zu haben.

Damit waren die wichtigsten Grundlagen für eine neue Ordnung der Dinge und fast die Unmöglichkeit, zu der monar=chischen Ordnung Karl's des Großen zurückzukehren, gegeben. Wie die Auflösung seiner Gauverfassung später unvermeidlich wurde, so war die Erblichkeit der Reichslehne und der damit verbunde=nen Aemter factisch die Folge des Zustandes der Dinge am Ende des 9. Jahrhunderts. Im 10. Jahrhundert gibt die Praxis und Rechtsgewohnheit diesem Satz schon ein rechtliches Gepräge; es wird nur via facti bisweilen von dieser Regel abgewichen. Als Konrad II. die Erblichkeit aller auch der Privatlehne ausdrücklich anerkannte, war dieselbe durch Gewohnheits=recht namentlich rücksichtlich der Reichslehne längst aner=kannt. Mit alle dem stand in Verbindung die Umgestaltung des alten germanischen Adels, die Bildung eines von den Königen aus den verschiedenen Volksklassen frei gewählten mit dem Genuß von Grundbesitz gelohnten Dienstadels, welcher schnell wieder die Richtung nach der erblichen Aristokratie einschlägt, Amt und Grundbesitz verbindend.

Die wichtigsten Gründe nun, welche der Ausbildung einer festen monarchischen Ordnung, der allmähligen Gestaltung der Staatsidee entgegenstanden, lagen in diesen bis in das unterste

Volksleben greifenden socialen Umgestaltungen. Dieselben schossen namentlich in unsrem Lande üppig auf, und schlugen tiefe Wurzeln, als die Dämme der Ordnung, welche das Reich Karl's errichtet hatte, von dem widerstrebenden Sonderleben durchbrochen waren, und nun eine Fluth von Willkühr, roher Gewalt und Anarchie sich längere Zeit über die Fluren unsrer Heimath ergoß.

Diese eigentlich entscheidenden socialen Umgestaltungen waren aber schon vor der Zeit der Ottonen von andern gewichtigen Veränderungen zum Nachtheil einer festen politischen Ordnung in der oberen Sphäre begleitet. Die so wichtigen Gesandt=schaften (Missionen) Karl's waren schon frühzeitig umgestaltet worden, und verloren in demselben Maaße ihre Bedeutung, als das sich entwickelnde Lehnsystem mit seinen Sonderstellungen einer=seits und seinen Immunitäten andrerseits, das innerste Lebens=princip der alten Gauverfassung durchschnitt, und diese selbst zu untergraben begann. Dagegen bildete und befestigte sich die herzogliche Gewalt, die Gliederungen verschiedener Stämme wieder zusammenfassend. *) Ferner waren unter allen diesen Veränder=ungen die ordentlichen Reichsversammlungen Karl's, in wel=chem die Großen des Reiches mitriethen, um dann auch mitzu=zuthun, mehr und mehr außer Uebung gekommen und auch von Heinrich I. nicht hergestellt worden. Nur zu besondren Veran=lassungen wurden die Großen entboten, wo sie dann nach Be=finden gar nicht erschienen. Das Verhältniß des Königs zu den Inhabern der hohen Reichsämter war schwankend geworden; wäh=rend dem König außer dem obersten Richter= und Heerführeramt auch die Verleihung von Privilegien und die weitere Vergebung lebig gewordener Reichslehne für seine Person zustand, bezog sich die

---

*) Wie übrigens die Entstehung der Herzogthümer überall wohl aus demselben Trieb hervorgegangen ist, aber doch sehr verschiedene Veranlassungen hat, wie die rechtliche Stellung der Herzogthümer wahrscheinlich an die des Gränzgrafen (dux limitis) sich anschließt, aber doch nicht überall ganz dieselbe gewesen ist, so hat überhaupt eine planmäßige Eintheilung des ganzen Reiches in Herzogthümer nie Statt gefunden.

Mitwirkung der Reichstage vorzugsweise nur auf die Besprechung auswärtiger Angelegenheiten, und die Anordnung gemeinschaft= licher Unternehmungen.'

So etwa war die politische Erbschaft beschaffen, welche Otto I. antrat, als er sich in die engste Verbindung mit der bischöflichen Gewalt setzte, und als er in der consequenten Fort= setzung des betretenen Weges später den Kaiserthron Karl des Großen wieder aufrichtete. Wer von da an die innere Ent= wicklung der deutschen Zustände bis zu den entscheidenden Kata= strophen des Kaiserreiches verfolgt, der wird sagen, daß selbst die einigende Kraft des Kaiserreiches das eingeleitete Lehnsystem nicht aufzuhalten oder zu verdrängen vermochte, daß selbst in dieser Zeit in Deutschland die mittelalterlichen Scenen der Fehde und des eigenmächtigen Widerstandes nicht fehlen, daß aber, im Ganzen genommen, ein für jene Zeit ungewöhnlicher Grad von Festigkeit und inneren Zusammenhangs in die deutschen Zustände gebracht worden ist, welcher auf der einmal gegebenen socialen Grundlage schwerlich durch eine Herrschaft anderer Art erreicht, leicht aber in das Gegentheil, in ein dauerndes Zerfallen ver= kehrt worden wäre. Er wird ferner constatiren müssen, wie dies schon früher im Einzelnen nachgewiesen ist, daß das sin= kende Kaiserthum auch wieder eben so auflösend in den inneren staatlichen Bau Deutschlands, wie früher das aufstrebende Kai= serthum kräftigend, eingegriffen hat.

Allein der Zustand der Dinge im Moment der äußersten Niederlage offenbart nicht das wahre Ergebniß der Kaiserge= schichte für die politische Entwickelung des Vaterlandes. Begann mit Rudolph von Habsburg erst die Geschichte Deutschlands, und führt keine Brücke von der mächtigen Kaiserzeit zu der nach innen und außen neu befestigten Ordnung des deutschen Reiches durch Rudolph den Habsburger? Die Antwort ist von selbst gegeben. Niemals hätte Rudolph Deutschland, so wie er that, ordnen, niemals ihm seine Stellung nach außen sichern können, wenn nicht die Geschichte der vorausgegangenen Jahrhunderte einen Zusammenhang in die Nation gebracht hätte. Durch diesen Zusammenhang, an welchem die lange Kaiferzeit gewiß nicht den geringsten Antheil hatte, reagirte die Nation als Ganzes gegen die Wirren, welche dem Fall der Hohenstaufen folgten, in der Weise und in dem Umfang, wie es wirklich geschehen ist.

Will man im Ernste sagen: das was nach dem Fall der Hohenstaufen Deutschland wieder auferbaute, alles dasjenige, was sich in dem Volksleben Bedeutendes zur Kaiferzeit zeigt, was dann später noch fortwirkt, hat sich in der Nation selbst, nicht durch das Kaiferthum, sondern trotz desselben, unab= hängig von ihm entwickelt? Diese Trennung der Nation und der großen, Jahrhunderte lang sie beherrschenden Ereignisse und Kräfte verstehe ich nicht. Sie ist für die modernen Zustände nicht zutreffend, für jene Zeit ist sie vollständig fremdartig. Wenn wir am Ende der Hohenstaufenzeit die Stände des Reiches sich von den übertriebenen kaiferlichen Unternehmungen abwenden sehen, so sahen wir sie während der langen Kaiferzeit (von Einzelnheiten abgesehen und die Ereignisse im Ganzen überschaut) den großen Unternehmungen, den weiten Zügen, so viele Theilnahme wid= men, so viele Opfer bringen, daß man diese Erscheinung in einer Zeit, welche unter der Herrschaft des Lehnssystems stand, als eine außergewöhnliche bezeichnen muß. Weniger als irgend etwas kann das Kaiferthum als ein zufälliges und äußer= liches Nebending der Nation zur Seite gestanden, es muß tief in ihr inneres Leben gegriffen haben.*) Es wäre vielleicht erlaubt, hier daran zu erinnern, wie ein Bettelmönch des 14. Jahr= hunderts selbst von Kaiser Friedrich II., welchen man den Blicken der Nation entschwunden glaubt, sagt, das Volk weissage die Auferstehung Friedrich's und warte auf ihn, wie die Juden

---

*) Treffend sagt Ranke (Deutsche Gesch. im Zeitalter d. R. I. 22): „an dem antiken und romanischen Element hat sich der deutsche Geist von jeher entwickelt. Eben durch die Gegensätze, welche bei der fortdauernden Ver= bindung so unaufhörlich hervortraten, lernte man in Deutschland Priester= herrschaft und Christenthum unterscheiden." — S. auch Ficker a. a. O. S. 86 folgg.

auf den Messias. Oder man möchte jener aus den innigsten,
unmittelbarsten Volksgefühlen hervorgegangenen, noch heute im
Liede und in der Sage fortklingenden Erinnerungen an die
Kaiser Karl und Friedrich Barbarossa gedenken. Aber es bedarf
dessen nicht. Man kann aus dem dämmernden Hintergrunde
unbestimmter Gefühle, Erinnerungen und Hoffnungen des Volkes
nüchtern auf den festeren Boden realer Thatsachen treten. In
jene Zeit fällt das kräftige Emporblühen der Städte, der
Anfang der Hansa; der Schwung des Geistes ist angeregt,
welcher in veredelnder Verbindung des Einheimischen und Frem=
den unsre Dome schafft, welcher die alten heidnischen Gesänge
umbildet, und sie zu einem gewaltigen Strome vereinigt, wel=
cher als eines der herrlichsten Heldengedichte aller Zeiten und
aller Länder dahin rauscht. Schon in jener Zeit ertönt der
Minnesang. Die Rechtsbildung erhebt sich auf der Grundlage
der alten Volksrechte, welche sie umbildet, aber nicht aufgibt,
im Gewohnheitsrechte zu einer volksthümlichen Selbstthätigkeit,
welche gegen das Juristenrecht späterer Jahrhunderte wunderbar
erfreulich absticht.

Also, wenn wir erfahren wollen, was das Kaiserthum aus
Deutschland gemacht, so erfahren wir es annäherungsweise, wenn
wir sehen, was in diesem Lande lebt und schafft, als es sich von
dem bedeutenden Schlage des Falles der Hohenstaufen wieder
aufgerichtet hat. Denn das Deutschland, welches wir unter
Rudolph sehen, ist das Deutschland, wie es in der Kaiserzeit
geworden. Da bemerken wir denn neben jenen andren eben erwähn=
ten Zügen unsres nationalen Lebens allerdings auch, daß das
Kaiserthum in seinem Falle das Lehnswesen sich üppig hatte
auswachsen lassen. Aber wir finden auch, wenn wir den
Blick auf andre Länder richten, daß die Entscheidung des Kam=
pfes zwischen Königthum und particularistischer Aristokratie eigent=
lich noch nirgends erfolgt war, und daß in Deutschland neben vie=
len Hindernissen auch Stützpunkte für die königliche Ge=
walt gegeben waren, welche, geschickt benutzt, wesentlichen Gewinn
für das Königthum und für die politische Einheit bringen konnten.

3) Einfacher ist es, in Beziehung auf die Weltstellung der deutschen Nation nach außen die Bilance aus dem Soll und Haben des Kaiserreiches zu ziehen.

Uns scheint es eine sehr unwahrscheinliche, aber jeden Falles eine vollkommen unbestimmbare Sache, ob König Rudolph von Hochburgund, oder etwas später Berengar II. von Friaul für alle Folgezeit ein unabhängiges und in sich geeinigtes Italien geschaffen haben würde, wenn nicht die weltliche Herrschaft des Papstes, und folgeweise König Otto I., von dem bedrängten Papste zu Hülfe gerufen, dazwischen getreten wäre. Die welt= liche Herrschaft des Papstes ist gewiß sehr folgenreich nicht nur für die Geschicke Italiens gewesen; sie griff als eine Veranlassung unter mehreren, in die Entstehung des Kaiserthums unter Karl dem Großen und Otto I. ein, und war einer der Factoren, und nicht der unwichtigste, welche später die Beziehungen zwischen dem Reich und der Kirche, zwischen Papst und Kaiser alterirten. Hätte die Kirche eine andere äußere Gestalt= ung erhalten, so hätte sich vielleicht das Kaiserthum nicht in eben der Weise, wie es die Geschichte uns zeigt, ausgebildet. Aber eine eigenthümliche Beziehung zwischen der mächtigsten politischen Gestaltung und der allgemein christlichen Idee, eine Vermischung des Weltlichen und Kirchlichen, woran wir heute Anstoß nehmen, wäre in Formen und mit Folgen, die wir ver= geblich auszudenken suchen würden, nach dem Geiste jener Zeiten dennoch sicher erfolgt. Das deutsche Kaiserthum in's Besondere — wenn ein solches mit einer Kirche ohne Neigung auf äußere Herrschaft, mit einem Papste ohne Fürstenthum in Verbindung getreten wäre — würde dies schwerlich zu beklagen gehabt haben. Allein alle diese und ähnliche Fragen haben eine sehr unterge= ordnete Bedeutung. Die geschichtliche Betrachtung jener Zeiten hat es nicht mit einer imaginären, sondern mit der wirklichen Kirche zu thun.

Die Kaiserzeit von Otto I. bis zum Fall der Hohenstaufen in ihren auswärtigen Unternehmungen zu verfolgen, würde eine lange und für den Zweck dieser Betrachtung zwecklose Arbeit

sein. Es versteht sich fast von selbst, daß eine an äußeren Be=
gebenheiten ungemein reiche dreihundertjährige Periode nicht
blos Siege aufzuweisen hat, daß der Bogen bisweilen zu stramm
gespannt war, und daß auf ein ungemessenes Vordringen ein
Rückschlag nicht ausblieb. Man mag nun immerhin mit Grund
oder ohne Grund behaupten, es sei wünschenswerth, daß sich
die Action des Reiches nicht nach zu vielen Seiten gewendet
oder, daß sie sich mehr nach Osten als nach Süden gerichtet
hätte.*) Allein überblicken wir das Ergebniß, wie es sich aus
dem Hin= und Herrollen der Ereignisse herausstellt, verweilen
wir bei der Stellung, welche Deutschland unter allen Völkern
unsres Erdtheils einnimmt, nachdem es sich unter Rudolph nach
augenblicklicher Verwirrung wieder sammelt, die Hand wieder
auf den Erwerb von Jahrhunderten legt, um das, was ihm noch
bleibt, nicht einen flüchtigen Moment, sondern, um es in einer
langen Folgezeit ohne jede eigentliche Eroberungspolitik zu
behaupten, so müssen wir diese Stellung als eine eminent wür=
devolle, als eine im nationalen Sinne imponirende bezeichnen.
Das deutsche Reich umfaßte noch immer alles was deutsch, und
ohne in eine ungemessene Weite zu greifen, hatte es nach ver=
schiedenen Seiten hin den Fuß vorgeschoben, doch kaum mehr
Fremdes an sich angeschlossen, als was eine glückliche Entfaltung
des staatlichen Lebens nach innen und außen durch die Macht
eines bedeutenden Mittelpunktes hätte bewahren und fester mit
sich vereinigen können.

---

*) Unrichtig ist es aber, daß das Kaiserthum die Stellung Deutschlands
nach Osten gefährdet oder verwahrlost habe. Wenn man sagt, „daß die Kolo=
nisirung des deutschen Ostens das deutsche Volk vollbracht habe und nicht das
Kaiserthum," so scheint zunächst auch hier die vollkommene Scheidung zwischen Volk
und seiner obersten politischen Leitung nicht richtig. Es war Grundsatz und Ge=
wohnheit, daß die Gränzländer die Vertheidigung der Gränzen selbst zu übernehmen
hatten, und daß das Reich nur einschritt, so weit die Kräfte jener nicht ausreich=
ten. Während des Interregnums erfolgte allerdings auch nach dieser Seite ein
Rückschlag, allein unter Rudolph wurde auch ebenso entschieden wieder vorge=
gangen. Die Schlacht von Bornhövede aber, das wichtigste Ereigniß für eine
Sicherung des deutschen Elements im Norden und mittelbar auch im Nord=
osten, war schon im Jahre 1227 geschlagen.

Erst nachdem die Kaiseridee, deren Folgen nach innen und nach außen wir uns nunmehr vergegenwärtigt haben, ihre belebende Kraft verloren, erst dann, als sie in den Hintergrund getreten war und als Deutschland auf andren Wegen seine Geschicke verfolgt, sehen wir, zuerst die Abtrennung einzelner Stücke des deutschen Volkskörpers sich vorbereiten und später wirklich vollziehen, endlich aber einzelne solcher Theile selbst fremden Volkskörpern einverleibt werden.

Vergleicht man die Lage Frankreichs, Englands, also der bedeutendsten nicht kaiserlichen Culturländer mit dem kaiserlichen Deutschland, wie es sich nach dem Fall der Hohenstaufen wieder sammelt, so treten sie an nationaler Bedeutung nach außen weit hinter das deutsche Reich zurück, und die innere politische Entwickelung ist kaum befriedigender wie die Deutschlands. Auch sie sind ächte Typen des Mittelalters, weit weniger Staaten im heutigen Sinne des Wortes, als Einungen ungleichartiger Theile, mangelhaft zusammengehalten durch das Band des Lehnswesens und durch hierarchische Institute. Dies gilt auch von Frankreich, wo allerdings Könige wie Ludwig VI. oder Philipp August nicht ohne Erfolg für die Erweiterung der königlichen Macht thätig gewesen waren, wie bei uns ein Otto I., ein Konrad II., ein Heinrich III., wo aber die Umbildung des lockern der Einheit ermangelnden Staatswesens in eine spätere Zeit fällt.*) Damals waren zunächst noch die Engländer zu verdrängen und Ludwig der Heilige sowie sein Nachfolger Philipp der Kühne hatten als nächste Aufgaben, einige Einheit in die Gerichtsverfassung zu bringen, und die eröffneten Lehne mit den Krongütern zu vereinigen.

England litt noch unter dem Eindruck der verheerenden

*) Die Entscheidung fällt noch nicht in die Zeit Ludwig XI.; nach ihm sind die Großen noch so mächtig, der Staat so wenig organisirt, daß sich kaum sagen läßt, was zur Zeit der Hugenottenkriege aus Frankreich geworden wäre, wenn damals die allgemeinen europäischen Verhältnisse für Frankreich so ungünstig gelegen hätten, wie für uns im dreißigjährigen Kriege. Die Entscheidung fällt theils in die Zeit der Hugenottenkriege, theils und noch mehr in die Zeiten Richelieu's und Ludwig's XIV.

Stürme der Baronenaristokratie und war im Krieg gegen Wales und Schottland, wo es noch nicht festen Fuß gefaßt hatte. Wer über die Bedeutung des Kaiserreiches für unsere Nation urtheilen will, der hat vor Allem — dies ist die Summe der vorhergehenden Betrachtungen — seines Urtheils Maaß und Ziel nicht von den Erscheinungen zu entnehmen, welche das Kaiserreich in einer bestimmten Periode seines Falles begleiten. Dies thut aber jene Auffassung, welche sich nicht begnügt, zu zeigen, daß der innerste Kern des Kaiserreiches auf einer Geistesrichtung beruht, welche wenigstens nicht mehr die unsrige ist, daß es deshalb nur in einer bestimmten Periode wahrhaft Großes schaffen konnte. Dies thut jene Auffassung, welche nicht blos die Gefahren zeigt, zu welchen die einseitige Verfolgung der Idee des Kaiserreiches im Verlaufe einer langen Zeit führen mußte, wie jedes bestimmte politische Prinzip, welches, einseitig entwickelt, nicht zu einem Compromiß mit andren Richtungen gelangt, um sich mit ihnen in gegenseitiger Beschränkung zu tragen und zu halten. Nach jener Auffassung wird über das Kaiserreich im Ganzen der Stab gebrochen. Es hat die Nation weder geeint, noch zur Größe geführt. Einzelne Kaiser haben das Beste, was in ihrer Zeit und in ihrer Nation lag, gefälscht, fast alles Uebele in unsrem politischen Leben verschuldet, und uns nicht hoch, sondern tief gestellt unter den Völkern der Erde. Das Kaiserreich gleicht nicht einem leuchtenden Gestirne, welches in einer Periode allgemeiner Verwirrung, unsrer Nation, zwar nicht für alle doch für eine lange Zeit, einen breiten, festen und sichern Weg zeigte; es ist nur ein Irrlicht, welches uns in Sümpfe führte.

Wäre diese Auffassung unsrer Kaiserzeit geschichtliche Wahrheit, gewiß sie wäre unsrem Volke ohne Schminke zu zeigen, möchte sie uns zur Freude oder zur Trauer stimmen. Aber es ist ein Glück für die Nation, daß sie — dies ist wenigstens unsre wissenschaftliche Ueberzeugung — geschichtliche Wahrheit nicht ist. Was böte sie uns andres, als die Gewißheit, daß ein der Ausbreitung nach großes Volk, welches seit mehr als tausend

Jahren, getrennt von andren Völkern, in staatlicher Einigung erscheint, in dieser ganzen langen Zeit nicht eine größere Periode gehabt hätte, auch nicht eine, in welcher es als politi= sches Ganzes, etwas Großes in der Weltgeschichte bedeutet? Ueber ein solches Volk hätte der Genius der Geschichte wohl sein Urtheil bereits gesprochen. Ich wüßte nicht, wie diese Auf= fassungsweise die Hoffnung auf eine große deutsche Zukunft be= leben und dem Gedanken Schranken ziehen könnte, daß die deutsche Nation mehr sei, als ein sehr wirksamer Dünger für neue Staatenbildungen, zum Theil vielleicht für die österreichi= sche, zum Theil für die preußische Monarchie, aber auch noch für andre Staaten. Die hypothetische Betrachtung, Deutschland würde während der Kaiserzeit ein großer Nationalstaat gewor= den sein, wenn es eben nicht das Kaiserreich geworden wäre, wenn seine Geschichte eben nicht seine Geschichte wäre, bietet auch nicht den geringsten Ersatz. Wir kennen das vollkommen Unzuverlässige und in der That Unzutreffende dieses Calculs, wir wissen auch, daß die Institutionen eines Volkes, wie sie in großen Perioden erscheinen, der Regel nach und in ihren allge= meinsten Umrissen sich nicht trennen lassen von dem, was in eben diesen Perioden kräftig und entschieden im Volke selbst lebt und wirkt, und was dann allerdings eine mächtige Rückwirkung von dem politischen Mittelpunkte aus erhält. Jene Hypothese gegenüber der wirklichen Geschichte ist mehr nicht, als ein Stein, der dem Hungrigen statt Brodes geboten wird, ein wesenloser Schatten statt einer Gestalt von Fleisch und Blut.

Die entgegen stehende Auffassung bietet uns allerdings auch nicht blos Erfreuliches. Sie zeigt uns die tief in unsrem Wesen liegende Neigung zur Zersplitterung unsrer nationalen Kräfte. Sie belehrt uns, daß diese Richtung im gemeinsamen deutschen Staatsleben die weit überwiegende, die eigentlich bestim= mende ward, seitdem der innerste Gedanken des Kaiserreiches seine Kraft verliert. Allein das Kaiserreich selbst spricht doch zugleich auch in großen historischen Zügen die Wahrheit aus, daß neben dem Sinne für das Einzelne und Gesonderte, welcher lange Zeit uns allein zu beherrschen schien, im tiefsten Innern unsres Wesens die Fähigkeit ruht, unsre Kräfte zu einer großen Gestaltung nach innen und außen zusammen zu schließen. Alles scheint darauf anzukommen, daß der politische Gedanke, welcher die zerstreuten Strahlen in einen Brennpunkt sammeln soll, dem innersten geistigen Leben seiner Zeit verwandt ist, und daß er nicht zu etwas Halbem, sondern zu einer wirklichen Größe wach ruft, welche den, vielleicht nur zu einseitigen deutschen, Zug nach dem Idealen als staatsbildende Kraft verwerthen kann. Wenn dies die objectiven Bedingungen einer wahren politischen Größe des deutschen Volkes sind, so liegt in der Gunst der Umstände, in der Kraft und Weisheit der Männer, welche die Geschicke der Nation zu leiten übernehmen wollen, die zeitliche, die individuelle Bedingung des Gelingens. Es ist der Einschlag zu dem Zettel, ohne welches das Gewebe nicht vollendet wird.

Seit einigen Jahrzehnten durchzieht unsere Nation das Streben nach festerer Einigung, die Sehnsucht nach der politischen Größe und Macht des Vaterlandes. Dies junge geistige Leben war und ist aus nahe liegenden Gründen noch jetzt am frischesten, am verbreitetsten in den nicht preußischen und nicht österreichischen Theilen Deutschlands. Es kann in alle dem, was auf diesem Boden wächst, der Anfang liegen für das politische Streben eines Volkes, welches im Mittelalter die Idee jener Zeit lebhaft erfassend, in allen seinen Theilen verbunden, hoch oben anstand unter allen Völkern des Welttheils, eines Volkes, welches den Drang hat, in gleicher Weise mit den bewegenden Kräften der Gegenwart eine ähnliche Weltstellung sich zu gewinnen. Es kann aber auch dieses neue Streben nur, wie der farbige Glanz einer Seifenblase, als ein angenehmes Spiel des Geistes erscheinen für ein Volk, welches als politisches Ganzes während seiner tausendjährigen Geschichte niemals etwas Großes in der Weltgeschichte bedeutet hat, und deshalb aller Wahrscheinlichkeit nach auch niemals etwas bedeuten wird. Dieses Streben kann uns gelten als ein Wogen der

Kräfte, welches dem einen oder andren Staate einen Gewinn bringen, niemals aber eine große deutsche Zukunft auferbauen kann. Es würde unnöthig sein, weiter auszuführen, in welcher Verbindung die eine und die andre Auffassungsweise unsrer deutschen Vergangenheit mit den edelsten Bestrebungen unsrer Gegenwart, mit den schönsten Hoffnungen auf die Zukunft steht, in welchem Maaße ein strebsames Volk aus dem Schauen einer großen Vergangenheit, Sinn und Zuversicht für eine große Zukunft gewinnen mag. In dieser Verbindung liegt eine eigenthümliche Bedeutung der Studie, welcher auch diese Blätter gewidmet sind.

Vierter Abschnitt.

Nationale Bestrebungen. — Wiedererhebung des Kaiserreichs.

I.

Der natürliche Weg für die Fortbildung der deutschen Verfassung. — Vergleich mit England. — Sieg des Territorialstaatsrechts. — Karl IV. — Begleitende Culturerscheinungen. — Einheimisches und römisches Recht.

Unter Ferdinand II. stand Deutschland an dem Wendepunkte der Umgestaltung zur Einheit auf den Wegen der absoluten Monarchie, wie Frankreich unter Richelieu und Ludwig XIV.

In der Periode, welche mit Rudolph von Habsburg beginnt, stand unser Vaterland an einem anderen Wendepunkte. Nicht die Zertrümmerung, sondern die Erweiterung des ständischen Baues durch das Königthum war durch die socialen Zustände jener Zeit nahe gelegt. Der nächste, der allein zu verfolgende Zweck wäre die Geltendmachung bestimmter Interessen des Königthums und der bisher im Reiche nicht vertretenen Classen der Bevölkerung gewesen; denn beide waren dazu angethan, sich gegenseitig zu stützen und zu fördern. Aber an diese Förderung bestimmter, concreter Interessen konnte sich eine andere, vorläufig gar nicht beabsichtigte Folge anschließen. Die eingeleitete Umbildung des ständischen Baues konnte in den Trägern desselben allmählig die Fähigkeit erzeugen, dann, wenn neue gei-

stige Regungen, neue Interessen aus dem Leben der Nation sich
entwickeln würden, beiden auch in der Sphäre des gemeinsamen
Staatslebens gerecht zu werden.

So geschah es in England. Unter Allem, was dort für
diesen Zweck wirkte, treten zwei Dinge in den Vordergrund.
Die Könige hielten den widerstrebenden Großen gegenüber unter
verschiedenen Formen stets an dem Rechte fest, neue Stände
des Reiches, im ursprünglichen Sinne derselben, zu ernennen.
Das Königthum bildet ferner aus den übrigen Classen der Nation
gegenüber den althergebrachten Ständen, eine Vertretung und
schafft sich in derselben eine Stütze, gegründet auf eine natür=
liche Gemeinschaft der Interessen.

In Deutschland hatte mit dem Fall der Hohenstaufen das
ungemessene Streben nach Machterweiterung geendet. Frei von
diesen ferneren Aufgaben, konnte die Nation ihre Kraft ganz
auf den Ausbau einer einheitlichen nationalen Verfassung wen=
den. Es mußte sich nun zeigen, ob das Haupthinderniß in den
Richtungen des früheren Kaiserreiches gelegen hatte. Denn auch
der Gegensatz zwischen Kaiserthum und Papstthum hatte unter
erschütternden Kämpfen seine Schärfe verloren. Dem Papste
war die Bedeutung eines deutschen Kaisers für seine eigenen
Zwecke wieder einleuchtender geworden. Wohl trägt die könig=
liche Gewalt Rudolph's gegenüber der Kirche noch sehr den Stempel
der vorausgegangenen Kämpfe und des einseitigen Sieges der
Kirche, wohl treten unter den folgenden Kaisern die Gegensätze
von Neuem auf, und der Bannstrahl wird noch öfter geschleu=
dert. Allein er zündete nicht, wie ehedem. Der Streit zwischen
Papst und Kaiser blieb hier und da ein wichtiges Ereigniß, eine
bedeutende Episode, wie auch in anderen Reichen die Conflicte
zwischen der königlichen Gewalt und der Kirche. Das Leben
der Nation aber bewegt sich nicht mehr um diesen Gegensatz.
Die Stände des Reiches haben ein theuer bezahltes Verständniß
dafür erhalten, daß auch ihnen mit den Uebergriffen des Papstes
in das natürliche Gebiet des Kaisers und in ihr Recht, densel=
ben zu wählen, nicht genützt ist. Zur Abwehr päpstlicher An=

6*

sprüche auf weltlichem Gebiete, geht man bis auf aristotelische Sätze zurück, und die im Jahre 1338 zu Frankfurt zusammen= tretende Reichsversammlung wahrt mit den eigenen Rechten der Stände auch die der Nation.

Das Endergebniß war, daß der Kaiser als deutscher König der Kirche gegenüber wieder auf festem Fuße stand, daß er aber auch nicht jenen Einfluß auf die Bischöfe mehr übte, durch welchen er ursprünglich seine königliche Macht befestigen zu können geglaubt hatte. Die hohen kirchlichen Würden waren immer inniger und fester mit dem weltlichen Lehnssystem zusammenge= wachsen, und ihre Inhaber standen nun selbst, wie die welt= lichen Großen dem Königthum in bedenklicher Unabhängigkeit gegenüber. Dagegen war dieses jetzt auch nicht mehr in dem Grade, wie früher auf den Gegensatz zwischen geistlichem und weltlichem Abel, und auf dessen geschickte Benutzung für die eigenen Zwecke verwiesen. Durch die sich ausbreitende Macht der weltlichen und geistlichen Großen waren alle übrigen noch unmit= telbar unter dem Reich stehenden Elemente in ihrer Selbständig= keit weit mehr bedroht als früher. Ganz besonders waren es unter diesen die Städte, welche allmählig eine früher nie gekannte Bedeutung erlangt hatten.

Sehr ähnlich war die Entwickelung der öffentlichen Ver= hältnisse Englands in jenen Jahrhunderten.

Welche Bedeutung das Königthum gleich bei Begründung des Lehnstaates der Kirche beilegte, in welchem Maße es in dem geistlichen Abel eine Stütze gegenüber dem weltlichen Abel suchte, dies läßt sich sogar in Zahlen ausdrücken. Von den 60,215 Ritterlehnen, welche unter Wilhelm dem Eroberer mit der dar= auf gelegten Verpflichtung, einen bewaffneten Mann zu stellen, gebildet wurden, fielen nicht weniger als 28,115 der Kirche, 1422 (dazu 791 Parks und 68 Forsten) dem Könige, der Rest den Kronvasallen zu, welche einen großen Theil derselben weiter verliehen. Die Besitzer dieser Lehen bildeten bekanntlich, ihren Kreis allmählig durch angelsächsische Gutsbesitzer erweiternd, die ausschließliche Vertretung des Landes dem Könige gegen=

über. Der staatliche Verband fiel mit dem Lehnsverband zu=
sammen. Alles Eigenthum, was nicht Ritterlehen war, behielt
nur in der auf dem alten Rechte beruhenden Grafschaftsver=
fassung seine Bedeutung. Unter den Vasallen schieden sich, zu=
erst thatsächlich, dann rechtlich die reicheren und mächtigeren von
den unbemittelteren aus. Nur jene versammelten sich noch um
den König und wurden die Inhaber der Baronien; diese hin=
gegen bildeten nebst den nicht in die Baronien folgenden
Mitgliedern jener Familien den ältesten Stock der später sich
vielfach erweiternden Gentry. In dem Parlament, welches die
so entstandenen Stände des Reiches bilden, sehen wir nun das
Königthum sich lange Zeit hindurch auf die Vertreter der Geist=
lichkeit stützen, um ein Gegengewicht gegen die weltlichen Barone
zu haben. Dies findet auch einen Ausdruck in der Verhältniß=
zahl der weltlichen und geistlichen Mitglieder des Parlaments.
Sie wechselt sehr, aber die Zahl der Prälaten überwiegt stets,
ist längere Zeit die doppelte. Die Conflicte des Königs und
der Kirche bringen aber einen Riß in dieses Verhältniß. Die
Gleichheit der Interessen des weltlichen und geistlichen Grund=
besitzes tritt in den Vordergrund, die Geistlichkeit folgt meistens
dem Adel und der König sucht mehr und mehr das ihm hier
entzogene Gegengewicht in denjenigen Elementen, welche später
das Unterhaus bilden. In Beziehung auf die Stellung der
geistlichen und weltlichen Stände des Reiches, gegenüber dem
Königthum, erkennt man sofort eine große Aehnlichkeit dieses
innern Entwickelungsprozesses mit jenem Deutschlands von der
Zeit der Ottonen bis zu Rudolph von Habsburg. Und doch
lag England so ganz außer der Sphäre des Kaiserthums.
Eine Veranlassung mehr, wohl zu sondern, was in der geschicht=
lichen Entwickelung Deutschlands durch das Kaiserthum bedingt
ist, und was auch für jedes Königthum gilt.

Der erste Schritt auf dem Wege, welcher in England zur
Bildung des Unterhauses führte, wurde nahebei zu derselben
Zeit gethan, als in Deutschland die Wahl Rudolph's zum Kaiser
erfolgte. Die Veranlassung war bekanntlich — wie so häufig

in der Entwickelung ständischer oder repräsentativer Einrichtun=
gen — eine Geldfrage. Der König brauchte Geld im Interesse
des Landes. Das Bedürfniß war anerkannt; doch konnten oder
wollten die Barone nicht Alles von dem Lehnsbesitz auf=
bringen. So wurden denn zum ersten Male 200 Vertreter der
Städte*) und 74 Vertreter der Grafschaften berufen, für die
Geldbewilligung mit beschließender, für die Gesetzgebung und
die Beschwerdeführung vorerst nur mit berathender Stimme.

Es verstand sich von selbst, daß auf diesem Wege nur der=
jenige Besitz, welcher nicht schon durch die (die übrigen Vasallen
indirect repräsentirenden) Barone vertreten war, d. h. der nicht
lehnherrliche herangezogen wurde.**) Das Hauptgewicht war

---

*) Da die Städte anfangs wenig Werth auf ihre Vertretung neben dem
Haus der Lords legten, und nur gewisse Categorien festgestellt waren, wornach
sich ihr Recht, das Parlament zu beschicken, regelte, so war es eine Zeit lang
rücksichtlich vieler Städte ungewiß, ob sie im Parlament vertreten zu sein das
Recht hatten. Unter König Heinrich VIII. beschickten 111 Städte das Parla=
ment. Die spätere Zeit verlieh noch anderen Städten das Wahlrecht. Zur
Zeit der Reformbill hatte man

80 Mitglieder für die 40 Grafschaften von England,
12   „   „   „ 12   „   von Wales,
50   „   „   „ 25 Cities,
339   „   „   „ 172 Landstädte und Flecken,
16   „   „   „ 8 Seehäfen.

Das ursprüngliche Prinzip, vorzugsweise durch Heranziehung von Städten und
stadtähnlichen Orten eine Vertretung neben den alten Ständen zu schaffen,
zieht sich also von dem ersten mittelalterlichen Anfang bis in die neueste Zeit.
**) Wie weit aber eine solche Vertretung zurückgreifen, wer die Vertreter
wählen solle, darüber war nichts bestimmt. Diese Bestimmung lag indirect
nur darin, daß der Grafschaftsbeamte zur Ordnung der Wahlen bezeichnet
wurde. Es wurden deshalb alle, welche durch einen selbständigen Grundbesitz
in Angelegenheiten der Grafschaft berechtigt waren, als Wähler zugelassen. Erst
später wurde ein Activcensus bestimmt. Die thatsächliche Gewohnheit bildete
die rechtliche Regel. Aermere hatten sich in der Regel nicht bei der Wahl be=
theiligt. Geschah es dennoch hier und da und in größerem Maße, so wurde
es bald als etwas Ordnungswidriges angesehen. Da nun schon früher die
Theilnahme an der Jury auf diejenigen beschränkt worden war, welche 40 Sch.
Grundrente hatten (dies galt damals für den Bedarf eines selbständigen Haus=
halts), so wurde dasselbe Maaß als Activcensus für die Wahlen der Städte
und Grafschaften zum Parlament unter König Heinrich VI. angenommen.

also in die Städte gelegt; jede Stadt oder jeder Flecken, dem ein Wahlrecht eingeräumt worden war, galt soviel oder mehr wie eine ganze Grafschaft.

Es fehlte aber viel, daß mit dieser Berufung die Institution, aus welcher sich später eine Nationalvertretung entwickelte, schon eine feste Basis gehabt hätte. Dazu bedurfte es der fortwährenden Einwirkung und Unterstützung der königlichen Gewalt, welche eben hier die in jener Zeit allein mögliche Stütze gegen das Uebergewicht der großen Feudalherrn suchte und fand. Die Städte sahen lange Zeit in der ganzen Sache mehr eine lästige Pflicht, als ein werthvolles Recht. Ihr Berathungsrecht verwandelte sich nur dadurch in ein Zustimmungsrecht, weil Eduard II. sie in diesem Sinn berief und Richard II. es ausdrücklich anerkannte. Die Grafschaftsritter aber (und ursprünglich war der Passivcensus nicht nach dem Einkommen bestimmt, sondern es sollten nur esquire's, keine Bauern zu Grafschaftsvertretern gewählt werden) zeigten anfangs das Bestreben, in die Körperschaft der Barone zu treten. Dem widerstrebte aber sowohl der, sich für zu vornehm haltende hohe Parlamentsadel, als der König, welcher ein Gegengewicht gegen die Pair's, nicht eine Verstärkung ihres Einflusses suchte. So auf eine Gemeinschaft mit den Städten verwiesen, änderte sich nach wenigen Generationen das Verhältniß. Die Gentry, die Bedürfnisse der Städte erfassend, suchte und erhielt wesentlich deren Vertretung. Ein Isoliren wäre bei dem dreifachen Ueberwiegen der Städte gleich gewesen mit einem vollständigen Preisgeben jedes Einflusses.

Werfen wir nun einen Blick auf die entsprechenden Zustände Deutschlands.

Die rechtliche Ordnung war wie überall während des Mittelalters mangelhaft, durch Gewalt und Selbsthülfe vielfach gestört. Wir würden den Zustand jener Zeit vollkommen unerträglich finden; allein, verglichen mit den Zuständen andrer Länder, kann er nicht so arg gewesen sein, als es im Lichte unsrer Tage scheint; denn Deutschland, im Ganzen genommen, schreitet in der Zeit von Rudolph von Habsburg bis zur Re-

formation an Wohlstand stetig vor, weit mehr als England und gewiß nicht weniger als Frankreich in der gleichen Zeit.
Daneben hatte sich das germanische Streben, die localen
Zustände selbständig zu entwickeln, und gegliedert zu ordnen,
immer mehr entfaltet. Die Elemente, welche früher unentwickelt
zurückgestanden hatten, werden, wie sie zu größerer Bedeutung
gelangen, in dieses Streben nachgezogen. Die Kirche hatte zuerst das Beispiel reicher Gliederung gegeben. Das Ritterthum,
den eigentlichen mittelalterlichen Abel mit den nach Ritterart
Lebenden verbindend, folgt nach. Das städtische Leben tritt
ebenfalls in diesen Kreis. Schon frühzeitig sehen wir ein buntes
Gewebe von Genossenschaften und Verbindungen jeder Art. Die
Turnierverbände, die Ganerbschaften, die Ritterorden; die Zünfte
und Innungen, die Städte- und Fürstenbünde, das corporative
Regiment der Städte und die inneren Kämpfe um dasselbe,
die Eidgenossenschaften, die ständischen Verbindungen und vieles Andre sind Zweige desselben Baumes. Diese Verbindungen, in Einungen sich zusammenschließend ergänzten theilweise die mangelhafte staatliche Ordnung. Werth und Bedeutung dieser localen Verbindungen ist nicht gleich. Es scheint
besonders bei den Theilen der Nation, welche am frühesten den
Kern des Volkes dargestellt hatten, das gemeinsame Leben jetzt
schon mehr in Aeußerlichkeiten zu entarten, die geistigeren Triebe
zu verlieren.   .

Es ist sehr wichtig, die Kinder jener Zeit zu sehen, wie
sie wirklich waren, und nicht in ihr jugendliches Dasein etwas
überzutragen, was sich erst später entwickelte. Nicht leicht verbinden sich die Gliederungen eines und desselben Territoriums
unter sich zu einer inneren harmonischen Einheit. Ferner, alle
jene Verbindungen sind local, entweder auf einen Ort, oder auf
einen Kreis, oder auf mehrere Territorien sich erstreckend. Die
geistige Entwickelung des Volkes wie uns dieselbe erscheint,
nachdem die Kaiseridee nicht mehr wie ehedem wirkt, erhebt sich
nicht zu einer wirklich staatsbildenden Kraft. Es bildet sich
weder eine eigentliche Staatsidee noch ein bewußtes, die Nation

als Ganzes lebhaft erfassendes, und politische Zustände erzeu=
gendes, Nationalgefühl.

Hier ist nun der Punkt, wo die königliche Gewalt an die auto=
nomen Gestaltungen der Zeit hätte anknüpfen können. Nicht
als ob dieselbe in der nationalen Idee, welche nur schwach existirte,
einen Hebel hätte finden sollen, sondern weil (ähnlich wie in
England) viele der sich einenden Elemente ein eben so nahe lie=
gendes Interesse hatten, durch die mächtigeren Stände nicht
unterdrückt, als das Königthum, durch dieselben nicht zu sehr
beschränkt, in seiner natürlichen Richtung nicht aufgehalten zu
werden. Denn in der Natur jeder königlichen Gewalt ist es
gelegen, sich so weit als möglich in ihrem Reiche auszubreiten.

Das was man im sechzehnten Jahrhundert Landeshoheit
nannte und wofür in der früheren Zeit noch keine bestimmte
Terminologie ausgebildet war, was aber meistens durch juris-
dictio, dominium terrae oder Herrschaft bezeichnet wurde, knüpfte
sich noch immer an das alte Grafenamt. Wohl war dies Amt
wie andre Aemter erblich geworden; wohl waren oft viele Graf=
schaftsämter in einer Person vereinigt, andre getheilt, und durch
Exemtionen und Immunitäten die Gerichtssprengel geändert;
wohl war hierdurch, und weil von den alten Herzogthümern nur
noch Reste bestanden, der frühere politische Zusammenhang nach
Stämmen einer mehr mechanischen Territorialgliederung ge=
wichen: immer aber blieb die vom Reiche abgeleitete, ursprüng=
lich in der Gauverfassung begründete Gerichtsbarkeit der Kern
der Landeshoheit. Daran schlossen sich die Befugnisse an, welche
der Inhaber eines Grafenamtes als Grundherr über Lehnsleute
und besonders über seine Hörigen hatte. Diese waren von jeher
dem Reichsverbande gegenüber unselbständig gewesen, und nur
durch ihren Schutzherrn vertreten worden. Endlich dehnte die Lan=
deshoheit sich durch den Begriff der Vogtei immer weiter aus. Dieses
neuere Schutzverhältniß suchte man überall denjenigen, welche noch
außerhalb der Landeshoheit standen, aufzulegen, und sie so zu Land=
sassen zu machen. Die so seit dem 13. Jahrhundert anschwellende Macht
der Landeshoheit gefährdete mehr und mehr die Selbständigkeit Aller,

welche bisher außerhalb derselben gestanden hatten. Sie wurde eine der wichtigsten Veranlassungen für verschiedene Einungen der Städte, und für die Bedeutung, welche das Pfahlbürgerthum erhielt. Dieses wurde von den Fürsten eben so sehr angefeindet, als von den Städten und den Pfahlbürgern selbst befördert.

Die scheinbar eines inneren Entwicklungsgesetzes entbehrenden Zeiten von Rudolph bis Maximilian tragen doch zwei bestimmte Charakterzüge. Zunächst einen negativen: weder in der Nation, noch in ihren Kaisern lebt der schaffende nach außen bewegende Trieb fort, Deutschland zum bestimmenden Mittelpunkt des occidentalischen Staatenlebens zu machen; eine große gemeinsame, die Kräfte zusammenführende Aufgabe fehlt. Sodann einen positiven: Die nie überwundenen, durch den Sturz des Kaiserthums gekräftigten particularistischen Herrschaften verfolgen ihren Weg. Dasselbe thut aber auch die durch die große Kaiserzeit schwungvoll angeregte Selbstthätigkeit im Volke. Die Hansa, der weiter in den slavischen Osten vordringende Germanisationsproceß, und die unter kaiserlichem Schutz erfolgende immer weitere Ausdehnung der Landfriedenskreise stehen allem Uebrigen voran. Die ganze Zeit erhält dadurch das Gepräge des Kampfes zwischen dem Prinzip der Genossenschaft und dem der Landesherrschaft. Der natürlichste Beruf des Kaiserthumes war es, in diesem Kampfe das Banner der Reichseinheit zu erheben, es durch denselben zum Siege zu führen.

Die Elemente aber, welche der Kaiser gegen die Herrschaft der Fürsten zu schirmen, zu sich herumzuziehen hatte, waren

1) die Reichs- und Hansastädte mit ihren großen Corporationen,

2) die größeren Landstädte, welche sich zu jener Zeit noch hätten eximiren lassen,

3) das Pfahl- und Ausbürgerthum, welches nicht zu verfolgen, sondern frei zu geben war über das ganze Land,

4) die Reichsritterschaft,

5) ein Theil der landsässigen Ritterschaft, welche damals noch

in eine freie hätte verwandelt werden können. Es blieben dann noch

6) die vielen kleinen Aebte und Aebtiffinnen, und
7) endlich die kaiferlichen Reichs= und Landvögte.

Dies waren die durch die Natur der Dinge gegebenen Bau=
fteine. Und welches waren die Mittel, fie zu verbinden, durch
fie allmählig den Bau der Reichseinheit aufzuführen? Unter
ihnen steht obenan

a) Zuziehung jener Elemente zum Reichstag,

b) allmählige Einführung einer regelmäßigen Reichssteuer,

c) Durchführung und Erweiterung des im Sachfen= und
Schwabenfpiegel ftark betonten Prinzips: vom Kaifer alles
Gericht, durch Vermehrung der kaiferlichen Landrichter und
Reichsvögte.

d) Vermehrung nicht Verfchleuderung der Reichsgüter, endlich

e) als Schluß die Umwandlung des Wahlkaiferthums in ein
erbliches, das entfcheidenfte aber auch das letzte Mittel, erft
möglich, wenn die kaiferliche Gewalt im ganzen Reiche ein
ftarkes Gegengewicht den Landesherrschaften gegenüber wohl
begründet hatte.

Der eigentliche Mittelpunkt aber für eine folche Umbildung
des öffentlichen Rechts wären immer die Städte mit ihren großen
Einungen geblieben. Ihre Bedeutung war in derselben Zeit
und in demselben Maaße gewachfen, wie die ursprüngliche Ten=
denz des Königthums, durch die Kirche und durch die Ernennung
der Bifchöfe eine mächtige Reichsgewalt über den Häuptern der
Fürften zu gründen, unter veränderten Verhältniffen den Boden
verloren hatte. Daß aber folche Umgeftaltung in dem weit=
gedehnten Reiche und bei der Macht, welche die Fürften einmal
erlangt hatten, in der Wirklichkeit eben fo fchwer war, wie fie
fich auf dem Papiere leicht darftellen läßt, ift klar. Allein die
Gründung eines großen einheitlichen Reiches war nirgends eine
leichte Sache.

Hier genügt es, daran zu erinnern, daß wir vor dem Erlaß
der goldenen Bulle mehr nicht finden, als einzelne, aber unvoll=

ständige, nicht consequent fortgesetzte, und bald wieder aufgegebene Versuche zu jener Umgestaltung unsres staatlichen Baues, beson= ders unter Albrecht und Ludwig. Etwas Wesentliches geschah nicht gegen die Uebermacht der fürstlichen Herrschaft. Die Ver= tretung der Städte im Reichstag war ungenügend, ihre rechtliche Stellung in demselben unbestimmt. Die goldne Bulle aber ist dem Pfahlbürgerthum und den Einungen der Städte, welche ohne den Willen ihrer Grundherrn geschlossen werden möchten, ent= gegen.

Was aber noch wichtiger ist: es geschieht nicht nur nichts Wesentliches gegen die Uebermacht der fürstlichen Gewalt. Unter Karl IV. tritt der Wendepunkt ein, in welchem Alles für die= selbe geschieht, in welchem das Reich auf die Herrschaft der Fürsten gestellt wird. Die goldne Bulle, welche die bevorrechtete Stellung der Kurfürsten schuf oder sanctionirte und sie als die sieben Leuchter mit dem ausschließlichen Wahlrecht, den Willebriefen und andren Vorrechten um den Kaiser= thron stellte, erkannte namentlich an, daß ihre Gerichtsbar= keit sich auf alle ihnen unterwürfigen Personen erstrecken solle. Diesen unbestimmten Ausdruck ließ man gleichmäßig auf die früheren Landsassen und auf diejenigen, welche nur zufolge des Heerbannes oder des Fürstenamtes ihnen unterwürfig waren, anwenden. Ja Karl IV. gab dieselben Rechte allen Fürsten, wie man aus dem Inhalt vieler Privilegien de non evocando und anderer Urkunden sieht. Damit war denn rücksichtlich des Um= fangs der Landeshoheit der Sache nach wesentlich das in's Leben getreten, was später durch den westphälischen Frieden bestätigt und erweitert wurde.

Die Folgen jener weiteren Auflösung der Reichsverfassung führten denn auch bald unter Karl's Nachfolgern jene Zerrissen= heit, jene Bürgerkriege, jene Herabwürdigung der königlichen Gewalt herbei, welche den Ruf nach einer besseren Ordnung, besonders um die Mitte des 15. Jahrhunderts laut werden ließen. Aber wonach riefen denn die Stände? Etwa nach einer, die Rechte derselben auf ihr rechtes Maaß zurückführenden königlichen Gewalt?

O nein, man wollte die alte Ordnung Karl IV. hergestellt wissen; man wollte einen bessern Staat und diese Grundlage. Nie= mand dachte an ein Aufgeben ständischer Vorrechte, oder wäre geneigt gewesen, Opfer zu bringen. Seltsamer Unverstand! Man verlangte Feigen von einem Dornenstock, die Segnun= gen staatlicher Ordnung von einer Verfassung, welche nicht viel mehr war, als eine organisirte aristokratische Anarchie; man verlangte die Herstellung einer Ordnung, welche, so lange die mittelalterlichen Instincte der Fehde und Selbsthülfe in der Gesell= schaft fort lebten, immer wieder die Mutter der Unordnung und bürgerlicher Unruhen, oder eines vollkommen ungenügenden Reichsregiments werden mußte.

Der Abschluß, welchen die goldene Bulle kennzeichnet, ist nicht ohne Schwankungen erfolgt. Solche gingen ihm vorher und folgten ihm nach. Die den Städten ungünstigen Bestimmungen wurden auch nach dem Abschluß der goldnen Bulle mehrfach außer Acht gelassen. Von Zeit zu Zeit bemerkt man den Ansatz zu einem Zusammenwirken des Kaisers und der Städte gegen die Politik der Fürsten. Noch mehr geschah dies, wie schon erwähnt, vor dem Abschluß jenes Reichsgesetzes, besonders von Kaiser Ludwig. Damals lagen für eine solche Politik die Verhältnisse so günstig, wie selten. Allein nie ward mit rechtem Ernst, nie mit andauernder Consequenz jener Weg betreten.

Dieser politischen Entwicklung zur Seite gehen andere Er= scheinungen, welchen man eher jeden andren Namen als den des Nationalen geben kann. Die Dichtkunst sinkt in dieser Periode schnell zu trostloser Oede, die Sprache selbst hat nicht mehr den Reiz, mit welchem sie uns in den älteren Gesängen, und selbst in den Rechtsbüchern entgegen tritt. Nur in den bildenden Kün= sten lebt der Schwung, welcher in der Kaiserzeit in die bewegen= den Kräfte der Nation gekommen war, noch fort.

Wir stehen in einer Zeit, in welcher zuerst fremde Sitten, fremde Moden costümartig und unbeholfen über das Einheimische gelegt werden. Ganz in derselben Weise wird das deutsche Recht von dem fremden Rechte verdrängt. Die Bekanntschaft mit demselben scheint in Deutschland bis auf Kaiser Friedrich I. Zeit zurückgeführt werden zu müssen. Er hatte das römische Recht in der Lombardei schätzen gelernt. Die Grundsätze des unbedingten Gesetzgebungsrechtes der römischen Kaiser sprachen ihn an. Gern hätte er davon, soweit es die veränderten Verhältnisse gestatteten, Nutzen gezogen. Es scheinen von da an viele Deutsche in Italien eine juristische Ausbildung auf Grundlage des römischen Rechtes gesucht zu haben. Aber weder zur Zeit der Hohenstaufen, noch im Anfang dieser Periode findet sich eine Spur der unmittelbaren Anwendung des römischen Rechtes. Wohl aber zeigt sich die Bekanntschaft mit demselben in der Bearbeitung und Darstellung des einheimischen Rechtsstoffes. So weit war der eingeschlagene Weg nicht zu tadeln. Alles Nationale, was sich einseitig abschließt, und nicht an die edelsten Blüthen menschlicher Cultur, wo sie sich auch finden, anknüpft, ist eben so krankhaft, wie jene Richtung, welche das Einheimische nicht an dem Fremden bildet, sondern dieses plump herüber zieht, und wie ein für eine andere Taille gemachtes Kleid, sehr unbeholfen trägt. Und so geschah es mit unserem Rechte. Die Einführung des römischen Rechts bricht sich am entschiedensten im 15. Jahrhundert Bahn. Die Gesetzgebung hat an der Art und Weise, wie sich das fremde Recht zu dem einheimischen stellt, fast gar keinen Antheil. Auf italienischen und später auf deutschen Universitäten gebildete Männer, erheben ihre Stimme in den Gerichten; sie ignoriren, wo sie es nur können, das einheimische, auf alter Gewohnheit beruhende Recht, welches einerseits eben so sehr der Ausbildung bedürftig war, als es andrerseits vortreffliche unsern Zuständen angemessene Elemente enthielt. Sie urtheilen nach ihrer höchst mangelhaften und rohen Auffassung des feinsten aller Rechtssysteme. Es erfolgen meistens sehr schlechte Bearbeitungen und Umarbeitungen unseres Rechts, die in viel höherem Grade den Stempel des Buchstabens, als des Geistes des römischen Rechts tragen. Was noch bedenklicher war, die Einführung des römisch=canonischen Gerichtsverfahrens ging mit dieser Veränderung Hand in Hand. Der alte volks=

thümliche Prozeß, seine Instruction, die Art, die Beweismittel zu gebrauchen wurde verdrängt, und unerhört lange Prozesse, die früher unmöglich gewesen wären, wurden nun die Regel. In solcher Weise bürgerte sich bis zu einem gewissen Punkte das longobardische Lehnrecht, und im höherem Grade das römisch=canonische bürgerliche Recht bei uns ein. Der Weg wurde betreten, welcher einige Zeit später dahin führte, daß man das fremde Recht, als den Stamm, das einheimische als einen Zweig, als einen usus modernus Pandectarum betrachtete. Die Richter verstanden alsdann die in vielen Volksschichten fortlebenden ein= heimischen Rechtsinstitute fast gar nicht mehr, sie verstanden aber im Grunde das römische Recht nicht viel besser; denn es ist alle= zeit nur von wenigen Gelehrten gründlich verstanden, in seinem Zusammenhange begriffen worden. Das Studium des römischen Rechts konnte uns in der Fähigkeit, unser eigenes Recht auszu= bilden, einzelnes Angemessene mit demselben innerlich zu ver= binden, unendlich fördern; es konnte uns im höheren Grade das sein, was es in einem Theile Frankreichs, in den pays du droit de coutume blieb, eine raison écrite, ratio scripta. Die erste Anlage war auch nicht übel, aber der Weg, der besonders im 15. Jahrhundert eingeschlagen wurde, war nur möglich, weil gerade in jener Zeit die nationalen Triebe sehr schwach gewesen sein müssen.

Dies ist, wenn wir recht sehen, der Kern der Entwick= lung Deutschlands in der zweihundertjährigen Periode von Rudolph bis Maximilian I., in der Zeit, welche man sich befreit denkt von dem Alp des Kaiserthums in seinem früheren Geiste, welche man durchdrungen hält von kräftigen nationalen Strebungen. Das Wahre ist, daß das politische Leben Deutsch= lands in dieser Zeit von gar keinen allgemeinen Ideen bewegt wird, die Idee des Kaiserthums belebt es nicht mehr, und die nationale Idee belebt es noch nicht.

Warum gingen die Wege Englands und die Deutschlands in dieser Periode so auseinander? Es ist schwer zu sagen, ob dieser verschiedene Gang der Dinge durch eine Verkettung an= scheinend zufälliger Umstände bedingt ist, durch eine größere

Spröbigkeit der politischen Zustände Deutschlands, oder durch eine geringere Festigkeit und größere Kurzsichtigkeit der Kaiser jener Zeit, welche über den näheren Interessen die ferneren aber größeren vergaßen.

Was für die eigenthümliche Entwickelung englischer Zustände in späterer Zeit oft so entscheidend wurde, die insulare Abgeschlossenheit, die größere Entfernung von allgemeinen politischen Verwickelungen, der Mangel eines großen stehenden Heeres fällt für jene Phase der englischen und deutschen Geschichte nur wenig in die Wagschale. Von bürgerlichen Unruhen und großen Katastrophen weiß die Geschichte beider Länder zu erzählen. Dagegen unterscheidet sich die Art, in welcher der Normannenlehnstaat gegründet wurde, schon sehr folgenreich von der im 9. und 10. Jahrhundert gewonnenen Grundlage des deutschen Feudalstaates. Dort war der König mit seinen Lehnsmannen als Sieger eingezogen und hatte diesen Stücke des eroberten Landes überwiesen, hier hatten die weltlichen Großen sich den König selbst gesetzt; die in der fränkischen Monarchie bestandene Erblichkeit des Königsthums war verschwunden und trotz einzelner Ansätze dazu, nie wieder begründet worden. Dort hatte der König, um die Macht der reichbedachten Vasallen zu vermindern, ihnen ihre Güter nicht in zusammenhängenden Territorien, sondern in verschiedenen Theilen des Landes angewiesen, hier standen dieselben größeren zusammenhängenden Gebieten vor. Dort war der Lehnstaat auf einmal planmäßig in's Leben getreten; er war auf ein ganz anders geartetes, schon ausgebildetes Volksleben getroffen, welches in einer unteren Sphäre, in den Zuständen der Grafschaft, sich fortwährend erhielt, hier gab es nur eine Nationalität, und das Lehnwesen durchbrang gleichmäßig alle Schichten der Bevölkerung, die Verhältnisse des Staates und die der Grafschaft.

Manches war von jener ursprünglichen Gestalt der Dinge unter den von den aufstrebenden Baronen erregten Stürmen verändert, aber Vieles hatte sich auch erhalten. Auf der andern Seite hatte in Deutschland die kaiserliche Würde den König

wesentlich über die weltlichen Großen erhöht, und die Bedeutung
der Städte mochte in der zweiten Hälfte des 13. Jahrhunderts
in Deutschland größer als in England sein. Gewiß ist, daß
hier dem Streben der Fürsten nach Ausbreitung ihrer Terri-
torialhoheit nicht so wie in England entgegengearbeitet wurde.
Daß die Wahlmonarchie als solche weniger geeignet war, der
fortschreitenden Zersetzung entgegenzutreten, ist klar. Dennoch
scheint es wichtig, dieselben nicht ausschließlich, sondern in Verbindung mit den eben berührten Verhältnissen als bestimmend
anzusehen. Daß die Kaiser dieser Zeit, daß die bayrische, die
luxemburgische und sodann die habsburgische Dynastie als höchstes
Anliegen die Gründung und Vergrößerung ihrer Hausmacht
verfolgten, ist nur die andre Seite derselben Richtung der Zeit,
welche das Reich in Territorien zu zerlegen sich anschickte. Solche
Hausmacht schien eine Stütze ihrer kaiserlichen Herrschaft und
zugleich bleibender Gewinn. Die Kaiser, von großen Aufgaben
nach außen fast gänzlich abgewendet, fanden sich deshalb mit
den mächtigsten Fürsten ab, beirrten dieselben in ihren Tendenzen
nicht, um auch von ihnen möglichst wenig gehemmt zu werden.
Sie vergaßen darüber, daß sie auf einem andren etwas lang-
sameren Wege, vielleicht etwas weniger eigenes Land, aber die
wirkliche Königsmacht über das ganze Reich, also ganz Deutschland zu eigen hätten erhalten können. Auch die Erblichkeit der
Monarchie würde gefolgt sein, sobald ein kräftiger Kaiser das
Netz der Fäden, welche in einer über das ganze Reich gehenden
Interessengemeinschaft zuvor zu legen waren, zusammengezogen
hätte.

Wie man aber auch darüber benken mag, durch eine welt-
beherrschende kaiserliche Politik, durch die Idee des Schirmherrn-
amtes über die Kirche ist jene politische Entwickelung, welche in
der goldnen Bulle einen hervortretenden Ausdruck erhielt und
welche ohne wesentliche Veränderung bis zur Zeit Maximilian I.
fortdauert, nicht bedingt.

II.

Politische Bestrebungen und politische Reformen zur Zeit Maximilian I.

Anknüpfend an diese allgemeine Betrachtung über die staatliche Entwickelung Deutschlands in der Zeit von Rudolph bis Maximilian I. soll nun die geschichtliche Wahrheit von zwei sehr schwer wiegenden Behauptungen geprüft werden.

Ist es wahr, daß unter Maximilian die deutsche Nation, oder daß die Stände des deutschen Reiches einen ernstlichen Anlauf nahmen, um die Verfassung des Reiches in einheitlicherem (wie wir sagen würden im bundesstaatlichen) Sinne umzugestalten? Fehlte diesem Streben nur deshalb der Erfolg, weil es von weitaussehenden, dem deutschen Interesse fremden kaiserlichen Eroberungsplänen gekreuzt wurde?

Trägt in Wahrheit das Kaiserthum als solches unter Maximilian und seinen Nachfolgern die Schuld, daß die Kirchenverbesserung sich nicht auf legalem Wege, also innerhalb der katholischen Kirche vollzog? Trägt es die Schuld nicht blos der Kirchenspaltung, sondern auch unsrer Religionskriege und ihrer entsetzlichen Folgen?

Prüfen wir zunächst die erste Behauptung. Was uns vor Allem entgegentritt, ist die Wahrnehmung, daß dasjenige, was auf politischem Gebiete unter Maximilian im Anschluß an längst gefühlte Bedürfnisse erstrebt wurde, wirklich in's Leben getreten, daß aber weder damals, noch in späterer Zeit auf diesem Wege die Reichseinheit im Innern zu Stande gekommen, oder wesentlich gefördert worden ist. Allein sehen wir etwas näher zu, was die Stände erstrebten, wie sich ihre Bestrebungen und die des Kaisers zu einander verhielten, wie sie sich förderten oder hinderten, und wie sie in Thaten sich zeigten.

Die Nation im Ganzen war reicher geworden; die schon zur Zeit der Hohenstaufen begonnene Blüthe der Städte hatte sich im Laufe dieser Periode vollständig entfaltet; wenn der Kleinadel theilweise verarmte, so hatten dagegen die meisten Territorialherrn ihre Gebiete ausgedehnt, und waren an Macht und Ansehen gewachsen. Aber das Erworbene konnte man nicht in Ruhe genießen. Gegenseitige Conflicte zwischen den Ständen selbst, Unsicherheit alles individuellen Rechtes lasteten auf der Gesellschaft, und wurden in dem Maaße drückender empfunden, als man reicher an Gütern war, die eines Schutzes bedurften. Das Fehderecht war nur theilweise und sehr mangelhaft durch die auf bestimmte Zeit geschlossenen Landfrieden zurückgedrängt; die nach Karl IV. zu ganzen Landfriedensbünden zusammentretenden Einungen erwiesen sich unzureichend, den fehlenden Schutz einer kräftigen Reichsordnung zu ersetzen. Die verschiedenen unter sich verbundenen Glieder des nationalen Körpers konnten nicht zu einer innerlich festen Verbindung, zu einem Zusammenwirken für gemeinschaftliche Zwecke gelangen. Aus den Ritterbündnissen, Städteeinungen und Fürstenbünden, war der große Städtekrieg, der Zerfall des Städtebundes und weiter der Fürstenkrieg hervorgegangen. Es war also durch den ganzen Zustand der Gesellschaft bedingt, daß man lebhafter nach einer rechtlichen Ordnung verlangte, welche Jedem einen Schutz in der Sphäre seines besonderen Rechts gewährte. Nicht mehr und nicht weniger war es nun auch, was die Stände des Reiches seit längerer Zeit erstrebten. *)

---

*) Ich sehe natürlich ab von einzelnen Rebellionsversuchen und andren heimlich verfolgten Plänen. Wenn ich recht unterrichtet bin, so hat die deutsche Geschichtschreibung demnächst ein sehr bedeutendes urkundliches Werk zu erwarten, welches ein vollständiges Licht verbreiten wird über die an den Namen des Königs Georg Podiebrad anknüpfenden, von persönlichen Interessen eingegebenen geheim gesponnenen Pläne, welche auf Absetzung des Kaisers Friedrich III., völlige Unterdrückung der kaiserlichen Gewalt und Begründung einer ganz neuen Art von Reichsregiment gerichtet waren. Ich bedaure sehr,

7 *

Der „Frieden" sollte in dem „ewigen Landfrieden", das „Recht"
in dem „Reichskammergericht" gesichert werden. Das Reichs=
regiment war vornehmlich bestimmt, die beiden ersten Einrichtungen
zu überwachen und die nöthigen Mittel für dieselben zu schaffen.
Man griff statt dessen bald die Idee auf, zu diesem Zwecke den
Reichstag selbst sich jährlich einen Monat versammeln zu lassen,
und kam schließlich auf die Organisation des Reiches nach Kreisen
und auf die Exekutionsordnung. Der „gemeine Pfennig," mit
welchem die Kosten gedeckt werden sollten, war nichts Neues.
Zur Zeit des Hussitenkrieges kommt er, nur in einem niedrigeren
Betrage, zuerst vor. Man war unter Kaiser Friedrich III. auf
denselben zurückgekommen. Wie damals die Städte in weiner=
lichen Klagen um einen leiblicheren Anschlag gebeten hatten, so
glänzten sie auch unter Maximilian durch Zurückhaltung der
Mittel, ohne welche doch die Maßregeln, welche sie wollten, nicht
bestehen konnten. Man kam schließlich auf eine andere Umlage.
Dies sind die Reformen, welche in's Leben getreten sind.*)

daß dieses Werk noch nicht erschienen ist. Es würde entweder eine Widerlegung
oder eine Bestätigung meiner gegenwärtigen Ansicht sein. Diese geht dahin,
daß eine derartige Umgestaltung der Reichsverfassung, möchte man sie nach
heutigen Begriffen unter das bundesstaatliche oder unter das staatenbundliche
Schema zu stellen haben, unter den damaligen Zuständen uns nichts andres
hätte bringen können, als eine in's Deutsche übertragene polnische Wirthschaft.
*) Es wird behauptet, daß das, was wirklich eingeführt von dem ur=
sprünglich Angestrebten wesentlich verschieden gewesen sei. Man hatte eine
nationale Verfassung erstrebt, aber „mit der nationalen Verfassung sei es vor=
bei gewesen," als die kaiserliche, der Mitregierung der Stände, abgeneigte,
Politik das Glück gehabt hätte, in einem inneren Streit Bayern auf der Seite
des Kaisers gegen die Pfalz zu sehen. Dadurch sei der Kurverein und das
Reichsregiment gesprengt worden. Was nun diesen letzten Streit betrifft, so
hat er in der That mit kaiserlichen, auf eine Weltherrschaft gerichteten Plänen
eben so wenig gemein, als mit absolutistischen, einer ständischen Beschränkung
abholden Neigungen. Es ist genau das Gegentheil der Fall. Der Riß ent=
stand, weil ein Theil der Fürsten sich weder dem Kaiser noch den selbst ge=
schaffenen Einrichtungen fügten, als diese ernstlich ihren Zweck erfüllen
sollten. Der Kaiser aber kämpfte hier für die neuen Reichseinrichtungen. Be=
kanntlich hatte Kaiser Maximilian im Fürstenrath, zu welchem er das Kammer=
gericht nach Augsburg berufen hatte, die Reichslehen des verstorbenen Her=

Sie haben, so sehr sie auch unter dem Zustande der Reichs=
verfassung, unter den Religionskriegen, dem heillosen Prozeß=

zogs Ernst von Bayern=Landshut den Stammvettern der Münchner Linie zu=
gesprochen. Diesem Spruche widersetzten sich der Rheinpfalzgraf Ruprecht und
sein Vater Philipp. Sie suchten und fanden die Unterstützung andrer deutscher
Fürsten, und wandten sich an Frankreich. Dies die Veranlassung des Krieges
und der Auflösung des Kurvereins. Dieser hatte sich außerhalb der Reichs=
verfassung bewegt, während die Frage des Reichsregiments noch nicht zu einem
bestimmten Abschluß gebracht worden war. Er hatte sich gebildet, theilweise
aus wirklicher Besorgniß vor Verkümnerung ständischer Mitregierung, theilweise
aus selbstsüchtiger Abneigung gegen jene Mitwirkung, welche der Kaiser gegen die
Türken bei einzelnen Fürsten suchte, und suchen mußte, weil ihn das Reich
und die Stände im Ganzen im Stiche ließen, nicht einmal das thaten, was
sie zugesagt hatten. Das „Reichsregiment" selbst war eingegangen, ehe es recht
zu Stande gekommen war, und daran hatte die Abneigung des Kaisers gegen
eine Collectivregierung neben ihm, und der Widerwillen der meisten Rechts=
stände gegen eine oligarchische Regierung, von welcher sie selbst ausgeschlossen
waren, gleichen Antheil. Schließlich kam man aber zur Kreisverfassung.
Die Verschiedenheit der Reichseinrichtungen in ihrer definitiven Feststellung
von dem ursprünglich in Aussicht Genommenen soll, wenn ich recht verstehe,
darin liegen, daß nur erstere überall die früher erlangte „Selbständigkeit der
Territorien" voraussetzen, ferner daß „statt von einer Reichssteuer nur noch von
Matrikularumlagen" die Rede ist. Früher wollte man eine allgemeine Reichs=
steuer, im Auftrage des Reichs in allen Territorien nach der Kopfzahl einzu=
sammeln, von einem Reichsschatzmeister zu bewahren, ausschließlich für den
Unterhalt eines immer schlagfertigen Reichsheeres bestimmt." Wenn in
jener Zeit wirklich ein Reichstag etwas beschlossen hat, wie die Stellung eines
schlagfertigen, also stehenden, unmittelbar unter das Reichsoberhaupt gestellten,
also wirklichen Reichsheeres, oder wenn ein Finanzsystem beschlossen oder auch
nur von den Ständen beabsichtigt worden ist, wodurch das Reich ausreichende
eigene Mittel, von ihm abhängige, nicht im Dienste des Territorialherrn stehende,
und mit genügenden Executivmitteln versehene, Finanzbeamten erhalten haben
würde, so bekenne ich meine Unwissenheit in diesem Punkte. Es ist leicht zu
sagen, daß ein solches System von jedem Kaiser nicht nur nicht bekämpft, son=
dern auf das lebhafteste würde befördert worden sein. Was man zuerst wollte,
war nur eine etwas erweiterte, und bei verschiedenen Veranlassungen modificirte
Erhebung des „gemeinen Pfennigs," mit welchem das Reich schon einige Male
ein glänzendes fiasco gemacht hatte. Dieser Pfennig schimmerte auch jetzt nur
auf dem Papier. Der wirkliche Eingang an unmittelbaren Reichseinkünften
für die behaupteten großen Reichszwecke war fortwährend ganz erbärmlich. Ehe
noch irgend ein störender Zwischenfall eingetreten war, reichte er schon nicht

verfahren und der Pedanterie der späteren Zeit gelitten haben, doch den Zweck, eine **privatrechtliche** Ordnung herzustellen, bis zu einem gewissen Grade erfüllt. Allein hier endigt auch ihr Beruf. Dem, was vor Allem Noth that, der Unterordnung der zur Selbstständigkeit aufstrebenden Reichsstände unter eine einheitliche Reichsregierung haben sie nicht gedient, konnten sie nicht, ja sollten sie überhaupt nicht dienen. Der Zweck war „daß Jeder bei seinen Rechten und Freiheiten, bei Stand und Wesen erhalten werde." Das was Deutschland als Ganzes bedurfte, war etwas ganz Anderes. Vor abgeschlossenen „Freiheiten" gab es keine Freiheit, vor hervorgebrachtem und theilweise **usurpirtem** „Stand und Wesen" gab es keine wahrhafte Reichsgewalt, keinen Staat. Beschränkung der Rechte der Stände, Zurückführung eines Theiles derselben auf die Reichsgewalt, aus welcher sie hervorgegangen, war das Erste und Letzte, was man bedurfte. Außerdem hatte man nur noch statt einer monarchischen Reichsordnung eine Föderation selbständiger Glieder, und dieser fehlte, um etwas zu bedeuten, wieder das Erste und Letzte, was für eine Gliederung ohne genügende Centralgewalt unentbehrlich ist, ein lebendiger Gemeinsinn, mag derselbe auf dem Nationalgefühl oder auf dem Bewußtsein der Gemeinsamkeit großer Interessen und geistiger Güter beruhen.

Ich verweile noch einen Augenblick bei der Frage, ob ein Mehr oder Weniger in den Modalitäten der unter Maximilian eingeführten Reformen das Hauptübel der Reichsverfassung hätte

---

aus, die Mitglieder des Kammergerichts zu besolden. Und auf diesem Wege hätte ein respectables, immer schlagfertiges Reichsheer aufgestellt und unterhalten, eine wirkliche Reichsmacht geschaffen werden sollen!

Die Bedürfnisse des Reiches und die Art, wie ihnen entsprochen oder vielmehr nicht entsprochen wurde, in allen Windungen während dieser Zeit zu verfolgen, hieße nur die verschiedenen Grade einer und derselben Misere des damaligen Ständewesens darstellen. In welchem Zusammenhang es mit den „dynastischen Welteroberungsplänen" Maximilian's steht, daß einige Theile des Reiches von jetzt an loser an dasselbe geknüpft bleiben, als andre, um sich theilweise später ganz loszulösen, ist an dem wichtigsten Beispiele, der Schweiz, deutlich zu sehen.

heben können. Die Vervollkommnung, die größere politische Wirkung der Reformen würde vornehmlich auf das Reichsregiment zu beziehen sein. Was hätte es nach der damals die Stände des Reiches beherrschenden Grundanschauung im günstigsten Falle werden können? Ein Reichstag im Kleinen, auf welchen ein Theil der Befugnisse des Reichstages selbst zur Regierung des Ganzen, übertragen worden wäre. Aber, wenn auch der Committent, der Reichstag selbst, immer versammelt geblieben wäre, er würde das Uebel unserer Verfassung nicht haben heben können. Dieses lag in der Basis, in den Territorialverhältnissen. Es gab nur zwei Wege, welche zu dem Ziele einer größeren politischen Einheit hätten führen können; dieselben sind im Eingang dieses Abschnittes bezeichnet. Sich nicht darauf zu beschränken, den Ständen die Gesetzgebung, das Recht der Controle und Beschwerde zu geben, sondern dem Wahlkaiser außer dem Reichstage selbst noch eine besondere ständische Mitregierung zur Seite zu setzen, dabei auch nicht einmal den Anfang einer Vertretung aller Klassen des Volkes zu machen, und dies Alles in einer Zeit ohne lebendiges Nationalgefühl, ohne Gemeinsinn, mit Ständen, die nichts für das Ganze thun wollten, aber nach Befinden zur Rebellion bereit waren, wenn die Reichsgewalt kräftig ihres Amtes wartete, und dabei das Interesse jener verletzte, dies konnte Deutschland nicht gewähren, was es brauchte. Wäre der Anfang für eine Vertretung des ganzen Volkes im Reiche gemacht worden, so hätte der Kaiser mittelbar aus den neuen Einrichtungen einen großen Gewinn für die Kräftigung der Reichsgewalt ziehen können. Der Landfrieden hatte nämlich den Ständen der Territorialherrn das ihnen früher zustehende Recht der Selbstvertheidigung genommen. Es kam die Zeit, in welcher dies zur Untergrabung der ständischen Verfassungen in den einzelnen Ländern ausgenutzt wurde. In dieser Zeit hätte ein kräftiger Kaiser, in dem, was er gegen einzelne Landesherrn unternehmen wollte, eine mächtige Unterstützung in deren landsässigen Ständen finden können, weil diese in ihren Rechten durch die Territorialherrn verletzt oder bedroht wurden. Dann wäre es von außerordentlicher Bedeutung gewesen, wenn nicht blos die Territorialherrn, sondern auch (in irgend einer Form) Land=saffen im Reichstag vertreten gewesen wären. Sie hätten hier einen Mittelpunkt für ihre Bestrebungen, einen Halt für ihr Recht, und die mächtigste Veranlassung zu einem Zusammenwirken mit dem Kaiser, ihrem natürlichen Schirm und Hort, gefunden. Das Hauptübel also lag darin, daß die Stände nicht nach der Reichseinheit, sondern nach einer Republik von Reichs=ständen unter einem kaiserlichen Präsidenten trachteten. Auch wollten sie, indem sie das Reichskammergericht theilweise besetzten, ihre territoriale Stellung noch mehr sichern, als bisher. In seiner Errichtung lag schon eine Schmälerung des oberst=richterlichen Amtes, wie solches bis dahin dem Kaiser zugestan=den; denn es mußte cessiren in den Sachen, welche an das Kam=mergericht gebracht wurden. In der Art der Bildung lag aber ein weiterer Eingriff in dieses Gebiet, und die Gefahr, daß in Zukunft auch die Spitze der Justiz sich mehr dem Particularis=mus, als einem festen Reichsregimente zuneigen werde. Hier sehen wir nicht den ausschließlichen, aber einen der Gründe, aus welchen der Kaiser nur zögernd und ungern die verlangten Con=cessionen bewilligte. Noch immer konnte das oberstrichterliche Amt in der Hand eines kräftigen Kaisers eine sehr wirksame Stütze für die obersten Zwecke der Reichsgewalt sein, besonders zur Zeit bürgerlicher Unruhen, gegenseitiger Kämpfe der Stände. Das Reichskammergericht, der höchste Schutz des geordneten Land=friedens hat für die privatrechtliche Sicherheit mehr oder minder Bedeutung gehabt, ein Mittel, die Reichseinheit herzustellen war es nicht. Reichskammergerichte und Reichskammergerichtspro=zesse gehören nicht zu den Mitteln, durch welche unter bispara=ten Zuständen energische und ordnende Geister große Staaten geschaffen oder neu begründet haben.

Wer endlich die Art und Weise betrachtet, in welcher die erwähnten Reformen in's Leben gerufen wurden, der findet, daß der Kaiser zögernd sie bewilligt, daß aber auch die Stände dem Kaiser nicht blos da entgegengetreten sind, wo er dem deutschen

Interesse fremde Pläne verfolgte, sondern daß sie a l l e n seinen
allgemeinen Bestrebungen die größte Selbstsucht entgegengesetzt
haben. Selbst das eigenste Kind ihrer Liebe, das Reichskammer=
gericht, ließen sie aus Mangel an Nahrung fast zu Grunde
gehen. Im Jahre 1496 wurde der Landfrieden neu bestätigt,
aber das Kammergericht mußte seine Thätigkeit für mehrere
Jahre einstellen, weil die Besoldungen nicht mehr flossen, und
der Kaiser sich weigerte, die Kosten auf 4 Jahre selbst zu über=
nehmen. Die Städte befleißigten sich in dieser ganzen Angele=
genheit der alten lieben Gewohnheit des „Hintersichbringens".
Wenn es für jene Zeit irgend ein hervortretendes allgemeines
Interesse für das Reich gab, so war es die Abwehr der
Türken. Mehrmals wurde ein Anschlag gegen dieselben in
einen Reichsabschied aufgenommen, allein überall geschah nichts;
der gemeine Pfennig kam stets wieder in's Stocken, und der
Kaiser wurde zu dem Versuche gedrängt, mit einzelnen Für=
sten wegen eines Zuzuges sich zu benehmen. Die schweizerische
Eidgenossenschaft gehörte noch zum Reiche; sie verweigerte, sich
dem Kammergericht zu unterwerfen und den gemeinen Pfennig
zu entrichten. Es kam endlich zum Kriege. Die Heere stan=
den sich im Jahre 1499 gegenüber, das Feuer hatte begonnen;
aber ehe es eigentlich zum Schlagen kam, erklärten die Fürsten,
sie seien nicht gekommen, die Ehre ihrer Waffen gegen die
Bauern auf das Spiel zu setzen. Der Kaiser mußte mit seinem
stattlichen und zahlreichen Heere vor dem damals keineswegs
gut disciplinirten Heere der Schweizer zurückweichen. So
wurde die Auflehnung gegen das Reich von den eignen Stän=
den desselben bekämpft. Und der Kaiser mochte mit Recht
sagen, „es wäre bös Schweizer mit Schweizern zu schlagen".
Denn hier galt der Kampf der Erhaltung des Reichsverbandes,
der Anerkennung der von den Ständen so sehr gewünschten
neuen Einrichtungen.

Die Lage der Dinge im Ganzen war diese. Es stand eine
ständisch gegliederte und zerrissene, vom Geist der Selbstsucht
beherrschte, von dem Feuer des Ritterthumes zu nüchterner

Plattheit umgekehrte Gesellschaft einem Kaiser gegenüber, welcher in seiner Person der Welt noch einmal das halbverblichene Bild ritterlichen Sinnes entgegen strahlte, welcher aber schon halb als Fremdling in dieser Welt einherging, und überdies jenes praktischen Sinnes in hohem Grade entbehrte, welcher Mittel und Ziele in ein rechtes Verhältniß zu stellen weiß. Es waren gewiß sehr wahre Worte, welche der Erzkanzler im Jahre 1495 zu den Ständen sprach: „O liebe Herren, es gehet gar langsam zu, es ist wenig Fleiß und Ernst in den Ständen des Reichs vom Obern bis zum Untern, und billig zum Erbarmen. Es ist aber zu besorgen, wo man sich nicht anders denn bisher in die Sachen schicken und fleißiger sich zusammenstellen werde, daß eines Tages etwan ein Fremder komme, der uns alle mit eisernen Ruthen regieren wird". Als die Frage entstand, Maximilian einen Nachfolger in der Reichsregierung zu geben, und ein Kurfürst, welchen die Geschichtsbücher den Weisen nennen, Bedenken trug, dieser Nachfolger zu werden, weil er glaubte, nur ein von Haus schon sehr mächtiger Fürst könne das Reich zusammenhalten und schirmen, da mochte ihm wohl klar vor der Seele stehen, von welchem Stoffe die Glieder damals waren, welche den Körper des Reiches bildeten.

Während jene politischen Reformen, deren wahre Bedeutung eben zu bestimmen versucht wurde, in's Leben traten, hatte sich schon auf einem andren Gebiete, in der Nation selbst, eine wahre Bewegung der Geister vorbereitet. Es war die Regung des sittlichen Ernstes gegen den Mißbrauch des Heiligen zu schnöden Zwecken, das Auflehnen eines innigen Offenbarungsglaubens, gegen die Verflachung und Verflüchtigung des Glaubens in Aeußerlichkeiten. Aus dieser Bewegung der Geister ging die Kirchenspaltung und gingen die Kämpfe hervor, in welchen zuerst der innerlich belebte Protestantismus den geistig erschlafften Katholicismus eben so weit zurückwarf, als er später, mehr verflacht, von dem neu belebten Katholicismus zurückgedrängt wurde, und in welchen endlich beide Theile die Positionen einnahmen, welche seitdem nicht mehr wesentlich geändert worden sind.

Wie wenig Berührungspunkte diese Bewegung, so weit sie in das 15. und in den Anfang des 16. Jahrhunderts fällt, mit jener andren gemein hatte, welche sich im Kreise des staatlichen Lebens vollzog, dafür ist ein recht bezeichnender Beleg, daß Männer wie Sickingen, Hutten jene erste Bewegung eben so kräftig fördern, als ihnen noch jeder Begriff, jede Neigung für die ersten aber nothwendigsten Elemente einer staatlichen Ordnung, für Alles das, was im Landfrieden, in einem obersten Gericht in der Kreisverfassung verwirklicht werden sollte, abging. Ihre Natur nicht minder, wie die unsres Götz, ist mit der Fehde und Selbsthülfe noch auf das Festeste verwachsen. Sie nehmen sich auf eigne Faust nach alter Weise Recht, und sind allezeit bereit, im Reiche lustig den Krieg im Kleinen zu führen.

Es wird schwer zu bestimmen sein, in welchem Grade zu Maximilian's Zeit schon die Keime jener socialen Bewegung lebendig waren, in welche die Reformation später überschlug, und welche im Bauernkrieg explodirte. In keinem Falle kam sie als ein Factor des politischen Lebens in der Zeit Maximilian's in Betracht.*) Die Worte der Reformatoren kämpften bekanntlich gegen diese Bewegung eben so scharf, wie die Schwerter der Ritter und Fürsten. Wenn dies dem ungehinderten Fortschreiten der Reformation nützte, so trug es andrerseits dazu bei, daß nicht nur die Auswüchse des Bauernkrieges niedergeschlagen, sondern daß auch die großen Mißstände, welche die Bauern ursprünglich aufgeregt hatten, unverbessert gelassen wurden.

---

*) Zwei Dinge sind in dieser Periode nicht zu verwechseln: 1) die Bestrebungen der Stände, welchen in späterer Zeit die Wahlcapitulationen nothwendig folgten, und denen die Kaiser theilweise mit Recht widerstrebten. 2) Die Keime einer volksthümlichen und nationalen Bewegung gegen die Uebergriffe der Territorialherrschaften, welche für einen revolutionär gesinnten Kaiser vielleicht ein Mittel zum Umsturz der durch die goldne Bulle gelegten Basis der Reichsverfassung hätte werden können. — Ueber die unächte s. g. Reformation K. Friedrich III. (eine unbedeutende weit später entstandene Privatarbeit) s. u. a. Eichhorn D. St. u. R. Gesch. III. S. 114—118.

III.

Einfluß des Kaiserthums als solchen auf die Reformation und die Religionskriege in Deutschland.

Wie verhielt sich nun — dies ist die zweite Frage — das Kaiserreich deutscher Nation zu der Reformation und zu den daraus hervorgegangenen Religionskriegen? Das Kaiserthum war vielleicht*) das einzige Mittel, die Kirchenspaltung zu vermeiden und die Reformation der ganzen katholischen Kirche zu bewirken, wenn statt des indolenten Friedrich III. ein ener=gischer Mann mit freiem Blicke und sittlichem Ernste Kaiser gewesen wäre. Derselbe hätte wahrscheinlich an Aeneas Silvius ein ungemein fähiges Werkzeug für seine Ziele gefunden; denn an den Wandlungen dieses Mannes trägt die Versatilität seines Geistes wohl geringere Schuld, als die geistige Trägheit des Kaisers, der für jede große Conception unzugänglich war. Da=mals waren die Gegensätze vielleicht noch zu versöhnen. Aeneas Silvius hatte sich noch nicht in den Papst Pius II. verwandelt, und das Papstthum nochmals hoch über die Concilien erhoben, den Einfluß der letzteren beseitigt. Dies ist indessen eine rein persönliche Frage, getrennt von jener ob die Kirchenspaltung vermieden worden wäre, wenn die deutsche Verfassung ein natio=nales Königthum frei von allen kaiserlichen Ideen ausgebildet hätte. Denken wir uns einen Augenblick in diese Hypothese,

---

*) Mehr wird kaum Jemand behaupten. Es ist aber nicht zu vergessen, daß auf dem Costnitzer Concil zu Anfang des 15. Jahrhunderts der Kaiser mit den Vertretern der deutschen Nation anfangs entschieden darauf beharrte, daß die Kirchenreformation vor der Papstwahl vorgenommen werde, daß man aber damit den andren Nationen gegenüber nicht durchdringen konnte.

supponiren wir ein nationales Königthum mit oder ohne die territorialen Zustände, wie die goldne Bulle sie kennt, so vermögen wir jene Folge nicht zu finden. Deutschland war nicht die Kirche. Wenn irgend eine äußere Macht ihre allgemeine Reform hätte bewirken können, so war es gewiß ein rein deutsches Königthum, weit weniger als ein neben der allgemeinen Kirche stehendes Kaiserthum mit europäischer Bedeutung. Maximilian's Regierung selbst steht der kirchlichen Bewegung fast ganz fern. Seine Zeit war die Stille vor dem Sturm. Im Innern der Geister bereitet sich vor, was später aufleuchtet. Kaiser Friedrich III. dringt anfangs auf Erledigung des Schisma und auf Reformation. Sein späteres Verhalten ist allerdings seiner Natur gemäß schwach, unentschieden, lau, ja ohne Offenheit und Würde, der stärkste Gegensatz zu dem Verhalten Georg's von Heimburg, des Vertreters der Kurfürsten. Allein ist diese persönliche Haltung Friedrich III. irgendwie durch eine richtige Auffassung des kaiserlichen Amtes, des wahren kaiserlichen Interesse's bedingt? Was hätten die sächsischen, was die salischen Kaiser gethan? Erwirkte denn in andren Reichen die weltliche Macht der Könige die Reform der Kirche aus sich heraus? Selbst in Frankreich erlangte der Papst Erfolge in einer die Reformation der Kirche an Haupt und Gliedern erschwerenden Richtung. Zwischen Papst Leo X. und König Franz I. wurde die pragmatische Sanction in Frankreich aufgehoben und die gallicanische Kirche von Neuem in Abhängigkeit vom Papste gebracht.

Der Einfluß, welchen die Stellung Kaiser Karl V. zu der Reformation und zu den aus ihr hervorgehenden Kämpfen gehabt hat, ist weniger einfach. Zunächst soll man sich erinnern, daß seine weitausgedehnte Herrschaft nicht durch das Kaiserthum, sondern durch die Heirathsverträge bedingt ist, welche das Scepter über so viele Länder in einer Hand vereinigte. Gewiß hatte an der Schließung jener Heirathen die hohe Stellung der Brautwerber einen vielleicht noch größeren Antheil als deren persönliche Eigenschaften. Allein die Feinde des kaiserlichen Deutschlands werden nicht behaupten wollen, daß ein deutscher Königs-

sohn nicht auch eine anziehende Partie für fremde Königstöchter
gewesen wäre; denn nur das Kaiserthum hat nach dieser Auf=
fassungsweise Deutschland schwach gemacht. Nicht blos im
Hause Habsburg, auch in den bourbonischen und napoleonischen
Geschlechtern spielen Familienverbindungen, Besetzung fremder
Throne mit den nächsten Verwandten eine große Rolle. Ob
aber die Verbindung so vieler Länder unter Karl V. uns mehr
des Ueblen oder mehr des Guten gebracht, darüber bestimmt zu
urtheilen, erkläre ich mich für incompetent. Ich sehe vieles Ueble
dieser Verbindung, allein ich vergegenwärtige mir auch die Ver=
fassung Deutschlands, wie sie nun einmal war, und übersehe
nicht, daß auf dieses Deutschland im Osten die Türkenherrschaft
Soliman II. und zugleich im Westen Frankreich unter Franz I. stieß.

Die nächste Folge dieser Weltstellung war die freiere Ent=
wickelung des Protestantismus. Das Wachsthum dieses jungen
Baumes wurde von dem Auge des mehr außer Deutschland als in
Deutschland verweilenden Kaisers wenig beachtet; nachdem es be=
achtet war, kaum in seiner Bedeutung verstanden. Sodann betrachtete
Karl, obgleich guter Katholik von der Höhe seiner Weltstellung herab,
diese Dinge lange mit einer gewissen vornehmen Geringschätzung.
Er sah in dem, was später so tief in die Geschicke der Völker
und Staaten eingriff, und in dem, was von beiden Seiten gesagt,
geschrieben und erstrebt wurde, mehr ein theologisches Gezänke
als den Anfang des wichtigsten Ereignisses der Zeit. Eine
Folge dieser Stellung und dieser Anschauung war es, daß der
Kaiser eben so lange als zähe an dem Bestreben fest hielt, die
Gegensätze zu vermitteln.*) Die Vermittelung war aber zu jener

---

*) Der Kaiser ließ den Bann des Papstes gegen Luther unbeachtet. Er
gab auch der ausgesprochenen Acht, und mehreren, bis zur endlichen Schlichtung
der Religionsstreitigkeiten, gegen die Protestanten luterimistisch gefaßten Be=
schlüssen keinen Nachdruck. Auf die Berufung eines Concils zur definitiven
Beilegung der kirchlichen Streitpunkte wurde immer wieder zurückgegangen;
endlich ward dasselbe durch den Kaiser dringender vom Papste verlangt.
Selbst nachdem die Protestanten solches zu beschicken abgelehnt, wurden die
Vermittlungsversuche noch aufrichtig fortgesetzt, nicht zum Scheine oder
mit Hintergedanken, wie bisweilen angenommen wird (vgl. z. B. Eichhorn

Zeit schon nicht mehr möglich. Die eigenthümlichen Ter=
ritorial= und landesherrschaftlichen Zustände führten
auf beiden Seiten zu Parteibündnissen; ihre Beziehungen zu der
Reformation bestimmte wesentlich den Gang derselben.

Als endlich aus den Gegensätzen der Krieg entbrannte, war
die Stellung, welche die protestantischen Fürsten und selbst der
geistliche Kurfürst von Köln im Reiche einnahmen, war das
Eingreifen der Religionswirren in das weltliche Gebiet, die
erhöhte Machtvollkommenheit der protestantischen Fürsten, die
bedrohte Reichsordnung und die bedrohte kaiserliche Macht be=
stimmender für Karl, als die religiöse Seite der Sache.

In diesem Kampf nun führt Karl — und dies ist die andre
Folge seiner Weltstellung — Truppen seiner nicht deutschen
Länder auf deutschen Boden, eine schwere Schuld nach den An=
schauungen unsrer Tage. Aber jene Zeit, wenn sie überhaupt
Dynastisches und Nationales so geschieden hätte, wie wir es
scheiden, sah jeden Falles das Verhältniß religiöser Kämpfe zu
nationalen Abgränzungen in einem ganz andren Lichte. Der
religiöse Fanatismus, der bis zur Flamme des Religionskrieges
sich erhitzt, ist zu allen Zeiten ein stärkeres Gefühl gewesen, als
dasjenige, welches auf der Gleichheit des Stammes oder der
Staatsverbindung beruht. Der Protestantismus schied die ganze
bis dahin katholische Christenheit in zwei Hälften, und als die
Religionskriege begannen, in zwei natürliche Heerlager, die zu

Staats= und Rechts=Gesch. IV. S. 94 und 95 nota h. und i.). Noch nach
dem Kampfe mit den Protestanten, nach dem Siege bei Mühlberg suchte Karl
auf der einen Seite die Protestanten durch das Interim zu befriedigen, sie zur
Beschickung eines allgemeinen Concils zu bewegen, auf der andren Seite die
Anerkennung der durch das Interim bewilligten Freiheiten und die Reform
der Kirche durch das Trienter Concil zu bewirken. Die Haltung dieser Kir=
chenversammlung eben so sehr wie die Ergreifung der Waffen durch Moritz von
Sachsen machte diesen Bestrebungen, die Einheit der Kirche auf friedlichem
Wege herzustellen, ein Ende. Beide Theile blieben getrennt; der Religionsfrie=
den schuf einen sehr unsicheren Boden des äußeren Friedens, auf welchem man
verharren sollte, bis ein Vergleich zu Stande gebracht würde.

ben wirklichen Kämpfen sich überall vereinigten, wo die Gele=
genheit es gestattete. Der katholische Engländer fühlte sich in
der Zeit der Religionskämpfe und Religionsverfolgungen dem
katholischen Spanier näher als seinem protestantischen Lands=
manne. Nur die insulare Lage schützte England vor den tief=
greifenden Folgen dieses natürlichen Zuges. In Frankreich
führt im ersten Bürgerkrieg Andelot einen Heerhaufen deutscher
Söldner Condé zu, und englische Hülfe wird erwartet. In der
Schlacht bei Dreur unterlag Condé; aber die Entscheidung
erfolgte besonders durch die spanischen Truppen, welche zu dem
katholischen Heere des Königs gestoßen waren. Im zweiten
französischen Bürgerkrieg sehen wir den Prinzen Johann Casimir
von der Pfalz mit deutschen Truppen auf Seite der Hugenotten,
der Papst aber schickt durch den Herzog von Gonzaga der königlichen
Partei Hülfe. In späterer Zeit verbindet sich die „Ligue" mit
Philipp II. von Spanien und dem Papst Gregor XIII. Zu den
langen Religionskriegen unter Heinrich IV. kämpfen fremde Pro=
testanten für ihn und spanische Heerhaufen gegen ihn. Als die
protestantischen Großen sich 1628, wie überall durch politische
Motive gleich stark wie durch religiöse bestimmt, nochmals zu
außerordentlichen Anstrengungen erhoben, um für ihren Glauben,
vorzüglich aber um für feudalistische Selbständigkeit gegenüber dem
heranziehenden modernen Staate zu kämpfen, da sehen wir
während der denkwürdigen Belagerung von La Rochelle zwei
Mal das protestantische England den Hugenotten eine Flotte
zur Hülfe senden. Zur wirklichen Hülfe kam es nicht. Die
Schwäche und das Schwanken der damaligen englischen Regier=
ung und die seltene Weisheit Richelieu's, der sich hier viel mehr
als ein seiner Zeit vorauseilender Staatsmann denn als Car=
dinal zeigte, beugten weiteren Katastrophen vor.

Diese eigenthümliche Scheidung der Völker und die Annähe=
rung der religionsverwandten Theile verschiedener Staaten bildet
in jenen, von den Gegensätzen der Confession bewegten, Zeiten
den Grundton der Geschichte, den volksthümlichen Zug in dem
Wechsel der Ereignisse. Wie heute überwiegende Tendenzen

unſrer Zeit von andren Kräften gekreuzt werden, ſo wurde auch damals der eigenthümliche Zug der Zeit bald von einem indifferenten Söldnerweſen benutzt, um Krieg und Sold zu ſuchen, wo beides am erſten zu haben war, bald von einer über= legenen Staatsklugheit, um in kalter Berechnung den Staats= vortheil aus den von den Religionsleidenſchaften getrübten Wel= len des Völkerlebens zu fiſchen.

Den Geiſt jener Zeiten ſich zu vergegenwärtigen iſt nöthig, um die Haltung des Kaiſers gegenüber den Proteſtanten gerecht zu beurtheilen. Es iſt vielleicht in noch höherem Maaße im Intereſſe der proteſtantiſchen Stände nöthig. Sie waren lange bevor der Kaiſer rüſtete, oder Rüſtungen veranlaßte, in Ver= handlungen mit Frankreich und England getreten, um die Hülfe dieſer Mächte, ſobald ſie zum bewaffneten Widerſtand ſchreiten würden, zu erhalten. Als ſpäter Moritz von Sachſen, durch die particulariſtiſche Abneigung gegen eine kräftige Reichsgewalt nicht minder, als durch religiöſe und verwandtſchaftliche Gefühle getrieben, zu den Waffen gegen den Kaiſer griff, hatte er zuvor ein Bündniß mit Frankreich eingeleitet. Die Abtretung von Metz, Toul und Verdun war die ſchließliche Folge dieſes Vor= ganges.

Aus dieſer Betrachtung, in's Beſondere aus der Beobachtung deſſen, was in den Religionskriegen andrer Länder ſich zutrug, folgt, daß nach menſchlichem Ermeſſen der Religionskampf in Deutſchland im 16. Jahrhundert auch dann nicht blos mit deut= ſchen Waffen geführt worden wäre, wenn Karl V. nicht mehrere Kronen zugleich getragen hätte.

Vielleicht wird aber entgegnet: Nicht hier liegt das größte Uebel, ſondern darin iſt es zu ſuchen, daß Karl nicht raſch eine Entſcheidung in dem einen oder andren Sinne herbeiführte. Hätte Deutſchland einen König oder Kaiſer gehabt, der nur ihm gehörte, nur ſeine Zuſtände erwog, ſo würde der Kampf früh begonnen, vielleicht ohne fremde Hülfe und große Ausdehnung geführt, jeden Falles aber mit einer beſtimmten gleichmäßigen Entſcheidung für alle deutſchen Länder beendigt worden ſein.

Wohin auch der Sieg sich geneigt hätte, es wäre ein Glück für Deutschland gewesen.

Diese Annahme hat wenig Wahrscheinlichkeit, wenn wir den Verlauf der durch den Protestantismus bedingten Krisen, bei allen Völkern, deren ähnliche Zustände einen Vergleich gestatten, betrachten. Sie haben überall lange Zeit gedauert, Ruhepunkte wechselten mit Stürmen, und der letzte Abschluß ist spät erfolgt. In England war es die eigenthümliche anglicanische Kirche, welche wie ein Compromiß zwischen Protestantismus und Katholicismus aus langen und furchtbaren Krisen hervorging, wieder angefochten wurde, und sich endlich, jedoch nicht allgemein für Großbritannien, befestigte. Mag man in Frankreich den Abschluß der Religionswirren und Religionskriege an die Bestätigung des Edikts von Nantes durch Richelieu, oder an dessen Zurücknahme durch Ludwig XIV. knüpfen, immer steht fest, daß er erst nach vielfach wiederholten Kämpfen im 17. Jahrhundert erfolgt ist.

In Deutschland bringt der dreißigjährige Krieg den Abschluß. Die Kämpfe unter Karl V. hatten keine Entscheidung, der Religionsfrieden gegenüber den Ideen, Trieben und Parteibildungen jener Zeit, nur einen Waffenstillstand gebracht. Es ist, von einem allgemeinen Standpunkt aus, ziemlich gleichgültig, ob Protestanten oder Katholiken durch Störung des Religionsfriedens mehr Veranlassung zum Wiederausbruch des Krieges gegeben haben. Er war eine geschichtliche Nothwendigkeit.

Als er begann, war die Länderverbindung lange gelös't, welche die Welt unter Karl V. gesehen hatte. Der spanische und der deutsche Zweig der Habsburger waren hier unter Ferdinand I. und Maximilian II., dort unter Philipp II. sehr verschiedene Wege gegangen. Man hat die Richtung und die Thaten Ferdinand's II. bald durch die frühere Verbindung der Reiche Spanien und Deutschland, bald durch die Verwandtschaft beider Linien erklären wollen. Allein die Spanier kämpften in Frankreich gegen die Hugenotten, obgleich die Herrscher Frankreichs und Spaniens nicht verwandt waren. Ludwig XIV. handelte, obgleich seine absolute Herrschermacht durch die Protestan-

ten seines Königreiches nicht gefährdet war, in gleichem Geiste gegen sie, wie Ferdinand II. gegen die Protestanten seiner Länder. Und doch floß in seinen Adern kein spanisches Blut. Die Bar=
tholomäusnacht mit ihren Schauern kam über Frankreich, und doch war dies Land nicht mit Spanien unter einem Scepter gestanden. Es ist nur zu klar: in der Zeit, in welcher der Protestantismus und der Katholicismus zu einem Weltkampfe gerüstet sich entgegenstanden, suchte jeder Theil Hülfe, wo er sie fand, bestand ein natürliches Bündniß zwischen der römischen Curie und jedem König, welcher aus Fanatismus oder politischer Herrschsucht die Protestanten zu vernichten strebte. Charaktere wie Ferdinand sind überall von Zeit zu Zeit erschienen. Daß er so wirkte wie er that, dies erklärt sich nicht allein aus sei=
nem Charakter, sondern auch daraus, daß sein Leben und Wir=
ken in die Zeit fiel, in welcher der Katholicismus neu gekräftigt und kampfbereit war, der Orden aber, welcher den hingebend=
sten Eifer für die Verbreitung des Katholicismus mit der höch=
sten Opferfreudigkeit und mit der größten Rücksichtslosig=
keit in der Wahl der Mittel verband, auf seinem Höhepunkte stand. Ferdinand II. war mit Philipp II. von Spanien dem Blute nach viel entfernter verwandt als Ferdinand I. und Maximilian II., unter deren mildem Regiment Kaiserthum und Gegenreformation ganz verschiedene Dinge sind.

Warum griff nun unser dreißigjähriger Religionskrieg so zerstörend in Wohlstand, Bildung, Sitte, Recht, in das Leben der Nation selbst, wie nie ein Krieg, welcher vorher oder nach=
her auf deutschem Boden geführt wurde, tiefer noch als der englische Bürgerkrieg unter den Häusern York und Lancaster, viel tiefer auch, als im Mittelalter die englisch=französischen Kriege, welche doch nur einen Theil Frankreichs in gleicher Weise veröbeten? Warum endete der Krieg unter allgemeiner furchtbarer Ermattung unentschieden, da Deutschland weder wesentlich katholisch oder wesentlich protestantisch aus dem Kampfe hervorging, noch das Prinzip der Religionsfreiheit und Rechts=
gleichheit erkämpft hatte?

8*

Der Gründe sind mehrere. Zwei aber sind entscheidend. Die Verfassung Deutschlands hatte sich schon vor der Reformation im Sinne des Territorialstaatsrechts entschieden. Der Widerstand, welchen die protestantischen Stände leisten konnten, war deßhalb größer als in andren Ländern, und ein durchgreifendes Handeln der Reichsgewalt auch auf diesem Gebiete von Anfang an erschwert. Sodann fochten die andren Staaten, in welchen eine entschiedene Religionsspaltung im Volke Statt gefunden hatte, ihre dadurch bedingten Religions = und Bürgerkriege unter ziemlich günstigen Constellationen zum Auslande aus, Deutschland den seinigen unter den allerungünstigsten.

England erfreute sich während seiner Religionswirren theils der Vortheile der insularen Lage, theils des Umstandes, daß die ihm zunächst gelegenen Staaten mit sich selbst beschäftigt waren. Als in Frankreich die Religionskriege begannen, da hatte wenige Jahre zuvor der Friede von Chateau Cambresis den langen Krieg gegen Spanien beendigt. Was konnte aus Frankreich werden, wenn in der nun folgenden Zeit, seine inneren Verlegenheiten ohne Rücksicht auf religiöse Sympathien und Antipathien von Philipp II., von einem deutschen Kaiser oder Staatsmann in derselben Weise ausgebeutet worden wären, in welcher Richelieu den dreißigjährigen Krieg ausbeutete? Was hätte selbst zur Zeit der Belagerung von La Rochelle der Erfolg sein können, wenn die ganz eigenthümlichen Verhältnisse Englands und die persönliche Stimmung seines Königs dieses Land nicht von einem entschiedenen und energischen Vorgehen abgehalten hätten? In Deutschland wäre das Hereinziehen der Dänen, vielleicht selbst das Auftreten der Schweden nicht maßgebend gewesen. Den Ausschlag gab, daß Frankreich gerade im entscheidenden Moment freie Hand bekam. Unter der Leitung Richelieu's wurde es der Mittelpunkt der Vereinigung für alle Gegner des Kaisers. Die Hoffnung auf einen Gewinn an Land und Leuten, die Eifersucht gegen Oesterreich weit höher stellend, als die religiöse Sympathie, richtete es seine vom Blute der Hugenotten noch gefärbte Waffe zum Schutze der deutschen Protestanten gegen die Katholiken Deutschlands. Diese Wendung der Dinge trat ein, nachdem in Deutschland zu einer und derselben Zeit — da man vor Stralsund lag — die Lage der Protestanten fast ganz dieselbe war, wie in Frankreich während der Belagerung von La Rochelle. Damit ist Alles gesagt über den Fortgang und das Ende des verderblichsten aller Kriege, welche je die deutschen Fluren veröbeten, und welcher vornehmlich in seiner zweiten Hälfte jenen verwilderten raubmörderischen Charakter annahm, durch welchen er sein trauriges Andenken in allen Jahrhunderten bewahren wird.

Was folgt aber aus dem Beweise, daß die Ursachen und Wirkungen dieses Krieges nicht darin zu finden sind, daß Deutschland das Kaiserreich war? Kann dieser Beweis den Protestantismus anklagen wegen jenes Unheils? Nimmermehr. Das Verderbniß der Kirche hatte ihn in die Welt gebracht. Wie der Riß einmal geschehen war, mußte sich das Verhängniß der Dinge nach ihrer natürlichen Schwerkraft erfüllen. Der Religionsfriede hatte den entscheidenden Kampf nur hinausgeschoben. Nachdem er in seiner vollen Kraft entbrannt war, mußte er, nach der inneren Natur aller solcher Kämpfe, nach der Art und Lage Deutschlands, unter allen Umständen den Fremden zum Kampf auf deutschen Boden ziehen. So weit waltet ein allgemeineres Gesetz. Daß aber gerade ein Gustav Adolph und ein Richelieu in diesem Moment der Weltgeschichte erschienen, das war das außergewöhnliche, das Besondre nach Zeit und Ort. Also den Protestantismus soll man nicht verantwortlich machen für jenes große nationale Unglück; aber man hüte sich auch, diese Verantwortlichkeit dahin zu legen, wohin sie sicher ebenfalls nicht gehört.

Ferdinand II. lag die Ausrottung des Protestantismus gleich sehr am Herzen, wie die Aufrichtung seiner Herrschaft über ganz Deutschland. Hätte er gesiegt, so würden wir vielleicht die politische Einheit auf dem Wege des absoluten Königthums erlangt haben. Aber der Preis wäre ein ungeheurer gewesen. Es würde in Deutschland geschehen sein, was in den

öfterreichifchen Erblanben unter Ferbinanb II. gefchah, mit einer
langen traurigen Nachwirkung auf bie geiftige Cultur bes
Volkes.

Das Ausland verhinderte ben Sieg bes Kaiferthums, aber
es verhalf auch bem Proteftantismus nicht zum völligen Siege.
So ging Deutfchlanb, in ber Religion gefpalten, im Staatsleben
aber in folgerechter föberaliftifcher Entwicklung aus bem Kampfe.
Der weftphälifche Frieben ift bas letzte Capitel ber golbnen
Bulle. Der Kampf zwifchen Königthum unb Ariftokratie war
in Deutfchlanb im Ganzen zu Gunften ber Ariftokratie ent=
fchieben. Die zu Staaten auffteigenben Territorien aber führten
ihrerfeits ben Entwickelungsprozeß fort. Wie in Frankreich, fo
war auch hier ber Untergang ber ftänbifch = befchränkten unb ber
Sieg ber abfoluten Monarchie ber Erfolg.

Bevor wir ben weiteren Gefchicken Deutfchlanbs unter ber
Führung bes Kaiferthums folgen, ift es erlaubt zu fragen, an
welchem Punkte in ber weltgefchichtlichen Entwickelung Deutfch=
lanb balb nach bem breißigjährigen Krieg fteht. Uns fcheint es,
als ob man ben Anfang eines großen neuen Geftaltungspro=
zeffes für bas menfchliche Leben richtiger in bas 17., als in ben
Anfang bes 16. Jahrhunberts zu legen hätte.

Auf bem von ben Kämpfen zwifchen Kaifer unb Papft,
von Religionsverfolgungen unb Religionskriegen mit Blut ge=
tränkten Boben ging eine neue Saat auf. Die religiöfen Lei=
benfchaften hatten ihre äußerfte Gewalt in furchtbaren Kämpfen
erfchöpft. Das Gemüth ber Menfchen war für eine milbere
Stimmung vorbereitet, ftrebenbe Geifter wurben geneigt, bie
letzten Antriebe nicht blos auf bem Boben pofitiver Dogmen zu
fuchen. Im 17. Jahrhunbert beginnt in Englanb, Frankreich,
Deutfchlanb eine neue geiftige Regung aus einzelnen Geiftern
in weitere Kreife überzugehen, unb bie erften Schritte aus ber
Welt ber Gebanken in bas Reich ber focialen, politifchen unb
kirchlichen Zuftänbe zu thun. Früher mochte fich wohl auch ein
Denker hier unb ba in biefer Richtung bewegen, aber fein Ge=

banken, wenn er in die äußere Welt trat, fiel auf einen Fels, nicht auf einen für das Aufgehen solcher Saat befähigten Boden. Für diese Befähigung hatte die ganze Kette der Ereignisse im äußeren und inneren Leben der Völker gewirkt, und als Ring dieser Kette hatte in's Besondere die Reformation eine unermeß= liche Bedeutung gehabt. Aber diese Bedeutung war wesentlich eine mittelbare. Die Reformation selbst bewegt sich ihrem Wesen nach auch noch am Ende des dreißigjährigen Krieges innerhalb der obersten Gesetze der geistigen Cultur des Mit= telalters.

In dieser früheren Zeit waren die Menschen ganz beherrscht von der auch durch die denkenden Köpfe gehenden absoluten Neigung, den Kreis des Denkens auf das Gebiet zu beschränken, welches nicht von dem Dogma des offenbarten Glaubens einge= nommen war. Daran schloß sich die Auffassung, daß der mit der Kirche eng verbundene Staat durch alle seine Mittel für die Aufrechthaltung des in seinem Gebiete angenommenen Glaubens unmittelbar zu sorgen, die Abtrünnigen aber je nach der Auf= fassung der Zeit zu tödten, zu foltern, aus dem Lande zu jagen, jeden Falles, so weit es nur immer möglich, in ihren Rechten zu beschränken habe. In dieser obersten Richtung des mensch= lichen Geistes bewegte sich auch die Reformation, sobald sich aus ihr bestimmte Kirchen in einzelnen Staaten entwickelt hat= ten. Die Verfassung der christlichen Kirche war, wie früher durch die orientalische, so jetzt durch die reformirten Kirchen weiter gespalten. Der Cultus und selbst das Dogma blieb nicht dasselbe. Aber die oberste Frage nicht blos für die Geistlichkeit, sondern fast für die ganze protestantische Welt war doch nur: was ist der wahre Inhalt der Offenbarung? Dies war auch die oberste Frage für den Katholicismus. Von einer Trennung der staatlichen und religiösen Aufgaben, war in jenen Zeiten die protestantische Welt, dem Prinzip nach, eben so entfernt, als die katholische. Man hat, dem Gebote der äußeren Noth folgend, auf beiden Seiten bisweilen in Religionsfrieden Compromisse abgeschlossen, einen gewissen Besitzstand anerkannt. Aber dies war überall nur durch die Befürchtung von Repressalien oder neuen Religionskriegen erzeugt, nirgends von dem Prinzip der Gleichberechtigung im Staate getragen. Noch durch den west= phälischen Frieden zieht sich als oberster Grundsatz die Maxime: cujus regio ejus religio. In den Blättern der Geschichte sind nicht nur die Thaten der Inquisition, sondern auch die Foltern und die Justizmorde zur Zeit eines Oates, nicht blos die Ver= brennung von Huß, sondern auch die von Servet und die Hin= richtung Olden=Barnevelvt's, und aus späterer Zeit nicht blos die Vertreibung der Salzburger, sondern auch alles das verzeichnet, was in protestantischen Ländern gegen Katholiken, ja was oft mit gleichem Grimme von einer Confession gegen die andre, z. B. in der Pfalz, in Sachsen zwischen Calvinisten und Luthe= ranern geschah.

Es ist bezeichnend, daß in der Zeit, in welcher diese alten Gegensätze ihre Schärfe verlieren, in welcher die Bewegung der Culturvölker nach dem Prinzip der Dulbung und endlich nach jenem der Gleichberechtigung beginnt, auch der alte mittelalter= liche Streit zwischen Königthum und separatistischer Aristokratie ausgekämpft wird. In England tritt das Königthum zurück; die aristokratische Verfassung war längst mit einer breiteren volksthümlichen Richtung in Verbindung gebracht. Sie verfolgt nun auch nicht mehr einfach die alten Zwecke, sondern nähert sich den durch die neue Richtung der Geistescultur gesteckten Zielen. Die politische Selbstthätigkeit, die Autonomie des Volkes aber bleibt gewahrt. In Frankreich, in den einzelnen Staa= ten Deutschlands entscheidet sich der Kampf zunächst für die unbeschränkte Monarchie. Der Begriff des Staates, die Zwecke desselben werden unter ihrer Herrschaft schärfer und anders gefaßt. In Deutschland entwickeln sich unter dieser Form des politischen Daseins, unter der neuen Cultur des Geistes, unter den, vieles Unhaltbare zerbrechenden Stürmen und Kriegen, neue Keime und Ansätze für eine Selbstthätigkeit des Volkes, für eine, die Monarchie wesentlich beschränkende Autonomie. In Frankreich aber wurde durch die eben sowohl politische als sociale

Revolution mit der Vergangenheit in einer solchen Weise gebro=
chen, daß bis jetzt die unbeschränkte Monarchie der innerste
Kern dessen ist, was nach allen Wechselfällen immer wieder
auftaucht, in einer Weise, welche die Zukunft des Landes im
höchsten Grade ungewiß erscheinen läßt.

Unter diesen doppelten Umgestaltungen ist denn jene
kühne Schwungkraft in die denkenden Geister eingezogen, welche
man früher nicht kannte, ist unsere Zeit mit ihren eigen=
thümlichen Vorzügen und ihren eigenthümlichen Gefahren ge=
kommen.

Fünfter Abschnitt.

Die österreichische und die preußische Monarchie.

I.

Oesterreich zur Zeit der Reichsverfassung von Deutschland politisch nicht geschieden.

Die politische Verbindung zwischen Oesterreich und dem übrigen Deutschland seit Karl's V. Tode wird so aufgefaßt: „Seit vollen drei Jahrhunderten bildete Oesterreich nur dem „Namen nach einen Theil des deutschen Reiches, und stand in „Wahrheit völlig außerhalb der Reichsverfassung und der Reichs= „gesetze. Staatsrechtlich lag das Verhältniß so, daß es mit den „übrigen deutschen Territorien durch eine Allianz verbunden war, „deren peremtorische Voraussetzung österreichischerseits der unge= „störte Besitz der Kaiserkrone war, deren Vortheil ausschließlich „bei Oesterreich, deren Lasten allein bei Deutschland standen. „Oesterreich genoß nach außen des Schutzes und einigen Bei= „standes von Seiten der Reichslande, und übte im Inneren einen „starken Einfluß auf die Verhältnisse des Reiches aus: von Leist= „ungen aber nach außen, und von der Ausführung der Reichs= „gesetze war es auf das Ausdrücklichste dispensirt."

Das Ergebniß einer wesentlich abweichenden geschichtlichen Auffassung lautet so: Seitdem sich das Prinzip der Territorial= verfassung in den Ländern des deutschen Reichs schroff ausge= bildet hat, besonders seit dem westphälischen Frieden und den Wahl=

capitulationen, ist die Reichsgewalt nur noch der Form nach
monarchisch, in Wahrheit ständisch föderalistisch. Sie hat außer=
ordentlich wenig bindende Kraft. Als Monarchie entbehrt sie aller
Mittel, wodurch das Königthum Bedeutendes wirkt. Als Föde=
ration fehlt ihr nicht nur eine den damaligen Zuständen ange=
messene Vertretung aller ständischen Elemente der einzelnen Länder
im Reichstage, sondern — was noch wichtiger — es fehlt der
Gemeinsinn in den Gliedern, das Nationalgefühl im Volke. Die
natürlichen Folgen dieses Zustandes treten deutlich hervor.

Je weniger ein Territorium für sich bedeutet, desto mehr
bedeutet für dasselbe noch der Reichsverband. Je größer die
Bedeutung eines Reichslandes ist, desto mehr sucht und findet
es eine exceptionelle Stellung zu der Reichsgewalt. Dies
geschieht im Verlaufe der Zeit namentlich in Oesterreich, in
Sachsen, in Preußen, in Hannover. Diese Staaten treten alle
der Reihe nach mehr oder minder in europäische Beziehungen.
Oesterreich ist der größte, und zugleich der am meisten in allge=
meine Beziehungen verflochtene Staat. Deshalb wirkt in ihm
jenes natürliche Gesetz bis zu der Zeit, da Preußen durch Friedrich
den Großen in eine ähnliche Stellung gebracht wird, auch am
stärksten. Dennoch steht bis dahin durch den Reichsverband kein
Land in solchen bedeutenden politischen Beziehungen zu allen
übrigen deutschen Ländern wie Oesterreich. Denn Oesterreichs
Herrscher sind ununterbrochen das Oberhaupt des Reiches, die
Führer der Stände und des Reichstages. Deshalb geht von
Oesterreich mehr Einfluß auf das Reich über, als von diesem
auf Oesterreich. Dies gilt von den inneren Verhältnissen, so
weit es die beschränkte Wirksamkeit des Reichsverbandes gestattet.
Es gilt in höherem Grade von den völkerrechtlichen Beziehungen
des Reiches. Dieser Zustand ist höchst einseitig, mangelhaft und
weit entfernt von einer wohlgeordneten deutschen Staatsverfassung.
Aber er war das Beste, was man in dem Deutschland der gold=
nen Bulle und des westphälischen Friedens, in einem Deutschland
ohne Nationalvertretung und ohne Nationalgefühl haben konnte.
Manches deutsche Interesse hat auch nach Außen unter diesem

Zustand gelitten. Aber Deutschland ist, bis Oesterreich und Preußen den Kampf gegen das revolutionirte Frankreich gemein= schaftlich aufnahmen, um ihn nach langer unheilvoller Trennung gegen das kaiserliche Frankreich auch wieder gemeinschaftlich zu beendigen, als Ganzes nach außen erhalten worden. Dies war nur möglich, weil die Wucht Oesterreichs, welches dem Reich den Kaiser gab, thatsächlich zum Theil ersetzte, was die Verfassung des Reiches nicht gab und nicht geben konnte, weil es in den Käm= pfen nach Osten und Westen ein fester Kern und Halt blieb, an welchen sich die Kräfte der übrigen Stände des Reiches anschlie= ßen konnten.

Prüfen wir nun die eine und die andre dieser Auffassungs= weisen an den Thatsachen der Geschichte.

Eine größere Unabhängigkeit einzelner Länder von dem Reichsverbande lag schon in frühester Zeit in der Verfassung, welche Karl der Große den Marken gab. Die Vasen, welche daselbst angesiedelt wurden, um die Herrschaft des Reiches weiter vorzuschieben, um seine Gränze als allezeit schlagfertige Wacht zu schirmen, wurden dem Heerbann des Markgrafen ohne Rücksicht auf die dem Kaiser geleistete Lehnpflicht unterstellt. Auch in dem Kaiserthum der Ottonen und deren Nachfolger be= gegnen wir derselben Thatsache, jedoch keineswegs blos in Bezug auf Oesterreich.*)

---

*) Lange bildete die sächsische Mark und Thüringen die Marke gegen= über dem slavischen Osten. Darauf deutet nach cap. I. §. 10 in vet. auct. de benefic. Im 11. Jahrhundert wird zwar die Markgrafschaft zu Thüringen (Südthüringen sowohl wie die Markgrafschaft Nordthüringen) aufgelöst, aber den Landgrafen von Thüringen bleibt der Heerbann über die Vasallen in Thü= ringen, welchen der Schutz der Mark auf dem rechten Ufer der Saale obgelegen hatte. Die Auflösung der Mark Thüringen hing mit der weiteren Ausbreitung und Befestigung der deutschen Herrschaft im slavischen Osten zusammen. Nach dieser Seite hin wurde nun Brandenburg die weiter vorgeschobene Gränzwacht. Wir nennen hier gleich Brandenburg, ohne auf die älteren Verhältnisse, die Erweiterung des Amtssprengels des Gränzgrafen, welcher zur karolingischen Zeit seinen Sitz in Magdeburg hatte, die besondren Verhältnisse der Markgrafschaft Lausitz, und die Beziehungen zwischen Ostmark und Nordmark einzugehen. — Albrecht der Bär erweiterte seine Nordmark zur Mark Brandenburg, welche um

Wie Brandenburg sich im Nordosten als „ducatus trans-
albinus" mit der eigenthümlichen, von ältester Zeit hergebrachten
freieren Stellung eines Gränzlandes herausbildete, so that es in
noch höherem Grade im Südosten die zum Schutze der unteren
Donau gegründete Mark, in der gewöhnlichen Sprache Oester=
reich genannt. Die Stellung dieses östlichen Gränzlandes wurde
noch befreiter, als nach dem Spruche der deutschen Fürsten
Bayern, welches der Kaiser dem Markgrafen Leopold von Oester=
reich nach der Achtserklärung Heinrich des Stolzen verliehen
hatte, an Heinrich den Löwen — der es später bekanntlich wie=
der verwirkte — in der ersten Hälfte des 12. Jahrhunderts zu=
rückgegeben wurde. Damals lös'te sich die Verbindung zwischen
der Mark Oesterreich und dem Herzogthum Bayern. Dieses
wurde geschmälert; der bisherige Herzog ließ dasselbe, so wie er
es besessen, an den Kaiser auf; aber die österreichische Mark mit
den Grafschaften, die dazu gehörten, wurde ihm als Herzog=
thum und mit besondern Privilegien zurückverliehen. So
wirkte die doppelte Rücksicht, auf Oesterreich als Ostmark und
auf seinen Fürsten, der ein seinem Hause bereits erworbenes
Reichslehen zurückzugeben hatte. Hier liegt der Ursprung jener
berufenen Privilegien, *) welche unter Friedrich III. geltend
gemacht und bestätigt wurden. Es war dies in der Zeit, in
welcher das Reich der Türken zur ersten Waffenmacht Europa's
aufgestiegen war. Das Land des deutschen Reiches, welches dem
Anprall dieser Macht am ersten ausgesetzt war, welches durch

---

die Mitte des 12. Jahrhunderts auch denjenigen Theil der brandenburgischen
und havelbergischen Diöces, in welchem bis dahin noch ein einheimischer sla=
vischer Fürstenstamm geherrscht hatte, und die Feste Brandenburg selbst in sich
begreift.

*) Ich folge der Ansicht, daß nur diejenigen Privilegien wirklich aus jener
Zeit stammen, welche in der ächten Bestätigungsurkunde Kaiser Friedrich's II.
von 1245 enthalten sind, während alles, was sich außer dem noch in der un=
ächten (ursprünglich selbst von Pertz noch als ächt angenommenen) Friderici I.
const. ducatus Austriae 1156 findet, nur allenfalls als Zeugniß von den
Anschauungen und Zuständen jener Zeit Bedeutung hat.

genügende Vertheidigung der Gränze dem Besten des ganzen Reiches, wie kaum ein andres Glied dienen konnte, erhielt nun eine erneute, eine erhöhte Bedeutung als Ostmark des Reiches deutscher Nation.

Wäre die Aufgabe dieser Schrift eine antiquarische oder rein rechtsgeschichtliche, so würden mit dem Inhalt jener Privilegien zugleich alle Abänderungen und Modificationen, welche sie später erfahren haben, zu entwickeln sein. Ein Andres fordert der Versuch, die allgemeinsten Thatsachen, welche die Geschicke Deutschlands bestimmt haben, in ihrer realen Bedeutung zu begreifen.

Als Oesterreich jene Privilegien erhielt, war dasselbe nur deutsches Reichsgebiet; es fehlte ihm noch gänzlich jener nicht=deutsche Länderbesitz, welcher für die spätere Geschichte Oesterreichs und Deutschlands bedeutungsvoll wurde. Auch das ist zu beachten, daß die Bestätigung jener Privilegien in die Zeit fällt, in welcher die Kaiserkrone an das Haus Habsburg gelangt war, um bis zum Ende des Reiches bei ihm zu bleiben. Wäre diese That=sache nicht erfolgt, so hätte sich das Reich auf der Bahn des Territorialstaatsrechts ohne das Gegengewicht eines durch große Hausmacht unterstützten Kaisers fortbewegt. Es hätte sich dann ereignen mögen, daß es schon frühzeitig in verschiedene Staaten zerfallen, und daß es zu Ludwig XIV. Zeit kein politisches Ganzes mehr gewesen wäre. Die Privilegien Oesterreichs würden volle Wahrheit geworden sein für dieses Land, und bald auch für alle Territorien, die ihm an Macht sich näherten. Sie würden sich weiter ausgebildet haben; vollständige Unabhängigkeit der bedeu=tendsten Reichsstände und Kriege, in welchen ein Theil der klei=neren Territorien untergegangen wäre, würde die wahrscheinliche Folge gewesen sein.

Anders wirkte die fortwährende Verbindung der deutschen Kaiserkrone mit der Herrschaft über Oesterreich durch das Haus Habsburg seit Albrecht II. Ein Theil der Privilegien, welche man an Friedrich III. Namen knüpft, blieb nichts, als ein inhaltloser Buchstabe. Ein andrer Theil findet sich in der ab=normen Stellung wieder, welche Oesterreich im Reiche einnimmt,

er findet sich aber (ganz oder theilweise) in einer analogen Stel=
lung andrer größerer Reichslande. Ein dritter Theil endlich
wird in das gerade Gegentheil verwandelt. Oesterreich wird und
bleibt bis zum Ende des Reiches — mit Ausnahme der Periode
Friedrich's des Großen — der einflußreichste Staat von allen
deutschen Reichslanden in dem Gebiet des gemeinsamen politischen
Lebens, das eigentlich bindende Element in der eines andern
inneren Bandes ermangelnden Reichsverfassung. Deutschland
lebt als politisches Ganzes seit dem westphälischen Frieden mit
und durch Oesterreich. Die Erhaltung einer Verbindung aller
Reichslande, der Schutz des Reiches fällt im Ganzen mit seinem
besondren Interesse zusammen. Neben dieser Wahrheit steht die
andre, daß, wo in einzelnen Fällen das besondre Interesse Oester=
reichs mit demjenigen des Reiches collidirt, das erstere voran=
gestellt wird. Dies ist nichts Besonderes; es liegt tief in der
Natur jedes noch thatkräftigen großen Staates, welcher nicht blos
in der Verbindung mit andren, sondern in sich selbst eine wirk=
liche Bedeutung hat. Es würde heute im Wesentlichen nicht
anders sein, wenn Deutschlands Verfassung wieder auf eine Com=
bination gestellt würde, in welcher die Hausmacht eines Staates,
sei es Oesterreichs oder Preußens, die eigentliche Schwerkraft,
das wirklich Bindende wäre.

Dies wird allezeit die Regel sein, selbst heute, wo das deutsche
Nationalgefühl in den meisten Bundesstaaten ein Factor geworden
ist, welcher in jener Zeit fast ganz fehlte. Es war doppelt natür=
lich in einer Zeit, wo fast alle Glieder des Reiches auf Kosten
des Ganzen zu gewinnen strebten, auch diejenigen, denen ein
aufgeklärter Egoismus hätte sagen müssen, daß nur durch das
Gedeihen des Ganzen, ihr eigener Bestand gesichert sei, in einer
Zeit, wo dieses Streben nicht durch eine kräftige nationale Stim=
mung in Schranken gehalten war.

Ein Blick auf die gemeinschaftlichen Einrichtungen des Rei=
ches und auf seine wichtigsten geschichtlichen Momente zeigt, daß
es sich mit der vermeintlichen Stellung Oesterreichs außerhalb

ober zur Seite Deutschlands nicht anders verhält, als eben gesagt wurde.

Die Gesetzgebung des Reiches war zu keiner Zeit in dem hochgehenden modernen Flusse gewesen. Seit dem westphälischen Frieden fiel aber auch der Schwerpunkt der Gesetzgebung aus dem Reiche in die einzelnen Territorien. Es war nun nicht blos Oesterreich, welches wirklich erlassene Reichsgesetze in seinen zum Reiche gehörigen Ländern vielfach unbeachtet ließ, sondern Aehnliches geschah in den größeren wie kleineren Territorien andrer Reichsstände.*) Zudem hatte ein Theil der Reichsgesetze für Oesterreich in Wahrheit fast gar kein Object, namentlich in soweit sie die Verbindung mehrerer Stände zu einem Kreis betrafen.

Nach unseren Anschauungen liegt ein großer Theil der Be= ziehungen zwischen Gliedern desselben politischen Gemeinwesens auf dem Gebiete der Verkehrsmittel, des Handels, der Zollver= bindungen. Wie stand es mit diesen Dingen in jener Zeit?

Die Verbindung der Länder des Reiches durch die Reichspost war von Wien aus gegründet. Es erwuchs allmählig die zu Anfang des 16. Jahrhunderts für die Beziehungen der bur= gundischen Länder mit Wien begründete Einrichtung zu einer Anstalt für das ganze Reich. Aber Oesterreich selbst sowohl, wie mehrere andere Reichsfürsten hatten schon seit Mitte des 16. Jahrhunderts Territorialposten angelegt. Da sie reichlichen Gewinn brachten, wollten die Reichsstände auch von Rechtswegen ein ausschließliches Recht des Kaisers, Posten zu concessio= niren, seit dem siebzehnten Jahrhundert nicht mehr anerkennen.

Was auf dem Gebiete der Handels= und Zollverbindungen Gedankenloses in jener Zeit geschah, berührt am wenigsten den

---

*) Die Vollziehung der Reichstagsbeschlüsse in den einzelnen Ländern, die Aufbringung der Mittel für Reichszwecke lag in der Hand der Landesherrn; sie wirkten regelmäßig nur für diejenigen Beschlüsse, für welche sie gestimmt. Wo sie den Bewilligungen für das Reich abgeneigt waren, da veranlaßten sie oft ihre eignen Stände, Hindernisse zu machen. Beispiele dieser Art sind schon aus der Zeit Maximilian I. bekannt.

Kaifer und die befondere Stellung Defterreichs. Es ift fo
ziemlich Alles gefagt, wenn man daran erinnert, daß die Wahl=
capitulation den Kaifern auferlegte, die Verbindungen der Kur=
fürften wohl zu geftatten, aber die großen Gefellfchaften der
Kaufleute ganz abzuthun „fo bißhero mit ihrem Gelt regiert,
ihres Willens gehandelt, und mit Theurung dem Reich, deffen
Inwohnern und Unterthanen merklichen Schaden, Nachtheil und
Befchwerung eingeführt". Solchen erleuchteten Maximen der-
fieben oder acht Leuchter des Reiches entfprach es denn natürlich,
daß fich allmählig an den Gränzen der Territorien die Zoll=
fchlagbäume erhoben.*)

Sehen wir nun auf die Inftitutionen des Reichs felbft.
Ueber der praktifch nicht bedeutenden Reichsdeputation fteht der
Reichstag als Grundlage und Schlußftein der politifchen Exiftenz
Deutfchlands. Hier ift das Privilegium, den Reichstag nicht zu
befuchen oder zu befchicken, in das vollftändige Gegentheil um=
gekehrt. Der Reichstag ift ohne den Vertreter Defterreichs, den
Träger der Kaiferkrone, nicht denkbar. Defterreich ift der mäch=
tigfte, der einflußreichfte Reichsftand. In der oberften Reichs=
juftiz ift wohl ein einfeitiges Uebergewicht Defterreichs, keines=
wegs aber eine Trennung deffelben vom Reiche zu conftatiren.**)

---

*) Die Gründe des endlichen gänzlichen Verfalles der Hanfa liegen größ=
ten Theiles in der Handelspolitik der Hanfa felbft. Pofitive Maßregeln des
Reiches haben wenig Antheil an diefem Verfall. Er ift aber auch (und dies
verfteht fich nach dem im Text Bemerkten faft von felbft) durch das Reich nicht
abgewendet worden.

**) Auf dem Gebiet der Rechtspflege ftand der Reichshofrath neben dem
Kammergericht. Derfelbe war zugleich Reichslehenshof und Regierungscollegium
für die Ausübung kaiferlicher Refervatrechte, wenn folche eine rechtliche Erörte=
rung verlangten. Er gab auch, nachdem der geheime Rath des Kaifers als
etwas Befonderes ausgefchieden war, noch in andren Reichsangelegen=
heiten oft Rath. Im Gebiet der Rechtspflege fprach der Kaifer kraft der
Regimentsordnung von 1521 durch diefe Behörde Recht, wenn peinliche Sachen
reichsunmittelbarer Perfonen oder Streitigkeiten über unmittelbare Reichs=
lehen in Frage waren, alfo in allen Sachen, welche nach altem Herkommen
vor ein Fürftenrecht gehörten. Seit Rudolph II. wurden — obgleich die Schrift=
fteller dies als nöthig verlangten — Fürften nicht mehr zur Entfcheidung zu-

9

In alle dem kann man nach Befinden ein Ueberwiegen Oesterreichs unter den Ständen, im Reichstage, in den Reichs=behörden, nimmermehr aber eine politische Trennung, eine nur völkerrechtliche Alliance mit dem übrigen Deutschland sehen. Mit gleichem Rechte würde man etwa auch den Fürsten eines Volkes als nicht zum Volke gehörig, das Oberhaupt eines Staates als neben dem Staate stehend, den Präsidenten eines Collegiums als eine fremde Zuthat zu demselben bezeichnen dürfen.

Die Kreisverfassung erhielt im Verlaufe der Zeit da, wo sich ständige Kreisversammlungen entwickelten, die Richtung, durch gemeinsame Polizeianstalten zu ergänzen, was klei=nere Territorien ohne nachbarliche Beihülfe nicht erreichen konnten.

gezogen; und nach neuerem Herkommen wurde in wichtigeren Sachen das Gut=achten von Reichsständen gefordert, was der westphälische Frieden sanctionirte. — Es ist bekannt, daß zu verschiedenen Zeiten die Functionen des Reichshofraths durch fremdartige Einflüsse, selbst der Beichtväter Kaiser Ferdinand II. und Kaiser Ferdinand III. alterirt wurden. Diesen Mißbrauch suchten die Wahl=capitulationen seit dem westphälischen Frieden zu beseitigen. — Daß der Reichs=hofrath allgemein neben dem Reichskammergericht competent wurde, dafür wirkte einestheils das österreichische Hausinteresse, anderntheils der in manchen Zeiten höchst mangelhafte Zustand des Kammergerichts, dessen Existenz seit seiner ersten Einrichtung sogar einige Male unterbrochen wurde. Es erhellt hieraus, daß wenn man von einer Usurpation der Reichssachen durch den Reichshofrath spricht, die verschiedenartige Competenz desselben streng zu scheiden ist. Nur für einen Theil der an diese Behörde gelangenden Angelegenheiten ist jener Gesichts=punkt zutreffend. Der Reichshofrath behandelte schon seit der durch Ferdinand I. ihm gege=benen Geschäftsordnung die Reichssachen getrennt von den erbländischen. Er faßte im Verlaufe der Zeit alle seine Beschlüsse entscheidend nach Stimmenmehr=heit, während er früher in den meisten Angelegenheiten dem Kaiser nur Gut=achten zur Entscheidung vorgelegt hatte. Seine doppelte Eigenschaft als öster=reichische und als Reichsbehörde tritt recht augenscheinlich darin hervor, daß er seit dem westphälischen Frieden der Visitation durch den Reichs=Erzkanzler unter=worfen wurde. Auch bei der Besetzung des Reichskammergerichts wirkte Oester=reich mit den übrigen Reichslanden zusammen. Der Kaiser ernannte als Reichsoberhaupt den Präsidenten (Kammerrichter) und die Stellvertreter desselben zum Vorsitz in den Räthen (Senaten). Die Präsentation der Bei=sitzer aber stand den Kurfürsten, den sechs alten Kreisen und dem Kaiser für seine Erblande zu.

Der ursprüngliche Hauptzweck war, durch die Verbindung der Stände nach Kreisen die Mittel zu schaffen, um Reichstags= beschlüssen im Innern des Reiches Nachdruck zu geben, und für Reichskriege ein entsprechendes Reichsheer zu haben. Allein lange Zeit legte die Reichsgesetzung den Reichsständen nur ganz all= gemein die Pflicht auf, im Falle der Reichs= oder Kreishülfe gerüstet zu sein, überließ es ihrem eigenen Befinden, ob und welche Anstalten sie zur Aufbringung von Kriegsvolk treffen wollten. Erst nachdem im Jahre 1681 das einfache Contingent für einen Reichskrieg auf 28,000 Mann zu Fuß und 12,000 Reiter gesetzt, und die Aufbringung nach Kreisen, so wie die Vertheilung des Contingents durch die Kreise auf die einzelnen Mitglieder, angeordnet war, bildete sich ein stehendes Kreismilitär und ent= standen selbst Associationen mehrerer Kreise.

Die Natur dieser Zwecke zeigt, daß da, wo ein Kreis nur von einem einzigen Reichsstande gebildet wurde, die Kreisein= theilung kaum mehr Sinn hatte, als wenn h. z. T. eine Bundes= einrichtung für die Aufbringung der von Preußen, Oesterreich oder Bayern zu stellenden Bundesarmeecorps begründet werden wollte. Allein selbst da, wo nur wenige Glieder einen Kreis bildeten und zwar meistens solche, welche schon an sich mehr leisteten, als ihre Kreisquote betrug, ist die Kreisverfassung factisch ganz oder vollständig unausgeführt geblieben. Nur dort wo sehr viele kleine Territorien in einem Kreise zusammentrafen, ganz besonders im rheinischen, fränkischen und schwäbischen Kreise ist sie mit einiger Bedeutung von dem Papier in's Leben über= gegangen. *)

Ganz anders sah es in den übrigen Reichskreisen aus.

Der burgundische Kreis, allmählig verkleinert, umfaßte fast

---

*) Doch auch da nur sehr unvollkommen. Es gab Kreisstände ohne Kreis= lande, und Kreisterritorien ohne Stimme. Die Gränzen der Kreise liefen oft sehr durch einander; und innerhalb einzelner Kreise gab es noch außer dem Kreisverbande stehende Herrschaften, Abteien, selbst Reichsdörfer; dazu die außer= halb der Kreise stehenden ritterschaftlichen Cantone mit ihren Charitativsub= fidien u. dgl.

nur noch österreichische Bestandtheile. Er war in der That
weniger ein Reichskreis als eine Provinz der sich bildenden öster=
reichischen Monarchie, und in den meisten Dingen allerdings
nicht beschaffen, wie ein Kreis es sein sollte. Der österreichische
Kreis war dies noch weniger; denn hier gab es, schon als die Kreis=
einrichtung entstand, wenige Reichsunmittelbare, welche nicht
durch das Erzhaus vertreten wurden, wie die Herrschaft Trasp,
die mit Tirol vereinigten Bisthümer Brixen und Trident, die
Balleien des Johanniter= und des deutschen Ordens.

Nicht anders verhielt es sich mit dem niedersächsischen Kreise,
welcher außer einigen kleinen Herrschaften und sechs Reichs=
städten durch Kurhannover und einen Theil der preußischen Mo=
narchie gebildet war. Das Kreismilitär bedeutete hier nichts;
wohl aber bedeutete etwas die Kriegsmacht der beiden Haupt=
glieder, hinter welcher die brittische Politik und die sich bildende
preußische Monarchie standen.

Das eigentliche Preußen, obwohl Reichsland, war so wenig
einem Kreise zugetheilt als die Lausitz, Böhmen, Mähren, Schlesien.

Auch der obersächsische Kreis war so wenig wie der nieder=
sächsische beschaffen, „wie ein Kreis es sein sollte." Hier kam
neben Preußen Kursachsen die Hauptbedeutung zu. Die natür=
liche Bedeutung des Landes war durch seine Stellung zwischen
Preußen und Oesterreich und, eine Zeit lang, durch seine Ver=
bindung mit Polen erhöht. Allein es hatte schon früher eine
ganz exceptionelle Stellung eingenommen. Es war seit der Ent=
stehung der Reichsgerichte von dem Wirkungskreis derselben aus=
genommen geblieben, und hatte von allen deutschen Ländern am
frühesten eine selbständige Gesetzgebung.

Der Satz, daß Oesterreich durch seine staatsrechtliche Stel=
lung in Deutschland nur Rechte, keine Pflichten übernommen
habe, steht seiner Begründung nach ebenbürtig neben jenem, daß
sein Verhältniß zu den übrigen deutschen Reichslanden dem Wesen
nach das einer völkerrechtlichen Alliance gewesen sei.

Bundesfestungen gab es so wenig als ein stehendes Reichs=
heer zu unterhalten. Die einzige ordentliche Reichssteuer war die

zur Unterhaltung des Kammergerichts. Alle andren Umlagen wurden besonders ausgeschrieben. An den ordentlichen wie außerordentlichen Umlagen aber betheiligte sich Oesterreich. Es hatte für den österreichischen Kreis freiwillig den Beitrag für zwei Kurfürstenthümer übernommen. Aber was weit wichtiger ist, kein Reichskrieg wurde ohne Oesterreich geführt. Es stellte nicht Kreistruppen, sondern trat mit seiner ganzen Macht ein. Es ist in den Reichskriegen mehrere Male in sehr bedeutender Weise unterstützt worden von Ständen, deren Kriegsmacht ebenfalls außer der Kreisverbindung ihre Bedeutung hatte, besonders von Bayern und von Brandenburg, vor Allem zu den Zeiten Max Emanuel's und des großen Kurfürsten. Aber überblickt man alle seit dem westphälischen bis zum Frieden von Lüneville geführten Reichskriege und vergleicht man das, was in denselben die Reichsstände mit dem, was Oesterreich geleistet, so kann man nicht anders sagen, als daß im Allgemeinen Oesterreich das Beste und das Meiste gethan hat. Wenn man nur zwischen den beiden Extremen zu wählen hätte, ob Oesterreich „nach Außen keine Pflichten" oder ob es den Löwentheil der Pflichten übernommen, so kann die Entscheidung gar nicht zweifelhaft sein. Allerdings war dies nicht eine Pflichterfüllung der Resignation. Die Reichskriege schirmten mit Deutschland auch Oesterreich, und nicht selten erhielt mit dem Löwentheil der Arbeit Oesterreich auch den Löwentheil des Gewinnes. Mehrere Male war ein solcher Gewinn nur ein Gewinn für Oesterreich und keiner für Deutschland. Auch das muß zugegeben werden, daß die Einbuße Deutschlands in den ihm nach dem westphälischen Frieden gebliebenen Resten von Elsaß und Lothringen — vermieden worden wäre, wenn Oesterreich nicht zugleich hier und in Italien Interessen gehabt hätte, welche es anfangs beide wahren wollte, von denen es aber zuletzt nur das eine, das ihm wichtiger scheinende, durchzusetzen vermochte. In so weit ist das bis zur Zeit der französischen Revolution von Sybel aufgerollte Bild der großen Kämpfe, welche Oesterreich mit Deutschland führte, vollkommen naturgetreu. Aber was beweist das? Sicher nur, was in der

That keines Beweises bedarf, daß Deutschlands Interesse reiner gewahrt, Deutschlands Macht nach außen auch damals größer gewesen wäre, wenn sich nicht die Territorialverfassung in ihrer Schroffheit ausgebildet hätte, mit einem Worte, wenn sich statt des vielstaatigen Deutschlands ein einziger Staat von den Alpen bis zu dem deutschen Meere gebildet hätte. Dies ist eben so fest= stehend, als es wahr ist, daß unter dieser Voraussetzung man= ches, was jetzt für Deutschland — obgleich nicht auf deutschem Boden liegend — die größte Bedeutung hat, nur eine geringere Bedeutung haben würde, z. B. das österreichische Festungsviereck oder die preußische Festung Posen.

II.

Oesterreich und Preußen als Führer Deutschlands in seinen Kämpfen nach Außen.

Begünstigt durch die Reichsverfassung, in welcher die Terri=
torialhoheit die Reichseinheit weit überragte, und gehoben durch
bedeutende Fürsten, war die preußische Monarchie im Zuge auf=
strebender Entwickelung an Friedrich II. gekommen. Wenig be=
denklich in der Wahl der Mittel, und alle Verlegenheiten des
Gegners klug und kräftig benutzend, stellte sie derselbe n e b e n
Oesterreich, im Reich und im europäischen Staatensystem. Von
da an bewegte sich als leitendes Prinzip der Dualismus eben so
unter der Hülle der Reichsverfassung, wie heute unter der Decke
der Bundesverfassung. Oesterreich führt mit Preußen Deutsch=
land in die aus dem Schooß der Revolution aufsteigenden
Kämpfe; beide leiten es nach langer Trennung aus diesen Käm=
pfen siegreich in den Frieden zurück.

Nicht die politische Berechnung, daß Frankreich übermächtig
aus der Revolution hervorgehen und die Integrität des Reiches
gefährden möchte, hatte beide Mächte verbunden, sondern der
Abscheu gegen die königsmörderische Revolution und die Sorge, daß
ihre Flamme, nicht gelöscht, auch die Grundlage der eigenen
Throne verzehren könne. Aber die Gemeinschaft war von An=
fang an vergiftet durch das tiefe Mißtrauen und durch die
lauernde Eifersucht, welche aus Friedrich II. Thaten zu einer
früher in solcher Weise nicht gekannten Höhe aufgeschossen war.
Sie wurde in ihrem ferneren Verlaufe noch mehr zerrissen da=
durch, daß das beiderseitige Streben nach Besitz= und Machter=

weiterung neben das eine Ziel ein andres stellte, welches nicht gleichmäßig erreicht werden konnte. Preußen trat vom Kampfe zurück und willigte in die Ab=tretung des linken Rheinufers, wenn im Frieden mit dem Reiche diese Abtretung zu erlangen sei. Oesterreich kämpfte fort, aber es unterlag. Abermals und abermals ergriff es die Waffen, zäh und ausharrend im Kampfe, aber seine tapferen Heere mehrere Male einer ungeschickten Führung überlassend. Preu=ßen stand seitwärts, vom Reiche abgewendet, den Blick auf die Demarcationslinie, auf den Besitz Hannovers, auf einen norbi=schen Bund und auf den Kaisertitel gewendet. Der Trennung war das Unglück, dem Baseler Frieden jene von Campoformio, Lüneville und Preßburg gefolgt. Die deutschen Gaue hallten wieder von dem Rufe, rette sich wer kann unter den Schutz des Einzigen, welcher Schutz zu gewähren vermag; und der Rhein=bund wurde das schmachbeladene Kind der Dinge, die ihm vor=ausgegangen, die ihn erzeugt: der Trennung, des Unglücks, der unpatriotischen Selbstsucht.

In dem niedergeworfenen Oesterreich begann nach 1805 das Gefühl der Schmach das Selbstbewußtsein zu heller patriotischer Flamme wachzurufen. Es war wie in Preußen nach 1806. Das edelste Feuer leuchtete 1809 hoch empor wie in Preußen nach 1812. Das Gefühl, welches dasselbe nährte, lag in der Reaction hier des österreichischen, dort des preußischen Selbstge=fühls. Aber hier wie dort griff die Bewegung in die Tiefe des Volksgeistes, und erregte im übrigen Deutschland — und man sprach jetzt wieder zum deutschen Volke — das Gefühl der Zu=sammengehörigkeit in noch höherem Grade, als sie ursprünglich von diesem gemeinsamen deutschen Nationalgefühl angeregt worden war.

Gleich schön und gleich bedeutungsvoll wirkte dieser Auf=schwung Oesterreichs und Preußens für die Erhebung der tief gesunkenen Nation. Oesterreich gab den ersten Anstoß; es gab ihn, nachdem es mehrmals von einem mächtigeren Feinde nieder=geworfen war, als Napoleons Herrschaft noch nirgends gebro=

chen, und als Frankreich und der Rheinbund gemeinschaftlich
gegen dasselbe in Waffen getreten waren. Dieser Aufschwung
wirkte fort, Preußens Volk nahm ihn auf, und trug ihn, als
das Zeichen zum Sturz des Eroberers gegeben war, den wieder=
strebenden König mit sich fortreißend, in ungeheurer Wucht
weiter. Preußen war noch tiefer darniedergetreten, noch mehr
der Schmach war über des großen Friedrich's Staat und Volk
ausgegossen, als über Oesterreich; darum brauste auch von hier
die Woge der vaterländischen Begeisterung noch gewaltiger dahin
in alles deutsche Land als vordem aus Oesterreich.

Aber in einer Beziehung war das Geschick Preußen gün=
stiger als Oesterreich. Wohl hatte dieses die Fahne des natio=
nalen Aufschwungs zuerst und hoch erhoben, wohl trug sie der
Erzherzog Karl selbst dem Feinde entgegen, und nahm von der
ehernen Stirne des großen Soldatenkaisers den Zauber der Un=
überwindlichkeit. Allein Oesterreichs Adler stand allein, und er
sank nochmals. Und all der edle Aufschwung, all das helden=
müthige Ringen erhob sich nicht zur Freude und zu dem Segen
des Sieges für das innere und äußere Leben des Staates. Es
wurde begraben unter der endlichen Niederlage, den schweren
Verlusten, welche der Frieden brachte, den Opfern jeglicher Art,
welche das Land erschöpften, unter dem, in Folge der langen
Kriege nun endlich ausbrechenden Staatsbankerott, und unter
der in all diesen Wirrnissen eintretenden neuen Staatsverwalt=
ung, welche die schöpferischen Gedanken Stadions in das Geleise
einer mechanischen Routine zurückführte. Mit Preußen aber
kämpfte Rußland und bald auch Oesterreich und jedes deutsche
Land. Der Aufschwung des Landes, die neue Stein'sche Staats=
gestaltung wurde nicht in Noth und Elend begraben, sondern
durch Sieg und Ruhm gehoben um — wenigstens noch einige
Zeit — im Staate fortzuleben und zu wirken.

Diesem inneren Entwickelungsgang ist es ganz entsprechend,
daß in dem Befreiungskampfe Preußen die schönere Rolle, die
edlere Wirksamkeit für Deutschland zufiel. In Preußen be=
herrschte den Kampf das zur rächenden Flamme erwachte Volks=

gefühl, welches nicht eher Ruhe hatte, bis der Feind zu Tode getroffen war, welcher es selbst bis zum Tode verwundet hatte. In Oesterreich beherrschte das kalte diplomatische Erwägen des Staatsvortheils und dabei der Argwohn, daß die auf eignen Füßen dahergehende Volksstimmung revolutionär ausarten könne, die Betheiligung am Kampfe und die Art wie man ihn führte. Er wurde geführt wie so viele andre Cabinetskriege vor ihm. Allein das Zusammenstehen von Preußen und Oesterreich auf den Feldern Leipzigs, ihr siegreicher Einzug in Frankreich sind die großen geschichtlichen Thatsachen unsrer nationalen Wieder= geburt, denen freilich das Walten der österreichischen u n d preu= ßischen C a b i n e t t e nicht ebenbürtig zur Seite stehen. Schon unmittelbar vor der Leipziger Schlacht berühren sich die Politik Metternich's, die deutschen Staaten durch Alliancen zu einigen, und die preußischen Projecte der Mainlinie. Wäre Preußen an Oesterreichs Stelle gestanden im Jahre 1809, wäre von ihm der Anstoß zur Bewegung ausgegangen und unter einer furcht= baren Niederlage begraben worden; hätte Oesterreich im Jahre 1809 nicht gekämpft, sondern erst im Jahre 1813 den Kampf aufgenommen mit wachgerufener Volkskraft, unterstützt von Ruß= land, Stadion noch an der Spitze seiner Verwaltung, und hätte es nun auch das übrige Deutschland mit sich fortgerissen zu Kampf und Sieg, gewiß die Rollen wären nicht so vertheilt gewesen wie sie es 1813 waren.*) Und doch wer wollte Oester= reich tadeln, daß es, ein Denkmal zäher Festigkeit für alle Zei= ten, 1809 Deutschland das schönste Beispiel gab? Oder wer möchte die unheilvolle Verkettung meist unabwendbarer Verhält=

---

*) Daß Oesterreich im Jahre 1814 den Krieg nicht mit der Entschiedenheit führte wie Preußen, ist eben so gewiß, als daß man diesen Unterschied weniger an die oberste staatliche Leitung Preußens, als an Männer wie Blücher und Stein, welche in der Stimmung des Volkes und in der Politik des Kaisers Alexander eine Stütze hatten, knüpfen muß. Ueber m e h r e r e wichtige Fragen in Beziehung auf die Verschiedenheit der damaligen Kriegführung zwischen Oesterreich und Preußen und die damit verknüpften diplomatischen Schachzüge streiten noch Behauptungen mit Gegenbehauptungen. Ich halte die Gesammt= heit dieser Fragen noch nicht für vollständig festgestellt.

niſſe verkennen, welche es mit ſich brachte, daß das Oeſterreich
von 1813 nicht mehr das Oeſterreich von 1809 war? Wer möchte
dies nicht wenigſtens eben ſo leicht faſſen als jenes, daß das
Preußen von 1819, welches mit Metternich Deutſchland die
Karlsbader Beſchlüſſe ſchenkte, nicht mehr das Preußen von 1813
war, daß es gerade dasjenige verleugnete, was ſein Volk zum
Sieg geführt, was ſeinen Staat aufgerichtet, ſeinen König aus
tiefſter Demüthigung auf die freie Höhe des Lebens gehoben
hatte, und was in Preußen kaum irgendwo in bedenklicher Weiſe
ausgeartet war?

Es iſt hundert Mal und tauſend Mal geſagt, daß das große
Drama, welches 1793 begann und 1815 endete, keine Wahrheit
in ſo furchtbar ergreifenden Zügen darſtellt, als jene, daß ſich
an die Trennung Preußens und Oeſterreichs Unheil und Schmach
heftet für beide und für das übrige Deutſchland, und daß ihre
Verbindung Heil und Ruhm bedeutet. Aber je mehr die kleinen
Reibungen des Tages, je mehr die niederen Leidenſchaften Kraft
haben, das Ohr für die großen und einfachen Wahrheiten der
Geſchichte zu verſchließen, um ſo mehr führt ein natürlicher
Drang immer und immer wieder zu der Betrachtung derjenigen
großen Wendepunkte, an welche ſich ſolche Trennung und ſolche
Wiedervereinigung für eine lange Zeit knüpft. Und ſo folgen
auch wir der Betrachtung des Baſeler Friedens mit wenigen
Bemerkungen nur, lediglich um nicht ſtillſchweigend einzuräu=
men, was wir nach beſtem Gewiſſen nicht einräumen können.

In welch unheilvoller Verkettung der Plan einer Theilung
Polens mit dem Kriege gegen Frankreich ſtand, iſt ſchon be=
merkt. In dieſen Plan war Oeſterreich wie Preußen verwickelt.
Preußen war es geweſen, welches ihn unter Friedrich II. zuerſt
angeregt, und dann in ſehr abwechſelnder Weiſe verfolgt hatte.
Mit dem durch die erſte Theilung verkleinerten Polen war ein
Vertrag zur Erhaltung ſeiner Integrität abgeſchloſſen worden,
während die geſchraubte Stellung zu Oeſterreich auch zu einem
Bündniſſe mit den Türken geführt hatte. Statt jenem Vertrage
Folge zu geben, hatte ſich ſobann Preußen unter den Mächten

befunden, von welchen die zweite Theilung Polens ausgeführt worden war. Jetzt hatte sich Polen von Neuem erhoben, Koszciusko wollte wenigstens dem verbliebenen Reste Polens die Selbständigkeit erstreiten. Er setzte sein Hoffen auf Preußen; aber Preußen glaubte einen höheren Staatsvortheil in einem weiteren polnischen Erwerbe, als in der allerdings nunmehr sehr schwer gewordenen Erhaltung Polens zu finden. Man stand vor der dritten Theilung desselben. Der Zusammenhang der Ereignisse an der Weichsel und jener am Rhein ist ganz klar, aber ungerecht und unbegründet ist die Behauptung, daß der verhängnißvolle Baseler Frieden nur eine Folge davon gewesen sei, daß Oesterreich, nicht aber Preußen, auch nicht deutsche Jn= teressen im Spiel gehabt hätte. Preußen soll zu diesem Frieden wider seinen Willen durch ein gegen dasselbe gerichtete Offen= sivbündniß zwischen Oesterreich und Rußland veranlaßt worden sein. Darunter sind jene geheimen Artikel verstanden, welche Oesterreich und Rußland ihrer Uebereinkunft wegen der polnischen Theilung beigefügt hatten. Dieser geheime Vertrag bestimmte aber außer andren Dingen eine Cooperation beider contrahiren= den Mächte im Falle eines feindlichen Vorgehens von preußi= scher Seite.

Nun ist die nächste Frage die: ist der Baseler Frieden die Folge dieses Vertrags, oder ist er selbst veranlaßt durch ein vor= ausgegangenes Verhalten Preußens im Sinn und Geist des Baseler Friedens? Für letzteres läßt sich Manches anführen. Mehrere Monate vor jenem Vertrage zwischen Oesterreich und Rußland war Preußen bereits in Separatverhandlungen mit Frankreich getreten. Drei Wege wurden im Cabinet des Königs besprochen: der fortgesetzte Bruch mit Frankreich, eine Allianz mit demselben, und der Mittelweg, welcher dann zum Baseler Frieden führte. Der König neigte entschieden nach der letteren Maßregel. Daß Oesterreich und Rußland nicht ununterrichtet waren, ist sehr wahrscheinlich, da sie über Preußens Haltung laut Beschwerde führten. Zudem entsprach die Art, in welcher Preußen den Krieg am Rhein führte, die Stellung, welche es

seine Truppen einnehmen ließ, seiner diplomatischen Position
vollständig. Als der Erbprinz von Hohenlohe ausnahmsweise
vorging, und einige Lorbeern über den Feind errang, mußte er
den Tadel, daß er eigenmächtig aus einer strengen Defensive
herausgetreten sei, erfahren. Während Preußen sich am Rhein
unthätig verhielt, anführend, es sei zu erschöpft, warf es ein
Heer von 50,000 Mann nach Polen. Und nun bemerke man
wohl, daß der Wendepunkt, welcher Oesterreich und Rußland zu
einer einseitigen Bestimmung über Polen veranlaßte, in eine
spätere Zeit fällt, als der Anfang der Verhandlungen wegen
eines Separatfriedens zwischen Preußen und Frankreich. Dieser
Wendepunkt trat ein, als das preußische Heer vor Warschau
zurückgewichen, von Rußland aber ausgeführt worden war, was
Preußen vergeblich unternommen hatte. Suwaroff erstürmte
Praga im November 1794, Preußen aber unterhandelte mit
Frankreich schon seit dem September desselben Jahres. Erst
als Preußen, verstimmt darüber, daß es nicht den vollen
gehofften Gewinn in Polen ernte, daß ihm namentlich die Ge=
biete von Krakau und Sandomir nicht werden sollten, seinen
Bevollmächtigten aus den bis dahin gemeinschaftlichen Confe=
renzen zurückgezogen hatte, disponirten Rußland und Oesterreich
einseitig im Vertrag vom 3. Januar 1795 über Polen. Ruß=
land sollte etwa 2000, Oesterreich 1000 Quadratmeilen, und
Preußen beiläufig ebensoviel erhalten, falls es diese Dispositio=
nen anerkennen würde. Auf den entgegengesetzten Fall aber
bezog sich der schon erwähnte geheime Artikel des Vertrags.
Diese ganze Haltung Preußens kann also das entscheidende
Motiv gewesen sein, welches zu dem russisch=österreichischen Ver=
trage, oder doch zu dem beigefügten geheimen Artikel führte.

Trotz alledem mag man es als ungewiß auf sich beruhen
lassen, ob nicht auch ohne jene Haltung Preußens sich das Ver=
hältniß zwischen Oesterreich und Rußland einseitig und nach=
theilig für Preußen gestaltet haben würde. Es ist ganz gewiß,
daß die Thugut'sche Politik an sich fähig war, für das österrei=
chische Interesse im Osten ohne Mitwirkung Preußens und in

illoyaler Weise vorzugehen, auch wenn dieses am Rhein eine
aufopfernde Politik zur Erhaltung der Integrität des Reiches
verfolgt hätte.

Dafür aber, daß Preußens Politik im Westen nur durch
jenen Vertrag zwischen Oesterreich und Rußland, in's Besondre
durch die geheimen Dispositionen desselben bestimmt worden sei,
spricht nach Obigem gar nichts. Die Sache ist ziemlich ein=
fach. Das Gefühl, welches zum Kriege gegen Frankreich getrie=
ben, hatte von seiner ursprünglichen Kraft verloren; dieser selbst
versprach wenig Gewinn. Die Stellung zu Oesterreich litt von
Anfang an unter der alten Eifersucht. Nun zeigte sich ein Staats=
vortheil im Osten, für dessen Erlangung der Krieg im Westen
eine lästige Fessel war. In dieser Lage der Dinge trieb man
fast von selbst der Maxime Friedrich's zu, Preußen zu vergrößern,
seine Macht zu heben, ohne Rücksicht auf den Reichsverband und
auf den Reichsfrieden. Man that aber die Dinge nicht, wie sie
Friedrich gethan haben würde, sondern man that sie halb. Man
erntete deßhalb weder im Westen, noch im Osten das, was man
suchte. Man gab den Reichsverband Preis, indem man vom
Reichskrieg zurücktrat, auch als Glied des Reiches einseitig
Frieden schloß, aber man machte auf der anderen Seite auch die
preußische Monarchie nicht groß und mächtig. Im Gegentheil,
der Ende August aufgegebenen Belagerung Warschau's, dem Rück=
zug des preußischen Heeres, war das Vorrücken, der Sieg der
Russen gefolgt; Folge dieses Sieges war es, daß Rußland den
Löwenantheil der Beute nahm, Preußen aber ein Stück der=
selben gewissermaßen hingeworfen wurde. Im Osten und Westen
sank die Achtung vor Preußen zugleich, und militärische Autori=
täten fanden, daß eine Vergleichung der russischen und preußischen
Campagne in Polen nicht blos rücksichtlich des Erfolgs für
Rußland ausfiel.

Wollte man auch — was doch willkührlich wäre — den
Baseler Frieden von den ihm vorausgegangenen Verhandlungen
trennen, und nur die Zeit vom 3. Januar bis zum Friedens=
schlusse betrachten, so finde ich wohl, daß Preußen sich schwer

verletzt fühlt durch die einseitigen Dispositionen Rußlands, daß es daran Befürchtungen aller Art knüpft. Aber ich kenne keinen Beweis dafür, daß es den so sehr in den Vordergrund gestellten geheimen Artikel des österreichisch = russischen Vertrags gekannt hätte. Ja noch mehr, nach dem Abschluß des Baseler Friedens wurde Preußen mit den stärksten Vorwürfen selbst in der Presse überhäuft. Die Sache gelangte an den Regensburger Reichstag, der Berliner Hof bot alle Mittel auf, die Stände des Reichs auf die Seite des Baseler Friedens und der Demarkations=Linie herüberzuziehen; der Wiener Hof wirkte mit aller Entschiedenheit im entgegengesetzten Sinne. Aber auch hier suche ich umsonst nach einer Erklärung Preußens, welche die Bekanntschaft desselben mit jener erst vor Kurzem durch Miliutin veröffentlichten Vertragsbestimmung zeigt.

Gewiß wäre es trotz des zweideutigen Verhaltens Preußens im Jahre 1794 ehrlicher und weiser zugleich gewesen, wenn Oesterreich nicht mit gleicher Münze zurückgezahlt, sondern der Haltung Preußens die größte Offenheit und die größte Entschiedenheit entgegen gesetzt, den ganzen Vertrag mit Rußland nicht abgeschlossen hätte. Man mag dem Spiel, welches diesen Verträgen vorherging, man mag der polnischen Frage, man mag dem bayerisch = belgischen Tauschproject seine natürliche Farbe lassen, sie gefallen durch aufgelegte Schminke nicht besser. Es wird allezeit wahr bleiben, daß das gemeinsame deutsche Interesse im Westen litt, weil Oesterreich, wie Preußen auch fremdartige Interessen verfolgten, weil beide nicht offen gegen einander verfuhren. Aber ebenso wahr wird es auch bleiben, daß Preußen dieser Doppelstellung in einem großen welthistorischen Moment den verderblichsten Einfluß auf seine Stellung zu Deutschland gestattete, daß es aus einem gemeinschaftlichen Kampfe schied, wo Ausharren das oberste nicht blos deutsche, sondern auch specifisch preußische Interesse war.

Wenn irgend etwas nicht blos im Lichte unserer Zeit, sondern auch vom Standpunkte jener Zeit aus Tadel verdient, so ist es der kleine Sinn, der über den nächsten schweren Opfern,

über den zu erwartenden nächſten Vortheilen den verhängniß=
vollen Ernſt der Weltlage überſah, welcher ſich zuletzt auch
gegen Preußen wenden mußte. Wenn man den in den Regier=
ungen lebenden Geiſt nicht von den im Volke wirkenden Trieben
völlig trennen will, ſo ſteht die Frage nach dem deutſchen
Patriotismus im Wiener oder im Berliner Cabinet erſt in
zweiter Linie. Auch in der Nation war die heilige Liebe zum
gemeinſamen Vaterlande eine wenig gekannte Tugend. Sie war
ihr weder aus den Thaten Friedrich's II., noch aus dem reichen
geiſtigen Gehalt, welchen hochbegabte Geiſter dem deutſchen Volke
gegeben hatten, aufgegangen. Erſt in Verbindung mit dem
Druck und der Schmach der Fremdherrſchaft entzündete das gei=
ſtige Leben der Nation jenen Trieb. Auch damals war wohl
von dieſen Dingen die Rede. Aber ein politiſcher Factor war
das deutſche Nationalgefühl ſelbſt nicht in den kleinen Staaten,
und noch weniger in Preußen oder Oeſterreich. Das Jahrhun=
dert war noch nicht abgelaufen, in welchem Herder eine Nation
wie einen ungejäteten Garten voll Kraut und Unkraut betrach=
tete, und in welchem Leſſing die Liebe zum Vaterlande höchſtens
wie eine heroiſche Schwachheit erſchien, welche er gerne entbehre.
Wie man aber auch über dieſen verhängnißvollen Frieden denke,
Eines iſt mir völlig unverſtändlich, die Behauptung nämlich,
daß Preußens Haltung nach dem Frieden die Identität ſeiner
Intereſſen, die Haltung Oeſterreichs die Unverträglichkeit der=
ſelben mit denen Deutſchlands dargethan habe.

Preußen ſoll das linke Rheinufer ſchweren Herzens, Oeſter=
reich leichten Herzens geopfert haben. Aber über die Bedeutung
ſeiner guten Wünſche für die Erhaltung der Rheinlande täuſchte
ſich Preußen wohl ſelbſt nicht. Nicht gewiſſe für die Oeffent=
lichkeit beſtimmte Aeußerungen, ſondern etwa die Anſchauungen
Hardenberg's über den hauptſächlich von ihm zu Stande gebrachten
„ſichern, ehrenvollen und vortheilhaften Frieden" belehren uns
über die innerſten Gedanken Preußens. Der Frieden iſt darnach
ſicher, weil bald alle Reichsſtände Preußens Beiſpiel nachfolgen
werden. Er iſt vortheilhaft unter anderm, „weil wir beſſer im

Stande sind, in Polen die Sachen gut zu beendigen, weil wir Frankreichs Allianz und Freundschaft in der Folge für uns erhalten, und, im Falle Frankreich das linke Rheinufer behält, wir nichts verlieren, sondern durch die zugesicherte Entschädigung einen guten Ersatz erhalten können; endlich weil uns sogar die an Zweibrücken geliehenen Gelder gesichert sind u. s. w." Hier hält jener Geist schon Umgang, welcher ein Jahrzehent später, als u. a. an der hannover'schen Angelegenheit die Freundschaft mit Frankreich zu scheitern drohte, Preußen in einem letzten Versuch, dies Uebel zu beschwören, durch Haugwitz erklären ließ: falls Frankreich beruhigende Versicherungen wegen dieser Angelenheit gebe, sei der König bereit, sofort zu entwaffnen, „und für die Vertheidigung Frankreichs und des gemeinsamen Systems im Nothfall sich zermalmen zu lassen."

Ueberhaupt was sollen Worte und Wünsche, wo Thaten so unzweideutig reden? Wenn zwei im Kampfe gegen einen Dritten stehen, einer von beiden den Kampf aufgibt, der andre seinem Beispiel folgt, freudig oder nicht freudig, und nun verloren geht, was beide zu bewahren die Pflicht hatten: so steht dem ersten kaum zu, einen Vorwurf gegen seinen Gefährten zu erheben. Wenn aber dieser zweite allein noch fortkämpft, der andre nicht nur ruhig zusieht, sondern seinem früheren Mitkämpfer alle Helfer abwendig zu machen, redlich bemüht ist, wenn dann endlich jener nach langem und oft erfolgreichem Ringen das aufgibt, was er allein nicht halten kann: so wäre es eine sehr unglückliche Ironie, ein höchstens auf den Schützen selbst zurückprallender Pfeil, wenn der zuerst zurückgetretene Freund dem andren zurufen wollte: lieber Freund, das hättest du nicht thun sollen; oder, wenn du es dennoch thatest, so hättest du es nur unter dem Ausdruck schmerzlicher Gefühle, nicht leichten Herzens thun sollen.

In der That: sehr ungleich vertheilt erscheinen in der nächsten Zeit nach dem Baseler Frieden die Rollen Preußens und Oesterreichs im Lichte der Thatsachen.*) Um die Auf=

---

*) Daß die Thugut'sche Politik auch noch in jener Zeit geneigt gewesen, auf ungeraden Wegen besondre Staatsvortheile für Oesterreich zu erlangen, ist

faffung jener Zeit zu berichtigen, wird es erlaubt fein, an die wichtigften derfelben zu erinnern. Gleich nach dem Bafeler Frieden fehen wir die Franzofen die Demarcationslinie verletzen. Da Preußen dies ruhig gefchehen ließ, da ferner in der Verthei= digung Düffeldorfs nur drei Compagnien Defterreicher Stand hielten, die pfälzifchen Truppen aber ohne alle Noth capitulir= ten, Mannheim in ähnlicher Weife dem Feind überliefert wurde, fo drangen die Franzofen auf dem rechten Rheinufer vor, und fuchten den Defterreichern in den Rücken zu kommen. Sofort trennten fich denn auch verfchiedene Contingente der Reichsftände von den Defterreichern. Jetzt begann man unter die fchützenden Fittiche des neutralen preußifchen Adlers und hinter die Demar= cationslinie zu flüchten. Aber Defterreich füllte durch eigne Kräfte die Lücken aus, welche der Rücktritt Preußens und Andrer riß. Seine Heere warfen unter Clairfait überall den Feind, und nahmen eine glänzende Pofition gegen Frankreich. Mittlerweile hatte fich — was nach dem Separatfrieden mit Preußen natürlich war — in Frankreich der Grundfatz befeftigt, daß die Abtretung des Rheinufers die conditio sine qua non für einen Frieden mit Defterreich und mit dem Reiche fei.

---

fchwerlich zu beftreiten. Allein thatfächlich hat keine Nebenabficht die Kraft gehabt, fich der Wirklichkeit gegenüber fo weit Geltung zu verfchaffen, um Defterreich, bevor es ganz erfchöpft war, aus dem für fich und für das Reich aufgenommenen Kampf austreten zu laffen. Sodann ift es wichtig, das, was nur auf Vermuthung beruht, von dem gefchichtlich Beglaubigten wohl zu trennen. So ift es ungewiß, ob und in welchem Sinne das alte Lieblings= projekt Bayern gegen Belgien einzutaufchen, nach dem Bafeler Frieden, für Defterreich die Veranlaffung geworden ift, in Verhandlungen mit Frankreich zu treten. (Einer Note Napoleon's vom 13. Septbr. 1802, welche eine allgemeine Andeutung in diefem Sinne gibt, ift von Defterreich, freilich auch nur allge= mein, widerfprochen. Ueberdies war die Politik Napoleon's oft nicht wählerifch in ihren Mitteln, wenn es galt, Defterreich gegen Preußen, Preußen gegen Defterreich, Bayern gegen Defterreich oder Preußen zu hetzen. Nach der gewöhn= lichen Meinung ift die Sache nicht ohne Grund (vergl. z. B. Häuffer deutfche Gefchichte II. S. 19). Allein der eigentliche Inhalt der Verhandlungen, wor= auf — wenn fie überhaupt ftattgefunden haben — Alles ankommt, ift meines Wiffens gefchichtlich nicht conftatirt.

Mehrere Mächte hatten den Frieden vermitteln wollen, aber diese Bedingung war stets festgehalten worden. Der Kaiser, der sie zurückwies, wendete sich in einer sehr entschiedenen Ansprache an den Reichstag.*) Aber diese Ansprache fand kein Echo in dem Verhalten der Reichsstände, und Oesterreich ließ andeuten, daß die Fortdauer einer solchen Haltung es wohl berechtige, eine Entschädigung vom Reiche zu nehmen, wenn der Erfolg des Krieges die Ausdehnung Frankreichs bis an den Rhein wäre.

Der Krieg lag nun ganz auf Oesterreichs Schultern. Es hatte im Jahre 1796 gegen einen mächtigen Feind am Rheine und gegen den in Italien vordringenden Bonaparte zu kämpfen. Nothgedrungen mußte es einen Theil seiner Truppen vom Rheine nach dem Mincio werfen. So konnten die Franzosen unter Moreau tief in Deutschland eindringen. Und wie das Glück einen Augenblick die Fahnen Oesterreichs verließ, da „retirirten" auch flugs die Kreistruppen in ihre Heimath; eine Menge Stände wetteiferten in einer Misere, welche, im Einzelnen zu erzählen, die Feder sich sträubt.

Aber auch Preußen, obgleich nun die polnische Frage erledigt war, und seine Stimmung gegen Oesterreich sich freundlicher gestaltet hatte, ging Schritt für Schritt weiter auf dem einmal betretenen Wege. Es wendete unter dem Eindruck des Vordringens der Franzosen, wo es nur konnte, die Reichsstände von dem Kriege gegen Frankreich ab, und suchte sich selbst ihre militärische und finanzielle Mitwirkung zu sichern. Es trat urplötzlich mit wirklichen oder angeblichen Hoheitsrechten über Nürnberg auf, überfiel, um sie geltend zu machen, mitten im Frieden mit seinen Truppen diese wehrlose Reichsstadt**), und schloß einen weiteren Vertrag mit Frankreich. Derselbe setzte eine neue Demarcationslinie fest. Die 1795 den Worten nach noch festgehaltene Integrität des Reiches wurde nun ausdrücklich, das

---

*) Dieselbe findet man wörtlich mitgetheilt z. B. in Häusser D. G. II. S. 37.

**) Sie wurde aber noch in demselben Jahre wieder aufgegeben, nachdem das Kriegsglück sich gegen Frankreich entschieden.

linke Rheinufer ohne Vorbehalt Preis gegeben; Entschädigungen
aber wurden nicht nur für Preußen selbst, sondern auch für Andre
namentlich das Haus Oranien im Reiche ausbedungen, wenn
deßen Wiedereinsetzung nicht erfolge. Bei diesen Vorgängen
hatten sich die Stände, welche einseitig die Fahne des Reiches
verließen, zuerst auf Preußens Separatfrieden berufen. Preußen
berief sich dann für das, was es 1796 that, wieder auf das Ver=
halten der übrigen Reichsstände.

Aber im August brachten die Siege des Erzherzogs Karl
bei Teining und Amberg noch einmal Licht in diese Trübsal.
Schnell wurde der Feind vom deutschen Boden diesseits des
Rheines vertrieben. Mit dem Waffenglücke wendete sich auch
die Neigung einer Zahl von Reichsständen, Oesterreich in dem
Reichskriege wirklich zu unterstützen, demselben wieder zu. Aber
von der Neigung zu einer kräftigen That war der Weg weit.
Im Jahre 1797 setzte Bonaparte seinen Siegeslauf in Italien fort.
Oesterreich konnte keine Verstärkungen an den Rhein werfen,
mußte im Gegentheil sein Heer schwächen. Hätte Preußen an
seiner Seite gestanden, hätte nur das übrige Reich nach seinen
natürlichen Kräften mitgewirkt, so war Oesterreichs Lage eine
glänzende. Die genügenden Mittel für beide Kriegstheater
wären vorhanden gewesen. So aber errangen die Franzosen am
Rhein einige Vortheile. Doch nicht die Erfolge Frankreichs an
dieser Stelle, sondern die Erschöpfung Oesterreichs nach fünfjäh=
rigem Kampfe, die Siege Bonaparte's in Italien, sein Vordrin=
gen in die deutschen Erblande bis in die Nähe Wiens bestimm=
ten das Ende des Krieges.

Im Frieden von Campoformio lag die Abtretung des lin=
ken Rheinufers, mit Ausnahme einiger kleinen Gebiete, welche
man Preußen ließ, damit es die dafür anderwärts ausbedun=
gene größere Entschädigung nicht erhalte. Oft ist der Zusam=
menhang der französisch=italienischen Kriege gegen Oesterreich
mit den Geschicken Deutschlands am Rhein, aber kaum ist er
jemals in solchen großen, weithin erkennbaren Zügen offenbar
geworden wie damals. Militärische Autoritäten sind verschie=

bener Meinung barüber, ob jener Frieden eine Nothwendigkeit für Oesterreich war, ober ob die Fortsetzung bes Kampfes noch Aussicht auf Erfolg hatte. Wir haben barüber kein Urtheil. Man wird kaum zu einem andern Resultate kommen können, als baß ber fortgesetzte Kampf ein Spiel gewesen wäre, in welchem Oesterreich sein Letztes eingesetzt hätte, ein Spiel, in welchem auf ber einen Seite ein mäßiger Gewinn, auf ber anbren vollständiger Ruin, Hingabe an ben Sieger auf Gnabe unb Ungnabe stanb. Jeben Falles hatte Oesterreich lange, mit großem Kraftaufwanb, unb oft mit herrlichem Erfolge gekämpft. Vereinsamt im Kampfe unb erschöpft, stanb es nur vom Kriege ab, als bas größte militärische Genie seiner Zeit nach vielen gewonnenen Schlachten in bas Herz bes Reiches gebrungen war. Es ist gewiß richtig, baß bie österreichischen Staatsmänner jener Zeit keine Neigung hatten für ben Versuch eines mehr ober minder ungeorbneten Volkskrieges, wozu bie patriotische Stimm= ung bes Landes angethan schien. Allein die Lage ber Dinge war so, baß man in bieser Abneigung nicht bas entscheibenbe Motiv für ben Abbruch bes Kampfes zu suchen braucht.

Die leitenben Grundsätze bes Friebens von Campoformio sinb bekannt. Es ·sinb bieselben, welche im Baseler Frieben ein= geleitet, unb im barauffolgenben Berliner Frieben weiter ent= wickelt, unb anerkannt waren: Säcularisation, Behanblung bes Reichs als eine Masse zur Entschäbigung für bie Paciscenten unb für Anbre, überhaupt mangelnbe Achtung vor bem Rechte Dritter. Durch bie Einziehung Venebigs war biesen Grunb= sätzen eine besonbre Erweiterung gegeben. Die öffentliche Moral verurtheilt beshalb auch biesen Frieben. Eine unparteiische Be= urtheilung hat jeboch zwei Dinge nicht zu übersehen.

Es ist unrichtig zu sagen, baß bie Rheinlanbe für bie Ab= tretung Venebigs geopfert worben sinb. Oesterreich konnte Venebig ausschlagen, ober von bem Verlangen seiner Abtretung zurücktreten: unb bas linke Rheinufer wäre boch nicht beim Reich geblieben. Hier eben lag bas, was Frankreich suchte, wor= auf es ihm am meisten ankam. Nach bem Baseler Frieben war

diese Abtretung fortwährend Bedingung jeder Friedensverhand=
lung, selbst als das Kriegsglück Frankreich nicht so günstig
gewesen war als 1797. Wer wird im Ernste daran denken,
daß man ein Aufgeben dieser Bedingung hätte erlangen kön=
nen, als Napoleon in das Herz Oesterreichs siegreich eingedrun=
gen war. Die Alternative war diese: entweder die Rheinlande
aufzugeben, oder den Krieg fortzuführen. Letzteres konnte Oester=
reich nicht, oder glaubte es, ohne Alles leichtsinnig auf das
Spiel zu setzen, nicht zu können. Es willigte deshalb in die
Abtretung, und trachtete im Uebrigen nach möglichst günstigen
Bedingungen für sich.

Sodann ist der Vorgang des Baseler und des Berliner Frie=
dens und die Haltung der meisten Stände des Reichs in dem Kriege
nicht zu übersehen. Ein ständischer Körper, der sich in einem
großen Nationalkampfe so bewährt hatte, wie der des Reiches,
forderte gewissermaßen dazu heraus, als Mittel der Ausgleich=
ung für Andre zu dienen, welche zu handeln, zu kämpfen ge=
wußt hatten.

Es ist ein unerfreuliches Amt, diese dunklen Schatten der
vaterländischen und in's Besondere der preußischen Geschichte
hervorzuheben. Welche deutsche Feder verweilt nicht lieber bei
dem Edlen und Rühmlichen jedes deutschen und besonders dieses
mächtigen deutschen Staates. Aber diesem Amte kann sich eine
geschichtliche Darstellung nicht entziehen, welche darnach strebt,
ein großes historisches Bild aus einer falschen Beleuchtung in
das richtige Licht zu stellen.

III.

Ist Oesterreich noch heute der Typus des mittelalterlichen Staates, Preußen jener des modernen Staates?

Es ist ein wunderbarer Gegensatz: die heutige Stellung Oesterreichs und Preußens gegen einander und zu Deutschland, und jenes Zusammengehen der Häuser Hohenzollern und Habs=burg in frühester Zeit, ihr allmähliges Wachsen so recht eigent=lich aus dem Schooße des Reichs heraus.

Als sich Deutschland in Rudolph von Habsburg nach schwerer Zeit ein Oberhaupt setzte, da war es sein Schwager und Freund Friedrich von Hohenzollern, welcher ihm dabei die wesentlichsten Dienste leistete, der Besten einer in jener rauhen Zeit, ein Mann, welcher sich auf Lesen und Schreiben gar nicht, aber auf die Pflichten der Freundschaft und Verwandtschaft vortrefflich ver=stand. Unter demselben Kaiser Sigmund war es, daß das Haus Hohenzollern Brandenburg von Kaiser und Reich erwarb, das Haus Habsburg aber sein Stammgut an den Kaiser verlor, von welchem es durch Verkauf an die Eidgenossenschaft kam. Der Schwerpunkt beider Länder war nun entschieden in den Nord=osten und Südosten Deutschlands, zum großen Theil auf den Boden germanisirten Sclaventhums, gerückt. Und wenn der Stammsitz des Hauses Habsburg heute nicht mehr auf deutscher Erde steht, so liegt auch der Hohenzollern, als eine vereinsamte Enclave, fern von der eigentlichen preußischen Monarchie, und ließ auch sie das später erworbene Hoheitsrecht an dem, fast am äußer=sten südwestlichen Winkel Deutschlands gelegenen Fürsten=thum Neuenburg an die Eidgenossenschaft übergehen. Sobann,

in der wirren Zeit der Luremburger waren es wieder zwei
Glieder derselben Häuser, Friedrich von Brandenburg und Herzog
Albrecht von Oesterreich, welche durch mannhaftes Wesen die Blicke
der Wahlfürsten auf sich gelenkt hatten. Die Kaiserwahl schwankte
zwischen Beiden. Aber es wollte scheinen, als ob das Reich
Albrecht's und seines Landes mehr bedürfe, als dieser des Reiches;
denn er wurde endlich einstimmig und gegen seinen Wunsch
gewählt. Friedrich von Brandenburg aber nahm ohne Groll diese
Wahl hin, durch welche die Kaiserkrone an das Haus Oesterreich
kam, um bis zum Ende des Reiches (363 Jahre hinburch) bei
ihm zu bleiben.

Nun entwickelt sich zuerst die österreichische, später die preußische
Monarchie. Hier wie dort erweitert ein deutsches Fürstenhaus,
wo sich dazu Gelegenheit bietet, seine Herrschaft ohne Rücksicht
auf die Sprachgränze oder auf die Gränze des Reiches. Hier
wie dort wird ein deutsches Land der Mittelpunkt eines selbständigen Staates, welcher den Schwerpunkt seiner Existenz nicht
mehr vorzugsweise in der Reichsverfassung, sondern in sich selbst
sucht. Die Aufgabe wird die, nicht blos ein Glied Deutschlands,
das vornehmste Glied desselben zu sein, sondern darneben
etwas Besonderes zu bedeuten in dem europäischen Staatensystem.
Für beide Staaten bleibt aber natürlich das eigene Staatsinteresse
innig verwebt mit der politischen Verbindung, welche zwischen
dem eigenen und den übrigen deutschen Landen besteht. So lange
Oesterreich die Kaiserkrone trägt und Preußen nur eine untergeordnete Rolle spielt, ist das Verhältniß einfach. Die Bewah-
rung des Reichsgebiets, die Erhaltung des Reichsverbands geht
im großen Ganzen Hand in Hand mit dem österreichischen Staatsinteresse. Wo die Interessen des Reichs und Oesterreichs aber
auseinander gehen, leidet regelmäßig das Interesse des Reichs,
freilich fast immer unter großer Schuld seiner Stände. Sie
erfüllen die Pflichten gegen das Reich gar nicht, oder unvoll-
ständig und saumselig. Und doch ist es allezeit nur die Erfüllung gemeinsamer Pflichten, welche das gemeinsame Recht, den
gemeinsamen Vortheil sichert, welche in Collisionsfällen für das

gemeinsame Interesse das Wort führen, und diesem Worte Nach=
druck verleihen kann.

Seitdem sich Preußen neben Oesterreich im Reiche stellt, ist
das Spiel der Kräfte viel verwickelter. Wir sehen Preußen die
Ordnung des Reiches zerreißen, aber auch wieder als obersten
Schutzherrn der Reichsverfassung auftreten. Auch Oesterreich
greift in die Rechte der Stände ein, nimmt aber, zurückgedrängt,
die frühere Rolle wieder auf, die Reichsverfassung, wie sie ge=
geben, zu conserviren. Die Idee, Preußen an die Stelle Oester=
reichs zu bringen, wechselt von der Zeit des Fürstenbundes an
bis zu unseren Tagen in mancherlei Abstufungen mit der Idee
eines gleichmäßigen Einflusses beider Staaten in ganz Deutsch=
land, und dem Plane, aus Deutschland zwei Domänen, eine für
Preußen, die andere für Oesterreich zu machen, dies Alles in
einer doppelten oft sehr verschiedenen Schattirung, der volks=
thümlichen und der diplomatischen. Wer aber die Geschichte beider
Staaten seit Friedrich des Großen Zeit im Einzelnen und genau
verfolgt, der wird finden, daß in diesem Wechsel jeder der beiden
Staaten vorherrschend eine besondere Richtung vertritt. Oester=
reich strebt in der Regel darnach, ganz Deutschland in einem
politischen Verband zusammen zu halten, um seinen Einfluß über
ganz Deutschland zu erstrecken. Preußen, gleichgültiger gegen
die Verbindung aller deutscher Länder, verfolgt das Ziel, ein
möglichst großes Stück von Deutschland, in's Besondere die ihm
zunächst gelegenen Länder in eine innige, von ihm beherrschte
Verbindung zu bringen. Die Demarcations=, die Mainlinie, die
Union sind für uns die hervortretendsten, allgemein bekannten
Ausdrucksformen dieser, in vielen Wendungen zu verfolgenden
Tendenz. Beide Staaten halten so an ihrer Verbindung mit
Deutschland, jeder in einer eigenthümlichen Weise fest.

Darin also, daß beide Staaten, obschon auf eine verschieden=
artige Verbindung mit Deutschland nothwendig verwiesen, den=
noch aus der deutschen Staatsverbindung heraus= und über die=
selbe weggewachsen sind, liegt eine entschiedene Aehnlichkeit beider.
Derselben stehen natürlich auch sehr abweichende Charakterzüge

ihrer Staatsentwicklung entgegen. Diese gingen in früherer Zeit aus confessionellen Unterschieden, aus der Eigenthümlichkeit verschiedener Regenten, doch mehr noch aus einem anderen Umstande hervor.

Unter dem großen Kurfürsten und noch zur Zeit der Thronbesteigung Friedrich's des Großen war Preußen, ganz in der Hand dieser Fürsten, ein kleines aber ein aufstrebendes Land. Die kleine Gegenwart und die ihr entgegengestellte große Zukunft waren ein zu immer beschleunigten Schritten antreibender Sporn, ein Mahnruf zur Wachsamkeit, zu muthigen Unternehmungen. Was zu erstreben, war ein viel Größeres, als was verloren werden konnte. — Der knappe Haushalt im Innern, die strenge absolute Regierung, die Ausbildung des Heeres und des Staatsdienstes, die Entwickelung der sparsamen natürlichen Quellen des Wohlstandes waren Mittel, auf welche dieser Weg die einsichtigen Regenten des Landes führte. In Oesterreich fehlte dieser Antrieb, es war schon ein großes und mächtiges Land. Weiter und massenhafter Besitz wirkten nach innen lange mehr erschlaffend als anregend. Keine inneren Entwicklungsprozesse wie die der Gegenwart gaben Regenten und Staatsmännern jener Zeit den Trieb, welchen der aufsteigende Gährungsprozeß dem preußischen Staatswesen verlieh.

Seit durch Friedrich den Großen Preußen etwas geworden war in der europäischen Welt, stand es wohl an wirklicher Macht den bedeutendsten Staaten des Welttheils so wenig gleich, als dies heute der Fall ist. Aber was zu gewinnen, was zu verlieren war, stand gar nicht mehr in dem Verhältniß, wie ehedem. Es war jetzt in der Regel bei einem bedeutenden Spiele der mögliche Verlust weit größer als der mögliche Gewinn. Deshalb steht Preußen unter dem großen Kurfürsten und Friedrich dem Großen, auch in der äußeren Politik, durch seine Berechnung der Verhältnisse, durch eine frische Initiative, durch kühne Unternehmungen, durch Ausharren in bedenklichen Lagen Oesterreich eben so sehr voran, als von da an das Gegentheil eintritt. Preußen und Oesterreich sind hier vornehmlich in ihrer staatlichen Organisation gedacht. In so fern bildet die Zeit von 1813 und 1815 kaum eine Ausnahme; denn hier nahm die Volksleidenschaft, der kecke Vorgang York's, und das gute, alle= zeit nach vorwärts deutende Schwert Blücher's Diplomatie und Königthum in das Schlepptau. Gerade das Vermächtniß, welches Friedrich der Große seinem Staate und seinen Nach= folgern hinterließ: „toujours en vedette" paßt weit besser für die Epoche vor Friedrich's des Großen Tode, als für die folgende Zeit. Dies ist nicht etwas rein Zufälliges, und erklärt sich nicht allein aus den Charakteren der leitenden Persönlichkeiten.

Trotz dieser eben erwähnten Verschiedenheiten zeigt im Uebri= gen der innere Entwicklungsgang des Staatslebens in der preußi= schen Monarchie und in den deutsch=österreichischen Erb= landen eine weit größere Analogie, als gewöhnlich angenom= men wird.

Die Umbildung des feudalen in den modernen Staat — so weit sie überhaupt vollendet ist — hat bekanntlich in England einerseits, und auf dem Continente andrerseits in grundsätzlich verschiedener Weise statt gefunden. Dort wurde die mittelalter= liche Aristokratie frühzeitig nicht isolirt, sondern, mehr durch zwin= gende Umstände als durch eignes Verdienst, in ein politisches Zu= sammenwirken mit andren Volksklassen gebracht. Es ist daher zum Heil des Ganzen ein aristokratischer Staatsbau im guten Sinne noch heute — obgleich schon erschüttert — der Träger Altenglands, eine Gliederung, in welcher die Schwerpunkte des socialen und volkswirthschaftlichen Lebens einerseits, und der poli= tischen Volksvertretung andrerseits sich zwar nicht vollständig decken — dies werden sie h. z. T. nie — aber doch noch weit weniger nach verschiedenen Seiten hin ganz auseinander fallen. Auf dem Continente ist überall der Durchgang durch die abso= lute Monarchie, durch den bureaukratischen und Militärstaat ge= nommen worden.

In Deutschland in's Besondere hat sich diese Umbildung nicht in dem Reiche, in welchem vielmehr das mittelalterliche Ständewesen über das Königthum siegte, sondern in den ein=

zelnen Territorien vollzogen. Die landesfürstliche Gewalt beseitigte die ständische, so weit sie selbst davon beschränkt wurde, und gab dem Adel ein Aequivalent in den ihm vorzugsweise geöffneten Officierstellen und höheren Civilchargen mit Repräsentation. Nach unten dauerten die feudalen Einrichtungen, neben einem sich mehr und mehr vorschiebenden Beamtenthum, in den ritterschaftlichen Besitzungen fort, welche neben ihren privatrechtlichen Gerechtsamen, nicht blos einzelne Exemtionen wie Steuerfreiheit und dergl. hatten, sondern auch Träger von kirchlichen, polizeilichen und Jurisdictionsbefugnissen waren. Dies war ein Torso. Es fehlte das vornehmste, das oberste Recht, welches statt königlichen Dienstes das Gefühl der Selbständigkeit gab. Aber selbst was übrig blieb, nachdem das Haupt fehlte, war nicht mehr das, was es früher gewesen war. Der feudale Staat war selbst nur ein loses Agglomerat verschiedener Stücke, die halb öffentlicher halb privatrechtlicher Natur waren. Die ständische Vertretung nach oben und die Rechte nach unten bildeten ein zusammenhängendes Ganzes; die erstere stützte und erklärte die letzteren. Nun blieben diese, losgelöst von jener, in ganz privatrechtlichem Charakter, als unverstandene und angefeindete Reste übrig, mitten in einem Staate, welcher unter dem absoluten Königthum einen andren Charakter annahm.

Auf diesem Wege sind nun Oesterreich und Preußen den übrigen deutschen Staaten mit Entschiedenheit vorangegangen. Oesterreich begann schon früh unter Ferdinand II.,*) aber griff nicht so radical ein, wie Preußen von der Zeit des großen Kurfürsten an. Dieser Weg mag als ein nothwendiger erscheinen, insoferne, als der segensreichere, jener der organischen geschichtlichen Fortbildung, aus Gründen, die hier nicht zu erörtern sind, nicht gegangen worden ist. Allein man wird ihn doch höchstens als ein nothwendiges Uebel bezeichnen dürfen. Die wechselnde

---

*) Hier sank schon während des dreißigjährigen Krieges in Folge der Religionswirren die Einwilligung der Stände bei dem Besteuerungsrechte zu einer Ausführung landesherrlicher Befehle herab. —

Persönlichkeit des Regenten, seine Kraft oder Schwäche, seine Tugend oder sein Laster erfüllt hier ganz anders, als in einem ständisch oder repräsentativ beschränkten Gemeinwesen das Wesen des Staates, hebt und senkt dasselbe, wie die Welle ein Schiff, welches ohne Ballast segelt. Auf dem Wege der absoluten Herrschaft begegnen sich das Cäsarenthum Frankreichs und das Kaiserthum eines Ferdinand II., das Königthum eines Ludwig XIV. und das eines Friedrich II., die Einflüsse einer Maintenon in Staatssachen, und die der Beichtväter eines Leopold I. oder eines Rudolph II. in wechselndem Kolorit.

Die Wirksamkeit des absoluten Willens geht von oben bis unten. Nirgends ist ein Punkt gegeben, wo er anhalten müßte, weder in der socialen Gliederung des Volkes noch in den Behörden. Selbst die Unabhängigkeit der Justiz dauert, sobald sie großen und wiederholten Anstoß erregt, nicht länger, als es dem absoluten Willen des Gesetzgebers beliebt. Es gibt aufgeklärte absolute Monarchen, aber es gibt — wovon man heutzutage so oft spricht — durchaus keinen aufgeklärten Absolutismus als staatsrechtliche Form. Deutschland, dessen Fürsten dem Beispiele Oesterreichs und Preußens folgten, bietet manches Beispiel eines auf solchem Wege im Sinne des allgemeinen Besten vorschreitenden Gemeinwesens; aber es ist auch nicht arm an Beispielen der entgegengesetzten Art.

Der eben hervorgehobene Gegensatz besteht nicht blos zwischen verschiedenen Staaten, er wird auch für einen und denselben Staat in verschiedenen Perioden lebendig. Dies gilt für Preußen und in noch höherem Grade für Oesterreich. Leopold I. konnte, weil er freiere Hand hatte, mehr Gutes hindern, mehr Uebles thun, als ein Ferdinand I., wäre er auch wie jener gesinnt gewesen. Dem großen Kurfürsten steht in Maria Theresia das Musterbild einer deutschen Frau, ein ganzer König, dem Genius eines Friedrich II. steht der reformirende Geist eines Joseph II.; aber in ganz andrem Sinne steht auch Franz II. Friedrich Wilhelm II. gegenüber. Wenn die lange Regierung eines Leopold I. einen düstern Schatten über seine Länder wirft, so darf man

auch an die Persönlichkeit von Friedrich's des Großen Vater die
Frage knüpfen, was aus Preußen möchte geworden sein, wenn
sein Walten nicht durch des Sohnes größeren und freieren Geist
ausgeglichen worden wäre? Obgleich er die Staatskassen mit
Geld, und stattliche Regimenter mit großen Soldaten füllte,
würde doch eine Folge von mehreren Monarchen in seinem Styl
aus Preußen weniger das Muster= als das Zerrbild eines moder=
nen Staates, schon nach wenigen Generationen, gemacht haben.

Erst nach Verlauf einer längeren Zeit hat, in Preußen so=
wohl wie in Oesterreich, eine mehr von unten angeregte Be=
wegung die Art an einen Theil jener Rechte gelegt, welche als
Ueberbleibsel des feudalen, in dem Unterbau des absoluten
Staates von dessen Regenten stehen gelassen waren. In manchen
Stücken begann Preußen etwas früher zu reformiren; dagegen
ist ihm Oesterreich auf diesem Gebiet im vergangenen Jahr=
zehnt nachgekommen, theilweise selbst voraus geschritten. Dies zei=
gen u. a. die statistischen Nachweise über Grundentlastung, Besteue=
rung des Kirchengutes und der eximirten Güter und die Auf=
hebung der gutsherrlichen Gerichtsbarkeit und Polizei. Und
will man die Beschränkung der freien Bewegung durch Zünfte
in das Gebiet des mittelalterlichen Staates ziehen, so hat man
sich zu erinnern, daß in Oesterreich das Prinzip der Gewerbe=
freiheit vollständiger als in Preußen und in fast allen deutschen
Staaten anerkannt ist. Dies Alles hängt nicht mit der neuesten
Phase des österreichischen Verfassungslebens zusammen, sondern
ist schon vordem eingeführt. In dieser neuesten Zeit aber
ist der Staat selbst auch auf dem confessionellen Gebiete aus dem
Stadium der Toleranz vollständig in das der Gleichberechtigung
übergetreten.

Das Wichtigste was zu thun bleibt, besteht in der Besei=
tigung einzelner durch das neueste Concordat begründeter exclu=
siver Rechte der katholischen Kirche in Dingen, die nicht rein
katholisch sind, und in einem Culturgebiete, welches h. z. T.
nicht mehr ein rein kirchliches ist. Es gilt aber, nicht
blos zu reformiren, sondern auch zu conserviren. Gegenüber

der Josephinischen Tendenz ist das wirklich Gute des Concordats, ist die der Polizeigewalt des Staates möglichst entrückte Selbstän= digkeit der katholischen Kirche um so entschiedener zu wahren, als derselbe Grundsatz auch für die protestantische Kirche in einer Entschiedenheit vom Staate bekannt wird, welcher nachzu= eifern, die meisten deutschen Staaten Ursache haben. Die öster= reichische Volksvertretung scheint, in ihrer völlig gerechtfertigten Verstimmung über das Concordat, die guten und üblen Seiten desselben nicht genügend zu scheiden, und in dem Streben, Dinge, die zugleich einen kirchlichen und weltlichen Charakter haben, zu sondern, weiter zu gehen, als es nach richtigen Grundsätzen nöthig, und als es nach den gegebenen Zuständen räthlich ist. Nirgends ist es wichtiger, als auf diesem Gebiete, daß sich die österreichische Reformpartei im wahren Interesse ihrer Aufgabe die richtige Gränze zieht.

Also nicht in dem weniger feudalen politischen Unterbau des Staates steht Preußen Deutsch=Oesterreich voran; theilweise findet das Gegentheil statt. Aber es gibt auf dem staatlichen Gebiete zwei andre Unterschiede, deren Wurzeln tief in die Geschichte beider Länder zurückgreifen. Manche Zweige des Staatsdienstes sind, wenn ich recht sehe, in Preußen in der That weit durchgebildeter als in Oesterreich; wogegen dort auch der schroffe bureaukratische Geist mehr als hier überwiegt. Preu= ßen hat ferner noch einen durchaus wohlgeordneten, Oester= reich einen seit lange aus dem natürlichen Gleichgewicht gekom= menen Staatshaushalt. Der Anfang dieser Unterschiede fällt wesentlich in die Zeit vor Maria Theresia. Während Oester= reich mit seinen Beamten und seinen Finanzen wirthschaftete, wie ein sorgloser begüterter Herr, verfuhren die meisten Regen= ten der kleinen preußischen Monarchie wie sparsame, alle Ar= beitskräfte ihres Hauses anstrengende Familienväter, um aus mäßigem Besitz großen Reichthum zu erzeugen. Nachdem die glänzende Zeit Oesterreichs von 1740 bis 1790 vorüber war, trat hier wie in Preußen eine Periode der Rückbewegung ein; aber Oesterreich hatte nach dieser Zeit öfter und länger Krieg zu führen, öfter große Heere aufzustellen als Preußen. Doch ist weniger dies, als der später in der inneren Staatsverwaltung eingetretene Quietismus entscheidend geworden. Um etwas Concretes, und nicht im Allgemeinen den versäumten Aufschluß reicher natürlicher Hülfsquellen zu erwähnen, so liegt in dem Nachzügeln Oesterreichs im Eisenbahnbau wohl der wichtigste Grund, weshalb seine ordentlichen Staatseinnahmen sich nicht in demselben Maaße gesteigert haben, wie die andrer Staaten, in welchen die Ausgabeetats sich in ganz ähnlicher Weise wie in Oesterreich erhöhten.

Beide Uebel werden und müssen verschwinden in Folge des schon seit einer Reihe von Jahren veränderten volkswirthschaftlichen Systems und in Folge des öffentlichen Lebens, welches neuerdings die Presse, die obersten Staatskörper, die Staatsverwaltung und verschiedene Volkskreise zu durchdringen beginnt. Aber jede Frucht bedarf die nöthige Zeit zu ihrer Reife; und bis dahin können, wenn neue Stürme das hartgeprüfte Land erschüttern, noch schwerere Bedrängnisse als die gegenwärtigen ein unvermeidliches Uebel werden.

Wenn man Preußen als den Fahnenträger der Neuzeit und Oesterreich als den Schildhalter mittelalterlichen Lebens hinstellt, so denkt man dabei in der Regel an Friedrich den Großen. Insofern man aber auf das Vermächtniß sieht, welches er in seinen Werken seinem Volke hinterlassen hat, und nicht auf seine Schriften oder auf die Gedanken und Worte, in welchen er im Verkehr mit den Kindern des Lichtes seinem Geiste einen ästhetischen Genuß verschaffte, so will es scheinen, als ob man oft ohne Weiteres das als modern betont, was eigentlich gar keiner Zeit angehört, sondern was den großen Mann, das praktische Genie jedes Jahrhunderts kennzeichnet. So ist es mit dem schnellen Blick, dem frischen Geistesleben, welches in die pedantische Schwüle seiner Tage wie ein erquickender und befruchtender Regen fiel. So mit seiner Thatkraft, welche in den Beschäftigungen des Friedens alles Begonnene mit Zähigkeit und Einsicht fortsetzte, und unter den Waffen seinem Volke eine

unvergängliche Krone des Ruhmes verlieh, allen Völkern aber
von Neuem die Lehre gab, daß deutsche Waffen auch im Angriff
furchtbar sein können.

In seinem Wirken ist ein durchgehender Zug allerdings
vollkommen modern. Der Glaubensfreiheit, der Unabhängigkeit
des Rechts von religiösen Meinungen ist er, wie im Wort, so
in der That von ganzer Seele zugethan. In dieser Richtung —
hier tritt wieder die Analogie in der inneren Entwickelung
Oesterreichs und Preußens hervor — trifft Kaiser Joseph mit
dem großen Preußenkönig zusammen. Wer aber die geschichtliche Bedeutung dieser Geistesrichtung Friedrich's nach allen
Seiten hin würdigen will, der darf nicht vergessen, daß sie wesentlich freigeistiger Natur war, und mehr oder weniger von
dem Wesen des frivolen voltaire'schen Sinnes trug. Wie ähnlich
in manchen nächsten Zielen, und doch wie verschieden in dem
geistigen Kern ist die Richtung Friedrich's und des großen Denkers, welcher der Nation Nathan den Weisen gab! Beide Richtungen, jene französische und diese deutsche, sind nicht von einzelnen
Individuen geschaffen, sondern waren mit innerer Nothwendigkeit
entstandene Durchgangsformen der Cultur. Aber unsre deutsche
Lessing'sche Art war uns innerlich verwandt, und jene Voltaire'sche
nur ein fremder Tropfen in unsrem Blut, welchen die Natur
wieder auszustoßen strebte. Dabei haben Mittel und Gegen-
mittel oft eine krankhafte Entstellung erhalten. Es ist wohl
nicht ganz zufällig, daß so bald nach Friedrich's Tode Berlin
das Hauptquartier für die eben so flachen als frivolen Bahrdt'schen
und Nicolai'schen Richtungen ward, und daß auf der andren
Seite ein Wöllner und das Religionsedict vom 9. Juli 1788
steht, welches uns wieder an eine ähnliche Rückbewegung erinnert, welche in Oesterreich den Reformen Joseph's folgte.

Ein Andres, was Friedrich als den Schöpfer moderner
Staatsverhältnisse in Preußen bezeichnen soll, ist seine, der Idee
des göttlichen Herrscherrechts abgewendete Auffassung von dem
Wesen des Staates und des Königthums. Das allgemeine Wohl
ist die höchste Aufgabe des Staates und des Königs, welcher nur

sein erster Diener ist. Verwandte Grundsätze gingen in die angeordnete Gesetzsammlung, in „das allgemeine Landrecht" über.

Es ist eine eigne Sache mit den Theorien über Ursprung und Zweck des Staates, über das Wesen und die Grundlage des Königthums. Die orientalische Anschauung, daß der Staat nur ein Mittel für den persönlichen Genuß des Regenten sei, ist nie in Deutschland einheimisch gewesen. Gerade das Fürstenrecht, welches als eine Verleihung Gottes angesehen wurde, mußte in der Regierung eine Pflicht sehen, die Pflicht gut und den gött= lichen Zwecken gemäß zu regieren. Und eine höhere Pflicht kann denn wohl überhaupt keine andre Auffassungsweise auferlegen. Aber was Pflicht ist, was den Unterthanen geistig und leiblich frommt, ist nach Verschiedenheit der Zeiten und Personen oft sehr verschieden beantwortet worden. Viele auch werden durch Ehr= geiz, Eigennutz oder andre Leidenschaften zu Handlungen getrie= ben, welche ihren zu andrer Zeit geäußerten Worten oder ihren Gedanken widersprechen. Derselbe König ist es, welcher den Antimachiavell schrieb, und sich im Geheimen mit Rußland ver= band, um in Polen die Anarchie künstlich zu erhalten, und jeder Befestigung des Königthums entgegenzuarbeiten. Es hat daher nach dem einen und nach dem andren System Regenten gegeben, welche die Wohlthäter und solche, welche der Fluch ihres Ge= schlechts waren. Der eine und der andre Begriff vom Wesen des Staates und des Königthums hat pflichtgetreue und pflicht= vergessene Beamte erzeugt. Ohne deshalb diesen Speculationen alle Bedeutung zu nehmen, darf man doch sagen, daß es für einen Regenten weit weniger wichtig ist, sich mit solchen Theo= rien zu beschäftigen, als auf bleibenden festen Grundlagen Institutionen zu schaffen, zu fördern, zu erhalten, welche zu dem Wohl des Staates und des Volkes beitragen, welche gute Könige nicht verhindern, sehr viel Gutes zu schaffen, aber schlechten Königen unmöglich machen, ungehindert überall Verderbliches zu thun, welche überhaupt — wenn auch einzelne Mängel ihnen ankleben — Bestand und Wohl des Staates weder von den

wechselnden Persönlichkeiten der Regenten, noch von vorüber=
gehenden Aufwallungen der Volksmassen abhängig machen.
Friedrich's Wirken vermählte den Glanz des Genie's mit
dem schon gegebenen unbeschränkten Königthum, und senkte es
tief in die Geschichte seines Volkes. Er begegnet sich darin mit
Ludwig XIV. Denn so wenig der Grundsatz der damaligen
Jurisprudenz: si veut le roi, si veut la loi, als das gleich=
bedeutende Wort des Königs: l'état c'est moi wollte sagen, daß
Frankreich nur ein Mittel für persönliche Zwecke seines Königs
sei. Beides bedeutete nur, daß Staat und Königthum in so fern
in Eins zusammen fällt, als der König allein das Gesetz des
Staates giebt, und keine selbständige Gliederung im Volke duldet.
Friedrich ließ alle mittelalterlichen Schranken im Zunftwesen,
im volkswirthschaftlichen System, er erneuerte weder die alten
Stände, noch erfaßte er den Gedanken, dieselben in Verbindung
mit andren Elementen zu verjüngen. In der Provinz, in der
Gemeinde wurde kein Anfang zu selbständiger Verwaltung, zur
Anregung der eignen Volksthätigkeit gemacht. Der Sinn für
die Bedeutung der Volksschule selbst ging hier und da ganz in
dem Bestreben unter, in derselben eine Versorgungsanstalt für
invalide Soldaten zu finden. Was man auch im Einzelnen für
die Besserung bäuerlicher Verhältnisse versuchte: man legte die
Hand nicht an die Grundübel, an die Erbunterthänigkeit, an den
Mangel eines bestimmten Maaßes für viele feudale Abgaben.
Die bäuerlichen Zustände blieben deshalb weit verkommener, als
in vielen andren deutschen Ländern, z. B. am Rhein und in
manchen Theilen Sachsens. Der Adel, dem König gegenüber
eine Null, blieb im Besitz aller Exemtionen und gutsherrlichen
Regierungsrechte nach unten, welche, aus dem ursprünglichen
politischen Zusammenhang herausgerissen, als Trümmer des im
Uebrigen verleugneten ständischen Staates, keinen Sinn mehr
hatten. Wir begegnen sogar Rückschritten auf diesem Gebiete.
Der große Kurfürst hatte in ganz andrer Weise als Friedrich II.
Talente ohne Rücksicht auf Geburt aufgesucht, und sie im Officier=
corps und selbst in der Diplomatie, gewiß nicht zum Schaden

feines Staates, verwendet. Erst aus Friedrich's Zeit stammt die Bestimmung der Ungültigkeit der Ehe eines Adeligen mit einem Bürgerlichen.

Die Persönlichkeit des Königs gab nicht nur dem Staate allein das Gesetz, sie griff in alle Verwaltungszweige unmittelbar ein. Sie bestimmte den Beamtenstand zwar zu großer Thätigkeit und Pflichttreue, förderte aber auch den Mangel an Selbständigkeit, die Unfähigkeit, in wichtigen Dingen sich selbst und gut zu helfen, welche immer auf die Winke von oben wartet, und rathlos ist, wenn sie fehlen. Daß in jener Zeit Friedrich sehr Vieles zu thun nicht möglich war, was heute bei veränderten Bildungszuständen möglich ist, ist eben so einleuchtend, als daß für viele Dinge der Anfang hätte gemacht werden können, gewiß weit eher, als in England damals, als zuerst ein Unterhaus einberufen wurde.

Daß Friedrich die eben bezeichnete Richtung ging, mag immerhin aus dem Geiste seiner Zeit, und deshalb nicht hart beurtheilt werden. Friedrich war absoluter Monarch, und er, der in Dingen der Religion jede freie Aeußerung zuließ, gestattete sie in Dingen der Politik, des Königthums in seinem Lande keineswegs. Aber auch er war ein Kind seiner Zeit und das absolute Königthum lag in der Luft. Nicht blos die Dynastien, auch die Publicisten — „die Ober= und Kerzenmeister der Souveränitätsmacherzunft," von denen Moser redet — verloren die Erinnerung an die „alte deutsche Freiheit;" sie dachten nicht daran, eine bessere, eine neue deutsche Freiheit zu bilden, sondern machten einfach den Sprung aus den krankhaft separatistischen „Freiheiten" in die centralisirte Unfreiheit. Wer nun darin vornehmlich das Wesen des modernen Staates sieht, der wird Friedrich als politischen Reformator eine andre Rolle geben, als derjenige, welcher darin nur einen Uebergangszustand erkennt, welcher besser durch eine Umbildung des Alten ersetzt worden wäre. Dieser Uebergangszustand ist dann so sehr ausgebeutet worden, daß die besten Keime des modernen Staatslebens nur schwer Wurzel schlagen, meistens nur unter gewaltsamem Streit

ter sie umgebenden Dinge aufblühen konnten, und daß wir noch
heute an unvermittelten socialen Gegensätzen kranken.

Gewiß, die persönliche Verwaltung Preußens durch Friedrich
den Großen ist voller Lichtseiten, trotz mancher Härten und Un=
gerechtigkeiten im Einzelnen, trotz der großen für seine Zwecke
verlangten Opfer, welche sein Volk schwer drückten, und schließlich
in ihm die Sehnsucht nach einer Regierungsveränderung er=
zeugten. Aber was war Preußen ohne Friedrich? Er verließ
einen Staat, der ganz das war, was sein König aus ihm formte,
einen Staat mit höchst unsicherem Geschicke, eine Maschinerie,
die vortreffliches leistete, wenn ein ausgezeichneter Werkmeister
die Kurbel drehte, aber sehr wenig, wenn eine unfähige oder
mittelmäßige Hand die Leitung derselben übernahm. Der innere
Zerfall des Staates begann deshalb auch gleich nach Friedrich's
Tod, und endete mit der furchtbaren Katastrophe von 1806.

Auch in Oesterreich folgte den Reformen Joseph's eine
Periode der Rückbildung. Hier war die Erscheinung selbst im
großen Ganzen ähnlich wie in Preußen, der innere Hergang
etwas verschieden. In Preußen war seit dem Wirken des
großen Kurfürsten der Boden besser als in Oesterreich für innere
Reformen des Staatswesens vorbereitet. Nun trat aber das
Gegentheil von dem ein, was diesem Zustand angemessen war.
Joseph wollte in weit umfassenderem Sinne den Organismus
des Staates ändern als Friedrich. Preußen nach Friedrich dem
Großen hat daran gelitten, daß dem Boden des Volkslebens
weniger Saatkörner, Oesterreich unter Joseph daran, daß ihm
mehr Saatkörner anvertraut wurden, als er zu nähren ver=
mochte. Hier liegt einer der Gründe, weshalb die Reformen
Joseph's sich schließlich gegen ihren eignen Schöpfer wendeten.
Wichtiger war, daß Joseph ein weit geringeres praktisches Genie
zeigte, als Friedrich, indem er überall und ohne rechte Stätig=
keit eingriff. Am entscheidensten aber wurde der verhängnißvolle
Irrthum, welcher ihn trieb, nicht blos unter die Mißbräuche
der Hierarchie und des Mönchthums mit weltlichem Arm zu
fahren — dadurch gewann er vielleicht mehr Freunde als Feinde —

sondern auch in die innere Organisation des Kirchenthums, in den Cultus selbst einzugreifen. Es ist jedoch ein Irrthum, wenn man glaubt, daß die Folgen von Joseph's großartiger Thätigkeit mit ihm verschwunden sind. *) Tiefer als es geschehen und unmittelbarer würde Joseph's Wirken in Oesterreichs Geschick eingegriffen haben, wenn seinen Nachfolger nicht so rasch der Tod ereilt hätte. Er war wie dazu geschaffen, den verfahrenen Wagen in das rechte Geleise zu bringen. Er liebte nicht, mit dem Kopfe gegen jede feste Wand von Mißbräuchen und Sonderinteressen anzurennen, aber er verstand es, sie zu untergraben, und blieb mit seinen Planen nicht in den Spinnengeweben hängen, welche in den hohen Sälen der Herrscher oft eben so still als geschäftig gesponnen werden.

So wenig sich in der inneren Politik seit 1740 bis zu Friedrich's Tode ein durchgreifender Gegensatz zwischen Preußen und Oesterreich findet, ebenso wenig in der Stellung zum Reiche. Zunächst war es Friedrich, der die Ordnung desselben störte und den Plan vorbereitete, die Kaiserkrone jeden Falles dem Hause Oesterreich zu entfremden, um, wenn es sein könnte, sie später an das Haus Brandenburg zu bringen. Da war das Reich gegen ihn, und der Regensburger Reichstag sprach die Execution aus gegen den Friedensstörer. Dann kam die Zeit Joseph's. Er wollte die Reichsverfassung wirklich bessern und legte die Hand an den Augiasstall von Mißbräuchen des Kammergerichts und des Reichshofraths. Aber auch er war, wie Friedrich, von dem Streben nach größerer Macht und von dem Geiste der absoluten Herrschaft erfüllt. Auf diesem Boden erwuchsen die versuchten Uebergriffe in die Rechte der Stände des Reiches und seine Vergrößerungspläne. Aber wie der alte Zustand im Wesentlichen gegen Friedrich's Ziele noch Halt genug gezeigt, wie dieser wohl ein Stück Land, aber in der Hauptsache nicht gewonnen

---

*) Statt einer speciellen Nachweisung dieses Satzes aus einer Vergleichung der Geschichte Oesterreichs nach Joseph und vor ihm, genüge eine Bezugnahme auf Häusser: Deutsche Geschichte 3. Ausgabe I. S. 153 u. 154.

hatte, was er suchte, so hielt derselbe alte Zustand jetzt auch gegen Joseph's Pläne Stand. Im Wesentlichen mußte er sie aufgeben, doch trug, wie Preußen unter Friedrich, so Oesterreich unter Joseph einigen Gewinn davon. Die Stellung der Mo= narchen beider Länder gegen einander war, wie die der Fechter im Schauspiel. Laertes verwundet den Hamlet, in der Hitze des Gefechts nimmt Hamlet den Degen des Laertes und ver= wundet diesen. Preußens weitere Plane waren gescheitert an der Unterstützung, welche der Reichsverfassung und dem bis= herigen Kaiserthum wurde. Joseph's Plane scheiterten ebenfalls an der Hülfe, welche die morschen Zustände der Reichsverfassung noch fanden. Friedrich selbst war es, welcher das Panier der= selben, so wie sie einmal war, mit allen ihren Mißbräuchen hoch erhob, welcher aber freilich bei dieser Gelegenheit Rußland den Weg der Einmischung in die inneren Verhältnisse Deutschlands, nicht blos bei dem Friedensabschluß zu Teschen, sondern mitten im Frieden zeigte. Niemals ist Friedrich's, niemals ist Preußens Einfluß in Deutschland so groß gewesen, wie damals, als jener den Fürstenbund abschloß, als ihm die Reichsverfassung das Mittel wurde, gegen die Uebergriffe Oesterreichs einzutreten.

Kurze Zeit nur leitete Oesterreich, in seine frühere Position zurückgedrängt, die Angelegenheiten des Reichs wie ehedem. Es kam schnell die Zeit des Krieges mit Frankreich, des Baseler Friedens und jenes von Campoformio. Dieser Zeit ist eben so, wie der rückläufigen Bewegung, die in beiden Staaten in der= selben Zeit eintrat, gedacht. Auch der Aufschwung, welcher aus der Reaction der besseren inneren Kräfte gegen die Folgen der Niederlagen beider Staaten in den Napoleonischen Kämpfen sich erhob, und der Verlauf dieses Aufschwungs ist schon erwähnt. Hier stoßen wir an die Metternich'sche Periode, und in ihr wie= derum auf eine ganz ähnliche innere Entwickelung in Oesterreich und in Preußen.

Ich widerstehe dem Reize, Metternich's vielseitiges Wirken darzustellen, die Stellung, welche er Oesterreich in Europa gab, seine Staatsverwaltung im Kaiserreiche selbst, seine Thätigkeit im

Bunde und die Absonderung, welche sich in vielen wichtigen
Lebensbeziehungen zwischen Deutsch=Oesterreich und dem übrigen
Deutschland an seinen Namen knüpft. Das Geschlecht, welches
jetzt lebt und wirkt, ist unter den Eindrücken jener Zeit, des
Zerfalls von Vielem, was damals gegründet wurde, und im
Gegensatz dazu unter dem Eindruck der Entstehung und Aus=
bildung des segensreichen, so wesentlich mit der geographischen
Lage Preußens zusammenhängenden Zollvereins aufgewachsen.
Daher kommt es, daß Viele dasjenige, was nur eine Phase in
dem gemeinschaftlichen Leben Oesterreichs und Deutschlands bildet,
weil es das Nächste, das am besten Gekannte ist, auch ohne Wei=
teres für den normalen Ausdruck dieses Verhältnisses nehmen.
Und doch hat der Gang der Geschichte kaum irgend eine Wahr=
heit so evident dargelegt, als die, daß jene Politik im Innern
des Kaiserstaates und in seinem Verhältniß zu Deutschland zwar
(zufolge geographischer und andrer Ursachen) leichter und voll=
ständiger durchzuführen war, als in jedem andren deutschen
Staate; daß aber auch beides sich nirgends so unheilvoll und
naturwidrig als in Oesterreich durch die folgenden Ereignisse
bewiesen hat. Die meisten hervortretenden geschichtlichen Grö=
ßen haben die vorherrschende Richtung ihrer Zeit energisch auf=
gefaßt und, von Erfolg zu Erfolg fortschreitend, einseitig ausge=
beutet. Wenige haben, wenn nicht freie Organe des öffentlichen
Lebens sie daran mahnten, sich bemüht, das im Leben vorzube=
reiten, wovon nur erst die geistigen Keime in den Geistern der
Menschen zerstreut und ungesammelt lebten. So ruhte auch
Metternich's Wirken auf dem vorwiegenden Bedürfniß Europa's
nach Ruhe, welches der langen wilden Kriegszeit, den fortwäh=
renden Aenderungen in dem Bestande der Staaten gefolgt war.
Aber wie einseitige Gestaltungen andrer Art, wie die napoleo=
nische Herrschaft, der durch und durch persönliche und absolute
Staat Friedrich's II. in sich selbst den Grund der Umkehr
trugen, so war es auch mit dem Metternich'schen System in
Oesterreich selbst und in seiner Stellung zum Bunde.
Wenn man vom Metternich'schen Systeme spricht, so soll

man aber nicht vergessen, daß es in jener Zeit allerdings nur einen Mettternich, daß es jedoch sehr viele kleine Metterniche gab, und daß Prinzipien, ähnlich denen Metternich's, vieler Orten sich üppig entwickelten. Dies gilt wieder ganz besonders von Preußen, welches bis 1840 in den politischen Tendenzen des inneren Staatslebens und in seiner Stellung zum Bunde Oesterreich glich, wie ein Ei dem andren. Man nennt, wenn man z. B. von den Carlsbader Beschlüssen spricht, in der Regel nur Metternich. In der That steht Preußen hier und in den folgenden ähnlichen Staatsacten vollkommen ebenbürtig neben Oesterreich.

Unter den Staaten, welche der damals eingeschlagenen Richtung widerstrebten, sind besonders Weimar und Würtemberg zu nennen. Die Stellung Weimars schloß sich an die besten Traditionen der Geschichte dieses Landes und seines Fürsten= hauses an, sie war ganz im Dienste des freien geistigen Lebens. Die Opposition Würtembergs ruhte theils auf der Hochschätzung der neu erworbenen vollen Souveränität, welche alle Eingriffe in das innere Staatsleben möglichst abwehren wollte, theils auf den üblen Erfahrungen, welche der König mit seinen althistori= schen Ständen gemacht hatte. Es hatte ihm nicht gelingen wollen, mit denselben die Angelegenheiten des Landes, wie er es wünschte, zu ordnen. Die Opposition dieses Staates war nicht ohne bedeutende Folgen gewesen. Man hatte sich in den Carls= bader Conferenzen auf die provisorischen Maßregeln gegen die Universitäten und die Presse, so wie auf das Institut der Cen= tral=Untersuchungskommission beschränken müssen. Die Haupt= aufgabe, Art. 13 der Bundesacte dahin auszulegen, daß Reprä= sentativ=Verfassungen unzulässig seien, war vorläufig aufgege= ben worden. Bei der Umformung des Resultates der Carls= bader Conferenzen in einen Bundesbeschluß widersetzte sich zwar auch Würtemberg der Tendenz nicht, den Beschluß als einen einhelligen zu qualificiren; es stimmte formell zu. Allein es war doch der einzige Staat, welcher wesentliche, genau formu= lirte Bedenken geltend machte. Sie sind in geringerem Maaße gegen den polizeilichen Geist jener Beschlüsse, als dahin gerichtet, die Selbständigkeit der einzelnen Staaten zu wahren.

Das Votum des preußischen Bundestagsgesandten Grafen von der Goltz in der Bundestags-Sitzung vom 20. Septbr. 1819 lautet hingegen einfach so: „unter wiederholtem Ausdrucke des lebhaften Dankes, den die fortgesetzte wohlwollende Theilnahme Sr. Majestät des Kaisers für Deutschland und des deutschen Bundes Wohl und Bestes in Anspruch nimmt, ist die diesseitige Gesandtschaft ermächtigt, dem so gründlich motivirten Präsidial-Antrage und allen damit verbundenen Gesetz-Entwürfen, die ganz mit der Ansicht ihres allerhöchsten Hofes übereinstimmen, unbedingt und in allen Punkten beizutreten.“

In Carlsbad hatte Metternich der kaiserlichen Regierung einfach die „erste Veranlassung“ der dort gefaßten Beschlüsse beigelegt. Später als dieselben sehr angefochten wurden, hat er angedeutet, daß dem Kaiser im Jahre 1819 auf einer Reise in Italien von den Hauptpunkten Deutschlands aus die Nothwendigkeit solcher Maßregeln gegen die damalige Bewegung in Deutschland entwickelt worden sei. Dies ist auf Preußen und Bayern bezogen worden.*) Ein Beweis dafür liegt nicht vor. Die Sache selbst ist auch ziemlich gleichgültig. Für einen Staat wie Weimar mag es einen großen Unterschied begründen, ob er von Anfang an sich in der Richtung der Carlsbader Beschlüsse bewegt, oder ob er ihnen nur in Frankfurt beitritt, nachdem Preußen und Oesterreich und fast alle bedeutenden Bundesglieder sich vorher geeinigt haben. Für einen Staat von der Größe und Bedeutung Preußens ist es unwesentlich, ob er die Initiative in diesen Dingen ergriffen hat, oder der Initiative Oesterreichs ganz einfach gefolgt ist, gefolgt nicht etwa unter dem Drang zwingender Umstände, sondern freudig, aus freiem Antriebe. Daß dem so war, zeigt das votum im Bundestag, und stimmt auch mit dem allgemeinen Gang der preußischen Politik überein. Der Umschwung dieser Politik, der Geist, der

---

*) Aegibi: aus dem Jahre 1819 S. 9.

damals in der obersten Regierungssphäre herrschte, spiegelte sich seit Mitte Juli deutlich in der Preußischen Staatszeitung, und wurde, besonders durch den Grafen Bernstorff, welcher auch Mitglied, der Carlsbader Conferenzen war, vertreten. Die Mehrheit des Ministeriums (Boyen, Beyme, W. von Humboldt) ging noch in andrer Richtung. Sie verfaßte Denkschriften gegen die Carlsbader Beschlüsse; Humboldt nannte sie schändlich, unnational, ein denkendes Volk aufregend. Der König nahm es ungnädig auf. Es erfolgte die Publication der Carlsbader Beschlüsse und einige Monate später die Entlassung Humboldt's.

An die kurze Periode von 1840 bis 1847 und an die Bundesreformbestrebungen Friedrich Wilhelm IV.*), welchen Met-

---

*) Die Opposition gegen den Bundestag folgte seiner Gründung auf dem Fuße. Sie war zunächst democratischer Natur. Etwa seit dem Jahre 1820 trug sie ein separatistisch-particulares Gepräge, und nahm nach wenigen Jahren eine entschieden anti-österreichische Farbe an. Gegen Ende des dritten Jahrzehents traten die materiellen Interessen in den Vordergrund. Damit stand die von Süddeutschland aus angeregte, von Preußen realisirte Gründung des Zollvereins in Verbindung. Mit dem Ablauf des dritten Jahrzehents nahm die Reformbewegung gegen den Bund einen wesentlich politischen Charakter an. Nach der Thronbesteigung Friedrich Wilhelm's IV. wurde die Persönlichkeit dieses Königs der Mittelpunkt eines Strebens, welches den Bund weder sprengen noch democratisiren wollte, welches nicht an einen engeren und weiteren Bund dachte, wohl aber den Bund im Ganzen einheitlicher und zugleich liberaler gestalten wollte. Noch im Herbste des Jahres 1847 und im Frühjahr 1848 wirkte der König von Preußen in Verhandlungen mit Oesterreich auf das lebhafteste für Abschaffung der Censur, Veröffentlichung der Bundestagsbeschlüsse, für Gemeinsamkeit des Rechtsschutzes durch ein oberstes Bundesgericht, Einheitlichkeit des deutschen Wehrsystems, Heranziehung von Sachverständigen und Vertrauensmännern aus allen Theilen Deutschlands zur Förderung der Einheit aller materieller Interessen, für die Erweiterung der Bundestagskompetenz, namentlich die Befugniß desselben, durch Majoritätsbeschlüsse Entwürfe zu Gesetzen zu erheben. Nur wenn Oesterreich und wenn der Bund durchaus nicht zu bestimmen wäre, diesen Vorschlägen beizutreten, sollte, nach der Meinung des Generals Radowitz, dessen Rath der König schon damals hörte, Preußen einzelne Staaten um sich gruppiren, um auf politischem Gebiete ähnlich, wie auf dem des Zollvereins vorzugehen. Nicht um über die Zweckmäßigkeit oder Ausführbarkeit dieser Reformpläne, nicht um für oder gegen dieselben zu spre-

ternich erst, als es zu spät dafür war, Gehör gab, schloß sich
die Revolution, welche Oesterreich noch heftiger erschütterte als
Preußen. Nachdem die revolutionäre Fluth verlaufen, und
der fast schon begonnene Bürgerkrieg durch das Aufgeben der
Hegemoniebestrebungen von preußischer Seite beseitigt war,
folgte die rückfluthende Bewegung. In den gemeinsamen deut=
schen Angelegenheiten sehen wir Rechberg und Uhden, im Inne=
ren hier Bach und Thun, dort Manteuffel und Raumer inner=
lich verwandten Richtungen folgen. Wie in Wien das Con=
corbat, so greift in Berlin ein protestantisches Muckerthum, und
greifen hier und bort Nebeneinflüsse andrer Art in das Staats=
leben ein, bis ein innerer Wechsel, hier die s. g. „neue Aera",
bort der Beginn eines verfassungsmäßigen Zustandes, berechnet
für das ganze Reich, eintritt.

So geht durch die Entwicklung Preußens und der beutsch=
österreichischen Lande, bei manchen erheblichen Verschiedenheiten,
doch ein sehr ähnlicher Zug. Er findet sich selbst in Einzeln=
heiten wieder. Wir erinnern nur an einiges, besonders stark
Hervortretende.

Der Wiener Hof gab lange ein übles Beispiel, indem er
geringschätzig auf beutsche Sprache und beutsche Literatur herab
sah. Besonders unter Leopold I. machte sich das spanische We=
sen in der unangenehmsten Weise geltend. Doch bot damals
das geistige Leben Deutschlands auch wenig Anziehendes dar.
Dagegen ward am Berliner Hofe die Sprache, in welcher Lessing
bereits geschrieben hatte, noch als Viehsprache, und von dem
größten Könige Preußens das Nibelungenlied als ein Buch
bezeichnet, welches er nicht in seiner Bibliothek bulden würde.
Damals wurde bort alle beutsche Cultur zurückgesetzt, alles
Französische künstlich herbeigezogen, während im Gegensatz dazu

chen, sondern nur deshalb wird hier an biese Dinge erinnert, weil sie ben
Beweis liefern, wie selbst an höchster Stelle die Ansichten barüber mehrfach
gewechselt haben, in welchem Maaße sich ein innigerer Bundesverband mit der
eigenthümlichen Stellung eines beutschen Großstaates verträgt.

Joseph II. das französische Theater in Wien aufhob, und dem französischen Gesandten auf seine Beschwerden erwiederte, er möge Aehnliches thun, wie der kaiserliche Gesandte in Paris, nämlich deutsch lernen.

Im Verhalten zu den nächsten Staaten richtete Preußen eine Zeit lang seine Blicke auf das ihm so gelegene Sachsen und später auf Hannover, wie Oesterreich zu einer andren Zeit das Tauschproject wegen das ihm eben so gelegenen Bayerns mit Eifer verfolgte. In beiden großen Staaten Deutschlands erscheinen früh vollständige deutsche Gesetzbücher; beide treten dagegen viel später, als die übrigen in das constitutionelle Staatsleben, und zeigen darin heute noch Mängel, welche viele andere deutsche Staaten bereits überwunden haben. Auch die Aehnlichkeit fehlt nicht, daß man hier wie dort bedenklich wurde, ob die Erfüllung ernster dem Volke gegebener Versprechungen mit den eigenthümlichen Verhältnissen des Staates verträglich sei. Nicht die Revolution selbst, wohl aber innerlich zwingende Verhältnisse, ohne welche es überhaupt keine dauernden geschicht= lichen Gestaltungen gibt, haben Preußen und Oesterreich ihre Verfassungen in der gegenwärtigen Gestalt gegeben. In Preußen blieb lange unerfüllt, was nach den Befreiungskriegen zugesagt war, und auch in Oesterreich wurde die Verfassung von 1849 einfach bei Seite gelegt.

Ist es erlaubt, diese Parallele mit einem Blick in die Zu= kunft zu schließen, so wird man sagen dürfen, daß für beide Staaten die freie Luftströmung eines öffentlichen Staatslebens gleich nothwendig ist, daß es aber in Oesterreich sowohl, wie in Preußen, obwohl aus verschiedenen Gründen, der Existenz des Staates gefährlich werden kann, wenn sich das constitutio= nelle Prinzip ähnlich wie in England — aber bis jetzt ohne die socialen Grundlagen dieses Landes — zu einer Schärfe ent= wickeln sollte, welche den Gang der auswärtigen Politik mittelbar, aber wesentlich in die Hand wechselnder Parlamentsmajoritäten legen würde.

Diese Vergleichung bezog sich auf ganz Preußen und die

zum deutschen Bunde gehörigen Länder Oesterreichs. Nun ist aber der nicht zum Bunde gehörige Theil der österreichischen Monarchie mit den übrigen Kronländern eben so unter eine Verfassung gestellt, wie die zum Bunde gehörigen Provinzen Preußens mit jenen, welche nicht zum Bunde gehören. Es ist deshalb noch ein Wort über die Verbindung der österreichischen Länder und die gemeinsame Verfassung derselben zu sagen.

Die italienischen Besitzungen Oesterreichs stellen sich in der Gegenwart wesentlich als eine starke militärische Position dar, ohne welche einige andere Stücke Oesterreichs schwer, die gegenüber liegende Küste vielleicht gar nicht zu halten wäre. Diese Position hält — um nur diese eine vielleicht wichtigste Seite zu erwähnen — für Oesterreich und für Deutschland nach Süden das Meer offen. Oesterreich wird sie in seinem und in unserem Interesse halten, eben so wie Frankreich das Elsaß mit der Festung Straßburg.

Der übrige nicht zum Bunde gehörige Besitz fällt im Einzelnen allerdings unter sehr verschiedene staatsrechtliche Gesichtspunkte. Stellt man aber die zur Krone Ungarn gehörigen Länder als den Hauptcomplex neben die österreichisch-deutschen Bundesländer, so ist ihr gegenseitiges Verhältniß dieses. In den österreichischen Bundeslanden bestanden bis zum Jahre 1847 mittelalterlich-politische Zustände nur als Reste des Feudalstaates nach unten, ebenso wie in Preußen. Nach oben war das Ständewesen, abgesehen von inhaltlosen Formen, todt, die Monarchie absolut. Die Länder der ungarischen Krone aber waren durchaus mittelalterliche Typen, social sowohl, wie in der Staatsverfassung. Ungarn, welches erst mehrere Jahrhunderte später als Deutschland sich dem Christenthume öffnete, ragte noch als eigentlich mittelalterlicher Staat mit frischen Farben in die moderne Staatenwelt hinein. Hier konnte man das Wesen des Mittelalters noch in der Gegenwart studiren. Die Schwächen jenes Zeitalters lagen neben den ansprechendsten ritterlichen Zügen. Ganz im Geiste jener Zeit war die staatliche Organisation ungenügend für die wahren Bedürfnisse des Landes.

Uebergriffe der Krone wechselten bisweilen mit bewaffnetem
Widerstand der Magnaten, und die Macht der Thatsachen er=
gänzte das Mangelhafte oder Unbestimmte in der Stellung des
Landes zu den übrigen, durch die pragmatische Sanction unter
einer Dynastie verbundenen Ländern. Dabei war der Unter=
schied der Bildung zwischen dem Adel und der Masse des Volkes
außerordentlich, der Mittelstand wenig vertreten. Billige Lebens=
mittel, wenig Capitalien, schlechte oder ganz fehlende Straßen,
malerische Trachten, ein bevorrechteter Adel, der mit einigen
königlichen Städten und kirchlichen Würdenträgern die Nation
im politischen Sinne bildet, ein muthiger frischer Sinn dessel=
ben, der Knechtschaft aber auch dem Gesetze feind, Abneigung
gegen ernste Arbeit, unfruchtbare Berathungen der Stände,
welche selten das Beste des Landes weiter bringen, vor Allem
die Comitatswirthschaft, welche überall eine Menge halb unab=
hängiger Diminutivstaaten zu formiren strebt, bisweilen ein
Krieg von oben, oder ein Aufruhr von unten, und bei alle dem
ein loyaler Zug, welcher durch die Nation geht, noch etwas von
dem, in den Enkeln fortlebenden Blut eines phantasiereichen,
wilden aber gutmüthigen mongolischen Reitervolkes, dies waren
die Züge des Zustandes und der Geschichte Ungarns, seit Oester=
reichs Regenten die Krone des heiligen Stephan trugen.*)

---

*) Die Landesverfassung im Ganzen hatte sich, anknüpfend an die Ver=
sammlungen und Berathungen der auf dem Felde Rákos aufreitenden
Häuptlinge der magyarischen Stämme nach dem, dem deutschen Lehnsystem ver=
wandten Homagialprinzip entwickelt. Die Municipalverfassung der königlichen Städte aber war germanischer Art. Bezeichnend ist überhaupt, daß schon
in früher Zeit das rohere Ungarn, zwischen zwei entwickeltere Staaten, das
orientalische und das abendländische (deutsche) Kaiserreich gestellt, den natürli=
chen Zug hat, Elemente einer fortgeschrittenen wirthschaftlichen und geistigen
Cultur nicht von Osten, sondern von Westen her zu importiren, und mit sich
zu verbinden. — Die factische Ausgleichung zwischen der königlichen und der
autonomen Gewalt, zwischen den speciellen ungarischen und den allgemeinen
österreichischen Interessen führte zu der bekannten Unterscheidung der vota
saniora und der vota majora, und zu der Marime der vota non numeranda
sed ponderanda, welche die von dem König ernannten Vorsitzenden in den
Comitatsversammlungen und in den Reichstagen oft anwendeten. Diese

Nun richtete sich die politische Bewegung des magyarischen Stammes in den vierziger Jahren nicht nur auf größere Frei= heiten Ungarns, sondern auf eine Erweiterung der Oberherr= schaft über die vielen andren, weit zahlreicheren Stämme des Landes. Es sollte der Cultur und dem Staate ein magyarisches Gepräge gegeben werden. In diesem Streben traf die Bewegung des Landes mit der europäischen Revolution von 1848 zusammen, und wurde in gewissem Sinne in deren Bette gelenkt, besonders weil letztere Vieles enthielt, was jenem Streben dienstbar gemacht werden konnte. So drappirte sich das mittelalterliche Ungarn 1848 mit einem politischen Ueberwurf nach dem neuesten Schnitt des modern=repräsentativen Staates. Allein er paßte sehr schlecht. Nach niedergeworfener Revolution trat Ungarn in das eilfjährige Stadium der absoluten Regierung. Diese fegte von seinem Boden viel Mittelalterliches fort, und ersetzte es durch Einrichtungen des modernen Staates, durch Ver= besserung der Communicationsmittel, bessere Schulen, geordnetes Hypothekenwesen, Gewerbefreiheit, Bodenentlastung. Als aber Ungarn für kurze Zeit auf den Boden voller Autonomie zurücktrat, hielt der moderne Mantel von 1848 nicht zusammen, sondern der mittelalterliche Körper schaute überall hervor im Zunftwesen, in der Justiz, vor Allem in der Comitatswirthschaft, welcher der eigentliche Staatsbegriff noch gänzlich abzugehen schien. Ueberall erhob die Anarchie ihr Haupt oder drohte im Hintergrunde. Auf diesen im eignen Interesse des Landes unmöglich ferner zu dul= denden Zustand stieß nun die neue für ganz Oesterreich gegebene Verfassung, deren Annahme hier noch nicht gelungen ist.

Diese Verfassung ist das Resultat einer durch das letzte Jahrzehent Jedermann, der mit offenen Augen sieht, klar gewor= denen Ueberzeugung. Nachdem die Stürme der Revolution von 1848 sich gelegt hatten, war Oesterreich auf die seit Joseph II.

Maxime verlor sich in dem Maaße, in welchem das Uebergewicht der (vom Palatin präsidirten) Magnatentafel über die Ständetafel, und überhaupt jenes der Magnaten über den niederen Abel sich verringerte.

nie wieder ganz fremb geworbene Idee einer größeren Centrali=
sirung seiner Länder fast mit Nothwendigkeit zurückgewiesen wor=
ben. Aber die gewählte Form zeigte sich als unhaltbar. Es
wurde klar, daß Oesterreich, daß namentlich das deutsche Oester=
reich nicht mehr mit den Mitteln des absoluten Staates regiert
werden kann, daß das Heer, das Beamtenthum und das Con=
corbat nicht ausreichen, daß der Fortgang auf dem im vorigen
Jahrzehent eingeschlagenen Wege, das innere geistige Leben, die
Theilnahme der Bürger an den Geschicken des Vaterlandes, ohne
welche ein großer Staat heute in der europäischen Staatenfa=
milie wenig bedeutet, völlig brechen, Oesterreich dem Untergang
weihen würde.

Die des allmähligen Ausbaues bedürftige und fähige Verfass=
ung dieser Monarchie ist wesentlich modern. Aber wenn sie nicht
zu dem unmöglichen ständischen System zurückgekehrt ist, so hat
sie weislich den politischen Bau so geordnet, daß die aus alter
Zeit hervorragenden socialen Kräfte sich mit neueren verbinden
und in eine gesunde Gliederung des öffentlichen Staatslebens
eintreten können, daß aber auch dem Kaiser jener Machtumfang
bleibt, welchen Oesterreich nicht entbehren kann.

Die Verfassung ist aber auch von dem germanischen
Prinzip durchdrungen, der obersten Staatsgewalt nicht mehr, als
nöthig ist, zu vindiciren. Sie gibt und läßt so viel locale Autono=
mie, als möglich ist, wenn der Staat im Ganzen bestehen
soll. Dadurch eignet sich die Verfassung zugleich für die eigen=
thümliche Länderverbindung Oesterreichs, denn es ist jedem Lande
die Möglichkeit gegeben, sich in Schule und Provinzialleben in
eigner Sprache nach eigner Sitte fortzuentwickeln, und ohne
Zwang nur so viel Fremdes damit zu verbinden, als die natür=
lichen Beziehungen der Völker verschiedener Culturstufen mit
sich bringen. Dieser Satz würde noch richtiger so auszudrücken
sein. Die Nationalitätenverbindung in Oesterreich wurde eine
bestimmende Veranlassung, den Verfassungsbau auf den — auch
im eigentlichen Deutschland nicht genügend realisirten — Ge=
banken zu gründen, die Kraft des Ganzen mit möglichster Frei=

heit der Theile zu verbinden. Dieser Gedanken ist bestimmend in der Verfassung des Reiches und der Kronländer. Er ist in= nerlich vollkommen gesund, mag auch die Gränzbestimmung zwi= schen Allgemeinem und Besondrem noch nicht überall als normal anzusehen sein.

Welche Aussicht hat nun diese Verfassung, einheimisch zu werden in Oesterreichs weitem Ländergebiet, allmählig anerkannt, geachtet, geliebt zu werden von seinen Völkern? Offenbar gar keine, wenn Oesterreich — wie es Manche ausmalen — ein Völkergemisch wäre ohne gemeinsame große Interessen, ohne gemeinsamen Mittelpunkt, ein Aggregat von Völkerparcellen, welche alle ihren Schwerpunkt in andren Nationalstaaten hätten, von denen sie ein getrenntes Leben zu führen bestimmt würden. Dieser Gesichtspunkt trifft, abgesehen von den Besitzungen in Italien, jenem Lande, dessen Zukunft sich noch jeder Berechnung entzieht, nirgends zu. Oesterreich hat gegenwärtig über 37 Mill. Einwohner, darunter

etwa 9 Millionen Deutsche dem Stamme nach,
„ 6¼ Millionen, die (unter verschiedenen Namen) dem tsche= chischen Stamme angehören, und besonders in Böhmen, Mähren, Ungarn wohnen,
„ 5 Millionen Magyaren,
über 4 Millionen Südslaven (Slovenen, Kroaten, Serben),
etwa 3 Millionen Italiener,
„ 3 Millionen Ruthenen,
„ 2½ Millionen Romänen,
„ 2 Millionen Polen,
und außerdem einige der Zahl nach unbedeutende Stämme.

Von allen diesen Stämmen ist (von den Italienern abge= sehen) keiner eine Parcelle, welche seinen Hauptstamm neben sich in einem großen eignen Nationalstaate vereinigt hätte. Polen besteht als Staat gar nicht mehr, und Deutschland nicht als ein Staat, sondern nur als eine Föderation, welcher Oesterreich präsidirt, und wovon die deutschen Oesterreicher mit ihrer Kai= serstadt jeden Falles eines der bedeutendsten Glieder sind. Die

übrigen Länder sind überdies an sich nicht bedeutend genug, um
staatlich gesondert in Europa etwas zu bedeuten; auch Ungarn
nicht, da bei einer Trennung von Oesterreich die nicht magyari=
schen Stämme, welche in Ungarn wohnen, der magyarischen
Oberherrschaft nicht dauernd folgen würden. Diese Stämme
sind also, um den Schutz nach außen, die erste Anforderung an
jeden Staatsverband, die nothwendige Bedingung jeder regel=
mäßigen Entwickelung, zu genießen, auf ein Zusammengehen,
auf einen Anschluß an einen gemeinsamen Mittelpunkt gewiesen.
Sie werden überdies von Jahr zu Jahr mehr, und in ganz
andrer Weise wie früher, durch große gemeinschaftliche materielle
Interessen, durch das auflebende Bürgerthum, durch Handel,
durch Fabriken, durch Eisenbahnen verbunden. Dieser Mittel=
punkt ist zunächst die durch eine lange Geschichte gegebene Dynastie,
von der sich einzelne Theile der östlichen Hälfte der Monarchie
wohl in einzelnen Krisen momentan, aber eben auch nur
momentan, abgewendet haben.

Ein zweiter bereits gegebener Mittelpunkt ist der beutsche
Stamm, welcher sich mit der Kaiserstadt an die ebenfalls
beutsche Dynastie anschließt. Dieser Stamm ist der zahlreichste;
denn wie man Deutsche, Dänen, Schweden, Engländer als ver=
schiedene Völker germanischer Race, Franzosen, Portugiesen,
Spanier, Italiener als verschiedene Nationen romanischer Ab=
kunft nennt, so muß man Tschechen, Polen, Ruthenen, Slovenen,
Illyrier, Serben ebenfalls als verschiedene Völker der großen
slavischen Race betrachten. Der beutsche Stamm ist überdies
der reichste an Capital und an Bildung und, was das wichtigste
ist, es steht hinter ihm ein großes Culturvolk mit seiner Kunst,
seiner Literatur und den ausgebildeten Wissenschaften jeder Art.
Ob man sich daher auch in einzelnen Momenten dem Deutschen
feindlich zeige, ob er auch, leider selbst roheren Völkern gegen=
über, in seiner Nationalität nicht fest auftritt, er bringt dennoch
überall vor, und das Deutsche durchzieht bereits die meisten
Völker Oesterreichs, gleichwie die Adern eines Metalles die an=
stoßenden Steinschichten durchsetzen. In einzelnen Perioden ge=

wahrt man Rückschläge. In Böhmen haben die Hussitenkriege einen solchen Rückschlag in hohem Grade, sogar auf lange Zeit geübt. Allein auch hier wieder, und nicht blos hier, bringt die deutsche Cultur trotz vieler begangener Fehler stetig nach Osten vor, und wird noch entschiedener sich ausbreiten, wenn Oester= reich nie wieder daran denkt, die freie geistige Verbindung mit dem übrigen Deutschland zu fesseln. Schon jetzt wendet man sich, noch mitten unter dem Geschwirre unklarer Nationalitäts= theorien, dem Deutschen in den Gymnasien Ungarns und Triests wieder zu. Wer in den östlichen Ländern Oesterreichs gereist ist, hat wohl unter Ungarn und Slaven verschiedener Ab= kunft oft im Kleinen erlebt, was sich auf dem panslavistischen Congresse im Jahre 1848 — der nie wiederkehrte — zutrug, daß man zur deutschen Sprache, dem einzigen Allen verständli= chen Mittel greifen mußte, um über gemeinsam slavische Dinge zu berathen. Denn Deutsch versteht und spricht dort fast Jeder= mann von irgend hervortretender Bildung, und Viele gebrauchen die Landessprache nur im Verkehr mit der Dienerschaft oder andern Leuten der unteren Classen.

So schließt sich diese neue politische Gestaltung, getragen durch große gemeinsame Interessen, gegenseitiges Bedürfniß der einzelnen Stämme, die Einheit der Dynastie, die Bedeutung des deutschen Stammes und der deutschen Cultur den natürlichen Verhältnissen an. Daß sie nicht sogleich überall glatt Eingang findet, daß sich mancher mittelalterliche Bestand dagegen sträubt, ist nicht nur natürlich, sondern gut. Solche Umbildungen von welthistorischer Bedeutung sitzen nicht fest, wenn sie wie gewöhn= liche Administrativmaßregeln in's Leben treten. Sie müssen sich innerlich durchkämpfen. Und diesen Kampf wird, wenn ich mich nicht völlig täusche, die neue österreichische Verfassung be= stehen. Es ist schwer zu glauben, daß gerade die Leitha von der Vorsehung zur Gränzmarke bestimmt ist, an welcher die größeren und modernen Staatsbildungen aufhören, die mittelal= terlichen Zerklüftungen und Zerbröckelungen aber neues Leben gewinnen sollen. Ob, bevor die Verfassung überall anerkannt ist, nicht noch Kämpfe eintreten, bei welchen es sich vielleicht um die Existenz eines Theiles des ungarischen Abels handelt, ist eine andre Frage. Ebenso, ob nicht im Einzelnen Abänder= ungen der Verfassung auf dem von ihr selbst vorgezeichneten Wege erfolgen. Aber am Wesen der Sache wird man halten; und wäre man unklug genug, es aufzugeben, so könnte es nur sein, um wieder darauf zurückkommen zu müssen.

Eine innige Verbindung Oesterreichs mit Deutschland ist hiernach eine Existenzbedingung für Oesterreich. Wenn dasselbe den freien geistigen Verkehr lebhaft fördert, wenn es z. B. Prag und Wien in andrem Sinne zu dem macht, was sie einst der Zeit nach waren, zu den ersten Universitäten Deutschlands für die meisten Fächer des Wissens, so wird der Einfluß davon auf die Kraft des Staates selbst bald erkennbar werden. Diese inni= gen Beziehungen sind aber nur gesichert durch eine politische Verbindung. Oesterreich wird auf letztere schon an sich stets einen großen Werth legen. Es wird nie auf seine Mitwir= kung verzichten, wenn entschieden werden soll, ob und wo Deutschland zu den Waffen greift. Aber die größte Bedeutung hat diese politische Verbindung als Mittel für den Zusammen= hang seiner eignen staatlichen Entwickelung mit der gesammten deutschen Cultur.

Bei Preußen steht die Sache umgekehrt; die militärische Mitwirkung Deutschlands steht hier in erster, der Zusammen= hang seines Staatslebens mit dem gemeinsamen deutschen Cul= turleben, wie wichtig er auch ist, doch erst in zweiter Linie.

IV.

Deutsch-Oesterreich durch die geistige Cultur von Deutschland nicht geschieden.

Mit der Reformation, selbst mit dem westphälischen Frieden hörte eine sehr unglückliche Vermischung weltlicher und kirchlicher, rechtlicher und religiöser Dinge nicht auf. Sie hatte ihre Heimath in Staaten mit katholischer und in solchen mit protestantischer Bevölkerung. Sie wirkte nur hier und dort in andrer Weise.

Die Verbindung der oberbischöflichen mit der weltlichen Fürstengewalt trug viel dazu bei, daß sich die absolute, weder durch Stände noch durch Volksrepräsentation beschränkte Gewalt des Landesherrn in vielen Ländern zu einer ungemeinen Schroffheit entwickelte. Sobann brachte uns diese Richtung in kleinerem Maaße dasselbe Uebel, welches England im höchsten Grade gesehen hat, theologisirende Regenten. Die wesentlich theologische Richtung des Protestantismus ergriff die Landesherrn oft in der krankhaftesten Weise. Die eigentlich fürstliche Aufgabe ward verrückt. Die Diener des Staates, ganze Classen der Bevölkerung, erfuhren den Rückschlag, wenn seine Regenten innerhalb derselben Confession von einer theologischen Richtung zur andern übergingen, oder wenn gar ein Wechsel zwischen dem calvinischen und lutherischen Bekenntniß eintrat. Auf der andern Seite trug die weltlich gewordene Kirchengewalt, in Gestalt der Consistorialverfassung, viel dazu bei, eine gewisse Nüchternheit in den protestantischen Cultus zu werfen, dessen Spuren in den Streitigkeiten der symbolgläubigen und später der rationalisti-

ſchen Theologen, längere Zeit hindurch erkennbar blieben. Dies
trug in vielen Ländern dazu bei, die inneren unmittelba=
ren Beziehungen der Maſſe des Volkes zu dem proteſtantiſchen
Cultus, der ſeinen Mittelpunkt ohnehin weſentlich nur in der
Predigt behielt, zu lockern, und vielfach die Kirchen zu leeren.
Auf beiden Seiten war man auch nach dem weſtphäli=
ſchen Frieden von dem Prinzip der Rechtsgleichheit noch weit
entfernt. Hier und dort war die Volksſchule noch lange nur
ein accessorium der Kirche.

Dagegen griff in den weſentlich katholiſchen Ländern die
Kirche noch lange in ganz andrer Weiſe wie in den proteſtanti=
ſchen Staaten, und zwar mehr verſteckt als offen, in das Gebiet
des Staates hinüber. Die Blüthezeit des Jeſuitenordens war
auch die Blüthezeit dieſer verderblichen Richtung. Noch nach dem
weſtphäliſchen Frieden wurde in Oeſterreich auf dieſem Wege am
ſtärkſten gegen das Wohl des Staates geſündigt. Man ging von
den höchſten göttlichen Dingen aus, und langte ſchließlich bei
einer Willkühr oder bei einer Fahrläſſigkeit an, welche eben ſo
oft der laxen Billigkeit das Recht, als ſchlecht verſteckten fremd=
artigen Intereſſen das Wohl des Staates opferte. Jede Politik,
in welcher in verdecktem Spiele weſentlich andere Intereſſen
verfolgt werden, als diejenigen, welche man offenkundig bekennt,
iſt eine Feindin der freien Geiſtesentwickelung: denn die Selb=
ſtändigkeit der Charaktere iſt ihr eben ſo antipathiſch, als der
klare Blick, der die letzten wahren Urſachen der menſchlichen
Dinge ſucht und findet.

Dieſe Richtung war auf jene geiſtigen Verwüſtungen ge=
folgt, welche die Bekämpfung des Proteſtantismus mit Feuer
und Schwert unter Ferdinand II. angerichtet hatte. So kam es,
daß deutſche Länder, welche urſprünglich den übrigen deutſchen
Gebieten in geiſtiger Entwickelung vielfach voraus waren*),
einige Generationen ſpäter denſelben entſchieden nachſtanden.

---

*) Nach Anon. narr. de haer. ad. in Pez. scrr. rer. Austr. T. II. p.
533 gab es ſchon zu Anfang des 14. Jahrhunderts, alſo in einer Zeit, in

Eine Wendung zum Besseren trat in beschränktem Maaße schon unter Joseph I. ein, und wirkte bis zu einem gewissen Grade noch unter Karl VI. fort. Allein eine wesentliche Aen= derung brachte erst die bedeutungsvolle Periode, welche man ge= wöhnlich von 1740 bis 1790 datirt, welche aber richtiger von 1740 bis 1792 gerechnet wird. Es findet sich vielleicht kein deutsches Land, welches in derselben Zeit verhältnißmäßig gleich vorgeschritten wäre in seiner allgemeinen Bildung. Es ist, um richtig zu messen, der Zustand Oesterreichs vor 1740 zu studiren, und der der übrigen deutschen Länder in derselben Zeit damit zu vergleichen.

Der Gang der folgenden Zeiten, welche, mit Ausnahme kurzer Perioden, weder in Preußen noch in Oesterreich der gei= stigen Entwickelung des Volkes günstig waren, ist schon an einer andren Stelle erwähnt. Auch ist schon gesagt, weshalb dieselbe Richtung in Oesterreich entscheidender, und weniger von entge= gengesetzten Bestrebungen durchkreuzt, wirken konnte, als in Preußen. Zu diesen Gründen gesellt sich aber noch die Stell= ung, welche unsre große Literaturepoche zur Zeit ihres Ent= stehens naturgemäß einem Lande gegenüber einnahm, in welchem der Katholicismus in so compactem Schlusse hervortrat, wie in Deutsch=Oesterreich.

Als man unsre großen Dome zu bauen begann, als die Gesänge von der Nibelungen Kampf und Noth und Tod ertön= ten, als ritterliche Lieder durch die Hallen der Wartburg rausch= ten, da war das Leben noch ungestüm, das Wissen arm, die Sitte rauh, aber das kaiserliche Deutschland war hoch oben an gestanden im Rathe der Fürsten und Völker; gewaltige Thaten waren geschehen, Siege und Niederlagen, Alles war für jene Zeit im großen Styl. Das Ritterthum, die Wucht der Persön=

---

welcher lateinische Manuscripte der Bibel selten und kostbar waren, deutsche Bibelübersetzungen aber noch ganz fehlten, in Oesterreich viele Leute, welche den ganzen Inhalt des neuen Testaments sich eingeprägt hätten, und ihn deutsch hersagen konnten.

lichkeit, die Glaubensfestigkeit beherrschten das Leben. Alles dies spiegelte sich in der Kunst, wie die scheidende Sonne in dem Glanz der Abendröthe die Erde grüßt.

Wie ganz anders sah es in unsrem Deutschland aus, als Leibnitz forschte, Lessing als leuchtenderes Gestirn folgte, und alle jene mächtigen Geister erwachten, welche sich später auf den Ruf eines unvergeßlichen Fürsten in demselben Lande begegne= ten, in welchem die Harfe des Minnegesanges am schönsten ertönt, in welchem Luther durch die Bibelübersetzung die Sprache gewissermaßen erst geschaffen hatte, durch die sie jetzt die Geister erregten, das Gemüth in der tiefsten Tiefe bewegten, und die Phantasie auf die lichtesten Höhen erhoben. Das Wissen war reicher geworden, Keime der geistigen Bildung waren überall erwacht, aber das vaterländische Leben war unendlich klein, die Sitte eng und pedantisch, der Gedanken, wie er aus der stillen Werkstätte des Geistes heraustrat, durch Fesseln jeder Art beengt. Das Ritterthum, das Waffengeklirre der Fehde war längst verschwunden, aber die rechtliche Ordnung war bodenlos, langweilig, und öde Polizeireglements leiteten die Schritte der Nation. Aus dem Widerspruch dieser Dinge wurde jene neue Bewegung geboren, die uns nicht wie die scheidende Sonne, sondern wie der erste Frühstrahl grüßte, welcher den nach dem Tage sich Sehnenden zu frischem Leben weckt. Er rief, da er eben erst in die nächtigen Schatten fiel, zu Sturm und Drang auf; und auch, als es schon lichter geworden, trieb er noch zu jenem unruhigen Sehnen, Suchen und Streben, welches uns, welches der ganzen denkenden und strebenden Mensch= heit im Faust wo nicht das schönste, doch gewiß das bedeutendste aller Gedichte gab, um uns dann das gesättigte Licht eines reinen und vollen Tages zu bringen.

Die Literatur, welche aus dieser geistigen Bewegung hervor= ging, war vorherrschend nicht nur kosmopolitisch, sie war auch indif= ferent oder feindlich gegen die Confessionsunterschiede oder gegen das christliche Dogma. Damit stieß sie eben so wohl gegen den Protestantismus, als gegen den Katholicismus. Aber die Be=

rührungen waren doch verschieden. Der Katholicismus stand
der unkirchlichen oder kirchlich indifferenten Literatur als großes
zusammenhängendes Gebäude in festem architectonischem Schlusse
gegenüber, der Protestantismus aber in getrennten Landeskirchen
und mit den, an verschiedenartige Persönlichkeiten geknüpften
Modifikationen der obersten kirchlichen Leitung.

Sodann hatte der Protestantismus und hatte jede einzelne
Confession desselben nicht jene, durch eine bestimmte äußere Au=
torität bewahrte, dogmatische Einheit wie der Katholicismus.
Ein Doppeltes in ihm ging fast bis auf seine Entstehung zurück.
Er war aus dem Prinzip der freien Bibelforschung hervorge=
gangen und verwarf vom überlieferten Dogma nur, was nicht
mit der Bibel, wie solche nach dem gesunden Urtheile der Leser
zu verstehen sei, übereinstimmte. Nur auf diesem Boden
hatte er den Grund seiner Existenz gelegt. Aber er schien
fast in demselben Augenblick zu wanken, da er gelegt war.
Verschiedene Reformatoren traten neben einander auf mit ab=
weichenen Meinungen, und Jeder stützte die seinige auf die
heilige Schrift. Nicht blos der persönliche Antagonismus der
Reformatoren, sondern der Mangel einer vollkommenen Einheit
des Gedankens in den zu verschiedenen Zeiten entstandenen
Stücken der Bibel, des neuen Testaments im Besondren; ferner
die Wahrnehmung, daß überdies das wirklich Gleiche oft ver=
schieden aufgefaßt wird, nach Art und Bildungsgrad des Lesen=
den; in Folge davon die Besorgniß, eine feste dogmatische Grund=
lage überhaupt zu verlieren, stellte die symbolischen Bücher neben
die Bibel. Die Ansichten der Reformatoren wurden Dogma für
die betreffende Confession; sie traten an die Stelle der Tradition
und der auf Concilien und Papstthum gegründeten dogmatischen
Autorität der katholischen Kirche. Immerhin aber fand der Reiz
zu jener andren Richtung aus dem Gedanken an die Entstehung
des Protestantismus und aus den Berührungen mit dem ihm
gegenüberstehenden Katholicismus wiederholt neue Nahrung. Der
Weg der freien Bibelforschung führte in einer Zeit, welche Alles
zu erforschen sich anschickte, auch leicht einige Schritte weiter.

So hatte selbst der strenge Protestantismus geringere Wider=
standskraft gegen die moderne Literatur als der Katholicismus.
Sie konnte leichter und schneller in seine Gebiete eindringen.
Aber es war nur auf protestantischem Gebiete möglich, daß sich
innerhalb der Geistlichkeit selbst eine „rationalistische" Schule
bildete. Wichtig wurde der confessionelle Unterschied da, wo der
Katholicismus in einem großen Lande ausschließlich oder sehr
überwiegend vorherrschte. Zweierlei ist aber nicht zu übersehen,
einmal, daß an diese Unterschiede sich nur ein leichterer und
schnellerer Eingang der modernen Literatur, nicht die Annahme
oder der Ausschluß derselben knüpft; sodann, daß für das Eine
und Andre noch ganz andre als kirchliche Dinge mitgewirkt haben.
Diese aber wurden bei sonst gleichen Verhältnissen
wesentlich bestimmend. Lange Zeit hat man die Bestätigung
davon nicht nur in Oesterreich, sondern auch in dem größeren
Theile von Bayern finden können.

Sind nun heut zu Tage diese Gegensätze der Dogmatik und
der modernen Literatur verschwunden? Gewiß nicht. Aber von
beiden Seiten ist schon viel geschehen für die Versöhnung der
Prinzipien. Wie es eine Wissenschaft, eine Kunst gibt, welche edle
Früchte trägt, welche ihre Jünger zur Erkenntniß des Wahren
zur Anschauung des Schönen, und durch Beides zur Zucht des
Geistes führt, und daneben eine Abart, welche die Menschen ver=
führt und verdirbt, so gibt es auch eine Kirche, welche das Gött=
liche in dem Menschen entzündet, und eine Entstellung derselben,
welche schon so oft ihre Wirkungen mit traurigen Zügen in die
Blätter der Geschichte geschrieben hat. Wir haben das Wesen
Beider nicht nach den Mißbräuchen, nicht nach den Krankheits=
formen zu erfassen. Beides, die Zucht der rechten, ernsten
Wissenschaft und der ächten Kunst, und jene der Religion haben
das miteinander gemein, daß sie den Menschen von den nie=
deren Banden befreien, die seinen Geist, seine Seele herabziehen.
Sie haben in diesem Sinne beide eine erlösende Kraft. Was
sich in seinen besten Wirkungen so ähnlich ist, das kann — so
scheint es — doch auch seinem Wesen nach sich nicht ausschließen.

Man soll jedes recht verstehen, jedem seine Sphäre, beiden die rechte Verbindung geben. Aber nie haben einem ganzen Volke Wissen und Kunst das sein können, was ihm die Religion ist, die ihm eine Zuversicht gibt von einem Gebiete aus, welches dem zergliedernden Verstande dem Wesen nach unzugänglich ist, und zu welchem eine Brücke zu schlagen, die Menschheit dennoch den ewigen Drang hat.

Dieser Blick auf unsre kirchliche und unsre literärische Ent= wickelung erklärt es, daß der Natur der Dinge nach die besten geistigen Schöpfungen unsrer neueren Literatur in Deutsch= Oesterreich zwar nicht ausgeschlossen bleiben, aber doch nur lang= samer sich verbreiten konnten, als in vielen andren deutschen Ländern. Halten wir aber nunmehr im Einzelnen Umschau über den Bildungszustand in diesem Lande.

Für die Frage einer engeren oder loseren politischen Ver= bindung freilich haben derartige Untersuchungen kaum einen Werth, es müßte denn behauptet werden wollen, es sei überhaupt alles deutsche Leben aus Oesterreich verschwunden. In einem großen Theil des südlichen Frankreichs liebt das Volk die Legen= den mehr als die modernen Schriftsteller, und die Masse derer, die nicht lesen und schreiben können, ist unendlich größer als im übrigen Frankreich. In den schottischen Bergen ist die Neigung zum Aberglauben viel stärker als in den Ebenen Englands. Allein folgt daraus etwas für die staatsrechtliche Verbindung aller Theile Frankreichs oder Englands?

Die Volksschulen in Deutsch=Oesterreich sind kaum anders organisirt, ihre Verbindung mit der Kirche ist kaum eine andre, als in den übrigen katholischen Theilen Deutschlands. Selbst in den tschechischen Theilen Böhmens findet man — abgesehen von der Sprache — in der Schule, in der Sitte, in der Wirth= schaft in Haus, Hof und Feld mehr Uebereinstimmung mit dem deutschen Leben als in einigen Theilen des preußischen Schlesiens. Die Universitäten selbst sind — wenn man einige mehr äußer= liche Dinge abrechnet — den übrigen deutschen Universitäten sehr ähnlich eingerichtet, und einzelne Facultäten der Wiener und

Prager Univerſität (Medicin, orientaliſche Wiſſenſchaften) gehören auch ihren Leiſtungen nach zu dem Beſten der deutſchen Cultur. Einzelne mediciniſche und techniſche Fachjournale oder militäriſche Zeitſchriften wie die von Streffleur werden kaum irgendwo in Deutſchland übertroffen oder erreicht.

Gleichwohl iſt es nur allzu wahr, daß die Folgen des früheren Syſtems in Oeſterreich keineswegs verwiſcht ſind. Dies Syſtem ſuchte die Gefahren der modernen Bildung nicht durch die volle und freie Bildung ſelbſt zu mindern oder zu beſeitigen, ſondern, wie ſchon Napoleon I., durch ein eigenthümliches für das Volk im Ganzen berechnetes halbes Licht, durch eine Sonderung der ſ. g. nützlichen Wiſſenſchaften von den unnützen (ideologiſchen) Studien. Der Verſuch möglichſter geiſtiger Abſperrung von Deutſchland, welcher ſich bald ſo entſetzlich an Oeſterreich rächen ſollte, war die Folge dieſer Richtung. Die Tendenz der preußi= ſchen Staatsregierung war in jener Zeit rückſichtlich der geiſtigen und politiſchen Entwickelung des Volkes nicht weſentlich ver= ſchieden. Aber eine Reihe von Umſtänden verhinderte, daß ſie eine gleich ſtarke Wirkung wie in Oeſterreich hervorbringen konnte. Dahin gehört die Lage des Landes, die Folgen der früheren Landesgeſchichte, Confeſſionelles, die Perſon Alteuſtein's und das halbe Verſtändniß eines großen Denkers, welches dieſen zum preußiſchen Hof= und Staatsphiloſophen ſtempelte, die Philoſophie aber in vielen Kreiſen, die ſie ſonſt für verderblich hielten, beliebt machte, und lange Zeit den Satz, daß Alles was beſtehe, auch vernünftig ſei, wie eine landübliche Münze in Curs brachte.

Nun iſt es recht bezeichnend für die Expanſivkraft der moder= nen Bildung, daß dieſelbe trotz der Hinderniſſe, welche ihr das Metternich'ſche und das Bach=Thun'ſche Syſtem entgegengeſtellt haben, in viel höherem Maaße in Oeſterreich Einzug gehalten hat, als man glauben ſollte. Wer ſich ſelbſt in Oeſterreich im Ganzen, nicht blos in einigen ſeiner ſchönen Gebirgsthäler um= geſehen hat, weiß dies. Aber man braucht h. z. T. nur die Wiener Journale mit jenen von Berlin zu vergleichen, man braucht nur einen Gang durch die Abgeordneten= und Herren=

häuser der preußischen und der österreichischen Monarchie zu
thun, um die Behauptung, daß Deutsch-Oesterreich in seiner
Geistesbildung streng von Deutschland geschieden sei, in ihrem
falschen Lichte zu erkennen. Wer eine Vergleichung des Cultur-
zustandes beider Monarchien nur an die eben erwähnten vor
Aller Augen liegenden Erscheinungen ihrer Hauptstädte anknüpfen
wollte, der würde theilweise wenigstens zu einem für Preußen
keineswegs günstigen Resultate gelangen. Auch dies wäre einseitig. Die politischen Journale, die Parlamente geben nicht
allein das Maaß für die geistige Cultur eines Volkes. Es bleibt
wahr, daß die wissenschaftliche Bildung, als ein in sich zusammenhängendes Ganzes betrachtet, in Preußen tiefere und weiter
ausgebreitete Wurzeln geschlagen hat, als zur Zeit in Oesterreich.
Deutschland darf mit Stolz nicht blos auf das preußische Volk
in Waffen, sondern auf den hohen wissenschaftlichen Geist blicken,
dessen Strahlen in seiner Metropole, wie in einem Brennpunkte
zusammen schießen. Dies hat man anzuerkennen, aber man
soll die Wirklichkeit nicht einseitig darstellen.

Die größten Geister, welche unsrer Literatur ihren bleibenden Rang unter den Literaturen aller Völker anwiesen, sind —
wenn darauf etwas ankäme*) — weder auf preußischer noch auf
österreichischer Erde geboren. Unter den Epigonen unsrer
großen Dichter aber haben auch Grillparzer, Lenau, Grün,
Halm u. A. einen ehrenvollen Platz. Schon vor dieser Thatsache würde die Behauptung, daß Oesterreich unsrer modernen
Geistesbildung ganz fremd geblieben sei, fallen, wenn der Buch-

---

*) Weniger der Geburtsort großer Männer, als die Sphäre, aus
welcher ihr Geist sich nährt, weniger ihr Wohnort, als die volle persönliche
Hingabe an ein bestimmtes Staats- oder Culturleben, die Wechselwirkung zwischen dem individuellen und dem dasselbe umgebenden allgemeineren Leben,
entscheidet darüber, wo die eigentliche Heimath solcher Männer ist. Deshalb
kann Preußen, wie mir scheint, die außerhalb seines Gebietes geborenen Gnei-
senau, Scharnhorst, Blücher eben so als die Seinigen nennen, wie Oesterreich
einen Eugen von Savoyen oder einen Beethoven. Die Beziehung der Persönlichkeit und der dauernden Wirksamkeit Stein's zu der Persönlichkeit des
preußischen Staats ist weniger einfach.

handel sie nicht mit Ziffern und Größen andrer Art widerlegen könnte.

Lange Zeit hatte das Burgtheater in Wien einen wahrhaft classischen Charakter. Das edelste der deutschen Dichtkunst wurde dort mustergültig und in der reinsten Sprache dargestellt. Es bedeutete etwas Aehnliches für Deutschland wie das théâtre français für Frankreich. Dies fiel in die Metternich'sche Zeit. Auch das Burgtheater soll heute nicht mehr sein, was es damals war, aber keine andre deutsche Bühne hat seinen früheren Rang eingenommen.

Ist es nicht ein Beweis, daß Oesterreich gleich andren deutschen Ländern Antheil nimmt an dem edelsten Schaffen des deutschen Volkes, wenn man auf einem andren Gebiete der Kunst nur auf die, jetzt außerhalb Oesterreichs wirkenden, bedeutenden Männer des österreichischen Volksstammes verweis't, einen J. Bohm, Dall' Acqua, Litschauer, Koller, von Thoren, Trenkwald, Sol= batisch, Czermak, Herbsthofer, Zichy, Schaller, und auf Schwind, welcher uns das Eigenthümlichste des deutschen Lebens in tiefster Innigkeit vor das Auge und in die Seele führt.

Wenn Oesterreich keinen Kant, keine Humboldt's nennt, so nennt es dagegen Haydn, Mozart, Beethoven. Was sie geschaf= fen, wozu sie Andre angeregt, das steht unter dem Ersten und Besten, was dem ganzen deutschen Volke geboten wurde für sei= nen Ruhm, seine Freude, seine Bildung, für die Vereblung seines Schönheitssinnes.

Vieles — wir wiederholen es — was frühere Regierungen versäumt haben, hat die jetzige, haben künftige Regierungen Oesterreichs nachzuholen. Aber wichtiger noch als die positive Pflege ist die einfache Sorge, der Luft und dem Lichte des Geistes die natürlichen Wege nicht zu verstopfen. Oesterreich wird wahr= scheinlich auch in Zukunft in formaler, in bialectischer Bildung nicht das leisten, was der deutsche Norden. Es wird uns viel= leicht weniger Philosophen, aber gewiß vollen Ersatz auf andren Gebieten geben, wenn die natürliche Entfaltung der Kräfte nicht gehindert wird. Denn die Naturanlagen der deutsch=österreichischen Stämme sind vortrefflich. In ihrer Frische, in ihrer Unmittel= barkeit stellen sie mit andren süddeutschen Stämmen einen wesent= lichen Zug des vielfach nüancirten, aber doch wieder von einem höheren gleichen Gesetze bestimmten deutschen Geisteslebens dar. Man soll nie vergessen, daß die Völker Oesterreichs etwas Ju= gendliches in sich tragen, daß sie vielfach zurückgehalten, aber nicht abgelebt sind. Dies ist auch für die zukünftigen Geschicke des Staates von der höchsten, schließlich entscheidenden Wich= tigkeit.

V.

Iſt der öſterreichiſche Kaiſerſtaat die Fortſetzung des Kaiſerreiches deutſcher Nation?

Ueber dieſer Frage reicht ſich Freund und Feind die Hand. Beide ſagen: der öſterreichiſche Kaiſerſtaat iſt die Fortſetzung des Kaiſerreiches deutſcher Nation, in ihm leben die Traditionen deſ= ſelben fort. Dabei hat jeder Theil etwas andres im Sinn. Der Eine benkt an das Höchſte und Beſte, der Andre an das Schlimmſte des deutſchen Kaiſerreiches.

Daß die eigenthümlichen Ideenverbindungen, aus welchen einſt das Kaiſerreich deutſcher Nation in Glanz und Herrlichkeit aufleuchtete, nicht mehr unter uns leben und wirken, wird Nie= mand beſtreiten. Deshalb kann das, was in dem öſterreichiſchen Kaiſerreich aus dem Kaiſerreich deutſcher Nation traditionell fort= lebt, nicht das Weſen der Sache berühren. Aber ſelbſt in einem beſchränkteren Sinne muß man die Vergleichung ablehnen. Nach= dem die das Kaiſerreich beherrſchende Idee zu ſchwinden begon= nen hatte, erſetzte bis zu einem gewiſſen Punkte die öſterreichiſche Hausmacht, die innerlich verbindende Kraft, welche ehedem alle deutſchen Länder im Kaiſerreich zuſammengehalten hatte. Die öſterreichiſche Monarchie war der alleinige Gravitations= punkt für die, das deutſche Reich bildenden Territorien. Auch dies iſt ſeit Friedrich dem Großen nicht mehr. Dieſe Thatſache hat Freund und Feind ſolcher Umgeſtaltung der Dinge anzu= erkennen. Ob aus derſelben Fluch oder Segen für Deutſchland erwächſt, das hängt davon ab, ob in Zukunft Oeſterreich und

13

Preußen sich aufbauend, oder zerstörend in den zwischen ihnen liegenden deutschen Ländern begegnen werden. Im ersteren Falle wird das, was wir erhalten, eine Fülle von Kraft, im letzteren Falle gegenseitige Lähmung sein.

Daß der österreichische Kaiserstaat im Süden und Südosten seine Herrschaft über die Gränzen Deutschlands hinausgeschoben hat, wie einst das Reich deutscher Nation im Süden und Westen, ist eine Analogie, die nicht zu bestreiten ist. Und wenn nur die Frage gestellt wird, ob die Behauptung des gegenwärtigen Besitzstandes Oesterreichs blos diesen Staat, oder ob sie das Interesse des gesammten Deutschlands wesentlich berührt, so hat für mich nie ein Zweifel bestanden. Allein dieser Ländererwerb ging nicht von der Idee des Kaiserreiches im ursprünglichen Sinne aus. Er ruht auf einem rein politischen Fundament, auf der Thatsache, daß Oesterreich im Südosten der mächtigste Staat war, und die Fähigkeit hatte, seine Herrschaft über benachbarte Gebiete auszudehnen, welche theils roh, unentwickelt und ungenügend für eine eigne größere Staatsbildung waren, theils in ihrer Zerrissenheit der militärischen Widerstandskraft entbehrten. Auf ähnlichem Grunde beruhte die Ausdehnung Preußens nach Polen zu.*)

In noch höherem Grade unzutreffend ist der Vergleich des österreichischen Kaiserstaates mit dem Kaiserreiche deutscher Nation in dem entgegengesetzten Sinne.

---

*) Nur ist sowohl der preußische als der österreichische Besitz eines Theiles von Polen diejenige Machterweiterung beider Monarchien, welche vom deutschen Gesichtspunkte aus den zweifelhaftesten Werth hat. Da Rußland den Löwentheil der Beute genommen hat, und dadurch weit nach den Gränzen Deutschlands vorgerückt ist, so entsteht immer wieder die Frage, ob nicht die Erhaltung selbst eines schwachen Polens durch Oesterreich und Preußen für Deutschland einen höheren Werth gehabt hätte, als die politische Vernichtung dieses Staates. Das aber unterliegt nicht dem entferntesten Zweifel, daß, da einmal das frühere Polen gefallen ist, die Festung Posen für Deutschland keinen geringeren Werth hat, als das berühmte österreichische Festungsviereck.

Das Streben nach Eroberung, nach Weltherrschaft wird als im Wesen des alten Kaiserreichs liegend bezeichnet. Oesterreich hat seit der französischen Revolution bis zu den Freiheitskriegen länger, zäher und mit größerem Kraftaufwand, als irgend ein Staat des Continents der Weltherrschaft widerstanden. Es erlangte sodann unter Metternich eine eminent einflußreiche Stellung in Europa, welche annäherungsweise mit der des heutigen Frankreichs verglichen werden kann. In dieser langen Periode sind alle Schritte Oesterreichs nicht durch Eroberungspolitik, sondern durch das Festhalten an einem Prinzip bedingt, dem man nie den Mangel, oft aber das Uebermaaß des Conservativen vorwirft. Nach Einfluß, nach Geltendmachung seines Prinzips in schwächeren Kreisen hat wie jeder große Staat, so auch Oesterreich in dieser Periode, keineswegs aber nach Eroberung gestrebt. Denn in der ganz isolirten Thatsache, daß es Krakau aufhob, nachdem es zum Heerde von Anzettelungen geworden war, welche die Revolution in einen Theil der österreichischen Länder zu werfen drohten, wird Niemand eine allgemeine Eroberungspolitik erkennen. Oesterreichs Heere haben damals wiederholt Italien durchzogen, sie haben in einer einseitigen und verderblichen Richtung den Einfluß Oesterreichs in jenem Lande gestützt, aber erobert haben sie für Oesterreich nicht.

Ein anderer Vorwurf gegen das Kaiserreich deutscher Nation wird auf die von demselben geübte Schirmherrschaft der einheitlichen katholischen Kirche gegründet. Obgleich die Bevölkerung der ganzen österreichischen Monarchie nach Ausweis der Statistik nicht mehr in dem Grade überwiegend katholisch ist, wie vor zwei Jahrhunderten, oder wie noch heute Italien, Spanien, selbst Frankreich, so haben seine Heere doch in der Metternich'schen Periode wiederholt die bedrohte Herrschaft des Papstes geschirmt, während gleichzeitig Metternich den Uebergriffen der Kirche in das eigentlich staatliche Gebiet entgegen war. Allein dieser Schutz stand nicht in Verbindung mit der Idee, daß Oesterreich wie

13*

einst das Kaiserreich einen allgemeinen christlich-katholischen Welt=
staat darstelle. Oesterreichs Vorgehen war durch seine Legitimi=
tätspolitik, seine Machtstellung, seine geographische Lage bedingt.
Wäre Oesterreich nicht eingetreten, so würde damals jede andere
katholische Macht, welche dazu die Kraft gehabt hätte, dasselbe
gethan haben. Seit 1849 theilte Oesterreich dieses Schirmherrn=
amt mit Frankreich. Seit 1859 übt letzteres dasselbe allein, in
jener eigenthümlichen Weise, welche den Zweifel wach ruft, ob
es das Papstthum sich dienstbar machen will, indem es dasselbe
wieder nach Frankreich hinüberzieht, — wie einst nach Avignon —
oder indem es aus Rom thatsächlich und dauernd ein Stück
Frankreichs macht.

Oesterreich ist weniger centralisirt als Frankreich, weniger
auch als Preußen. Aber gleicht deshalb sein staatlicher Ver=
band, dem der deutschen Reichsländer, mit dem ausgeprägten
Territorialprinzip nach unten und dem Wahlkaiserthum nach
oben? Oder will man die Leistungen des Reichs zur Zeit sei=
nes Verfalls mit denen Oesterreichs, die Haltung der sprüch=
wörtlich gewordenen Reichsarmee mit den Kämpfen Oesterreichs
gegen die Türken, Ludwig XIV., Napoleon I. und Napoleon III.
vergleichen? Oesterreichs Leistungen waren fast immer bedeutend,
aber auf die Führung seiner Heere hatte mehrmals sein poli=
tisches System den verderblichsten Einfluß. Die Thaten Eugens,
des Erzherzogs Karl, Radetzky's werden immer die Bewunder=
ung, die Niederlagen Mack's und Giulay's immer die Entrüstung
der Nachwelt erregen.

Oesterreich hat oft, wie England in früheren Jahrhunder=
ten, große innere Krisen gehabt, welche seine Kräfte ganz oder
theilweise banden, aber es fehlt seiner Geschichte völlig der
Charakter jener chronischen Abspannung der Kräfte des Ganzen,
welche die Entwickelung des deutschen Reichs seit dem Falle der
Hohenstaufen bis zu seinem Ende kennzeichnet. Ein Vergleich
mit einem solchen Zustande der Dinge paßt nicht für einen
Staat, welcher unter bedenklichen inneren Zuständen noch 1859

allein gegen Frankreich, einen großen Theil Italiens und die auf seine italienischen Provinzen rückwirkende Revolution zwar ohne Glück, aber nicht ohne Ruhm für sein Heer kämpfte, wel= ches, von Benedek statt von Giulay geführt, vielleicht herrliche Siege erfochten hätte. Auch heute würde Oesterreich, wenn es sein müßte, trotz seines unvollendeten Verfassungsbaues, trotz zerrütteter Staatsfinanzen, seine kampfgeübten, gut disciplinirten, dem Heere Frankreichs an Zahl und Tüchtigkeit nicht nachstehen= den Bataillone mit größter Schnelligkeit sammeln, um die bedrohten Gränzen, wo es auch sei, zu schützen.

Sechster Abschnitt.

Schluß.

Die geschichtliche Anschauung, welcher bisher entgegen ge=
treten worden ist, verneint, daß unser Volk, sich jemals als
politisches Ganzes während einer längeren Epoche zu ge=
schichtlicher Größe erhoben hat. Es wird eine Hypothese auf=
gestellt, nach welcher dasselbe etwas Großes bedeutet haben würde,
wenn andre störende Thatsachen nicht eingetreten wären.

Nach unsrer Ansicht glänzte die deutsche Nation in der That
Jahrhunderte lang in hoher weltgeschichtlicher Bedeutung. Es
sind, so lange das Kaiserreich blühte, die nationalen Kräfte in
einer für das Mittelalter ungewöhnlichen Weise zusammengefaßt
worden. Nachdem dasselbe aber, nicht ohne seine Schuld, gestürzt
war, und die in ihm lebende Idee zu verbleichen begonnen hatte,
ist die eine in unsrem Wesen liegende Richtung, der Sinn für
das Besondre, ohne Aufenthalt Jahrhunderte hindurch stetig fort=
geschritten, und Deutschland in eine Reihe selbstständiger, föde=
rativ nur schwach geeinigter, Staaten auseinander gegangen.

Seit etwa einem halben Jahrhundert hat die Nation einen
kräftigen Anstoß nach der entgegengesetzten Richtung hin erhalten.
Es fragt sich nun, ob wir mit unsren geschichtlichen Gestalt=
ungen, und den unsrer Zeit eigenen Kräften Aehnliches schaffen
können, wie damals mit andrem staatlichen Stoffe und mit den
Kräften jener Zeit, d. h. ob wir uns einen, unsrer Nation im
Ganzen Geltung, Ehre, Ruhm, eine schwungvolle Entwickelung
geben können.

Zwei Kräfte sind es, welche in der Gegenwart eine früher unbekannte Bedeutung für unser öffentliches Leben haben: die materiellen Interessen, in Verbindung mit der unendlich erleichterten Communication, und unser wachsendes Nationalgefühl, das Kind des großen geistigen Inhalts unsrer Literatur, und der aus der Schmach der Fremdherrschaft erstandenen Befreiungskämpfe.

Dieses Nationalgefühl ist aber nicht nur der Stärke, sondern auch der Art nach sehr verschieden vertheilt in den Gauen unsres weiten und schönen Heimathlandes. Es geht mit andren politischen Trieben, mit Stammes-Sympathien und Antipathien, vornehmlich aber mit den durch die einzelnen Staaten und ihre Geschichte hervorgerufenen Interessen und Gefühlen ganz eigenthümliche Kreuzungen und Verbindungen ein. Es ist nicht dasselbe weder in Oesterreich noch in Preußen, weder in Bayern noch in Hannover, weder in Mecklenburg noch in Weimar, weder in Hamburg noch in Frankfurt. Wie in einem Focus zeigte sich dies in dem Frankfurter Parlament, obgleich damals die äußeren Antriebe zur Einigung so kräftig wirkten, wie es nicht leicht wieder der Fall sein wird. Auch heute ist es nicht anders. Dies beweis't nicht nur die Verschiedenheit der Parteien, sondern es würde innerhalb der einzelnen Parteien in ganz andrer Weise zu Tage treten, wenn man aus dem Gebiete allgemeiner Sätze zu bestimmten, sofort zu verwirklichenden politischen Formationen überzugehen hätte.

In Frankfurt war man schließlich auf dem Wege, sich über die oberste Gewalt in dem Bundesstaate gar nicht einigen zu können. Den Wendepunkt bildete die Veröffentlichung der Kremsierer Verfassung vom 4. März 1849. Dieser Wendepunkt führte zu der Kaiserwahl und weiter zu dem Projekte der Union, und allen den bekannten Dingen, welche darauf folgten, d. h. zu einer Reihe mißglückter Versuche. Kaum wäre es nur zu diesen Versuchen gekommen. Allein der Bundestag bestand nicht mehr. Die einfache Rückkehr zu demselben dachte sich damals fast jeder Politiker als unmöglich. Ja noch mehr, auch die großbeutsche, in der Frankfurter Nationalversammlung vertretene Partei wollte einen ganzen und vollen Bundesstaat. Ihr Programm war ursprünglich „eine einheitliche Verfassung mit einheitlicher Regierung, eine starke Centralgewalt und daneben eine, die Freiheit und die Volksrechte verbürgende Volksvertretung."*)

---

*) Das „einheitliche" wurde bald nicht im persönlichen sondern im sachlichen Sinne aufgefaßt. Die gemeinschaftliche Regierung sollte, wenn auch von verschiedenen Personen geführt, innerhalb bestimmter Gränzen Einheit in das deutsche Staatsleben bringen, und in soweit auch in den inneren Angelegenheiten Deutschlands unmittelbar in das bisherige Gebiet der Einzelstaaten eingreifen. Die Realisirung eines Bundesstaates in der vollen Consequenz war allerdings mit der Kremsierer Verfassung unvereinbar. Dies war kein Irrthum. Der Irrthum lag in etwas Anderem. Man blieb bei diesem Symptom stehen, und ließ sich durch dasselbe nicht zu der allgemeineren Erkenntniß leiten, daß der vollständige Begriff eines gemeinsamen, constitutionellen deutschen Bundesstaates weder mit dem Begriff der österreichischen, noch mit dem der preußischen Monarchie vereinbar ist. Der wahre Gegensatz wäre damals gewesen: soll man den strengen Schulbegriff des Bundesstaates festhalten, oder soll man die Bundesverfassung im Anschluß an die gegebenen Verhältnisse verbessern, aber so, daß Oesterreich und Preußen Platz in derselben haben. An eine Reform auf der Basis der Bundesverfassung, an ein Anknüpfen an den Bundestag dachten damals selbst die Regierungen nicht; in der Nationalversammlung konnte die Frage ernstlich nicht gestellt werden, an eine Majorität für dieselbe war vollends nicht zu denken. Der Begriff des Bundesstaates in seiner Consequenz beherrschte die Geister; er galt für gleichbedeutend mit dem Wohl des Vaterlandes. So wurde auch für mich die Veröffentlichung der Kremsierer Verfassung die Veranlassung, einen andren Weg als den bis dahin gegangenen, zur Erreichung des Bundesstaates zu betreten. Aber nicht ohne im Stillen die größten Bedenken zu hegen, schloß ich mich dem Versuche des preußisch-deutschen Kaiserthums und später dem der Union, welche der Kern einer weiteren Gestaltung sein sollte, an. Heute kann ich sagen, es wäre richtiger gewesen, dies nicht zu thun. Allein von Individuellem und von der Neuheit des öffentlichen Lebens in Deutschland zu jener Zeit ganz abgesehen — die Verschiedenheit der damaligen und der gegenwärtigen Zeitverhältnisse ist nicht zu verkennen. Wie war Oesterreich im Jahre 1849 durch die Revolution zerrissen, durch Krieg bedrängt! Wie hatte sich Preußen, welches jetzt wieder innere Festigkeit gewann, vom Anfang an für die Idee des Bundesstaates engagirt! Wie war Frankreich in sich gebunden! Welches war die Lage und die Festigkeit der rein deutschen Staaten! Und lag es nicht nahe, jeden Versuch zu wagen, nachdem man mit dem Bundestag die Brücken hinter sich abgebrochen hatte?

Das Gefühl herrschte vor, daß, wenn in Frankfurt gar nichts zu Stande komme, Deutschland ohne alles politische Band einer wüsten Zukunft entgegen gehe. Daher kamen eine Menge Abstimmungen, welche durchaus nicht die reine Ansicht der Abstimmenden ausdrückten. Es gab keine wahre Majorität für den preußischen Erbkaiser, für die Grundrechte in ihrer schließlichen Fassung, für die anti-monarchischen Rechte der Nationalrepräsentation. Der Abschluß der Verfassung beruhte auf gegenseitigen, ausdrücklichen oder stillschweigenden Concessionen. Die democratische Partei hoffte, die Verfassung in der Hand, den Erbkaiser, die streng constitutionelle Partei hoffte mit dem Erbkaiser die all zu democratischen Bestimmungen der Verfassung in der Zukunft zu eliminiren. So wenig es in der Nationalversammlung eine wahre Uebereinstimmung gab über die Art der größeren Einigung der deutschen Staaten, so wenig war dies rücksichtlich der Regierungen der Fall.

Für Alle, welche in jener Zeit für die Umgestaltung der Bundesverfassung mitgewirkt haben, sind zwei Fragen von erster Wichtigkeit. Zunächst ob sie — ohne Rücksicht auf den Erfolg — eben so handeln würden wie damals, wenn sie wieder in jener Zeit ständen, aber bereichert durch das, was sie seitdem durch Nachdenken und durch Erfahrungen gelernt haben? Sodann, ob heute eine größere Wahrscheinlichkeit besteht wie damals, einen ganz ähnlichen Plan wie jenen der Union zu verwirklichen? Zu diesem Zwecke ist die volksthümliche Bewegung der Nation im Ganzen, sind die Ueberzeugungen der einzelnen Regierungen, die größere oder geringere Festigkeit derselben, die Lage Preußens, Oesterreichs, Frankreichs und ganz Europas heute und in den Jahren 1849—1850 zu vergleichen.

Dies vorausgeschickt, gebe ich, da einmal die Beurtheilung unserer Vergangenheit mit dem wichtigsten Anliegen der Gegenwart in Verbindung gebracht worden ist, statt einer zusammenhängenden Erörterung meine Anschauungen unsrer gegenwärtigen Lage, in einer Reihe unmotivirter, und nicht in's Einzelne entwickelter Sätze, der Zukunft es überlassend, ob deren weitere Begründung nützlich erscheinen kann.

1) Der politische Stoff, welchen wir vor uns haben, besteht in unseren souveränen, föderativ verbundenen Staaten, darunter die beiden Großstaaten, beide in eigenthümlicher Weise auf sich selbst gestellt, beide in eigenthümlicher Weise mit dem Gesammtleben der Nation verwachsen.

Unter den gestaltenden Kräften sind die großen materiellen Interessen und ist das Nationalgefühl bereits näher bestimmt. Die confessionellen Gegensätze haben nicht mehr dieselbe Schärfe wie ehedem. Der geistige Fortschritt hat sie gemildert, die im Anfang dieses Jahrhunderts erfolgte neue Staatenbildung aber hat den allgemeinen deutschen Gegensatz protestantischer und katholischer Stände und Territorien gebrochen. Sie hat denselben mehr oder minder in alle deutschen Staaten übertragen, die bedeutendsten derselben thatsächlich paritätisch gestaltet. Verschwunden ist indessen der confessionelle Gegensatz nicht.

An die alten deutschen Stammesunterschiede schließen sich nur noch einzelne Staaten ihrem Kerne nach an. Dagegen zieht sich durch alle deutschen Länder jene volksthümliche Verschiedenheit, welche wir kurzweg mit „norddeutschem und süddeutschem" Wesen zu bezeichnen, und wobei wir das mittlere Deutschland halb diesem, halb jenem Theile beizulegen pflegen. Die geographische Bezeichnung ist freilich nicht ganz zutreffend; jeden Falles sind die scheidenden Linien keine geraden; sie steigen und senken sich, ähnlich denjenigen, welche uns die Richtungen der magnetischen Breitegrade oder der Isothermen darstellen. Auf diesem Gebiete liegt die höchste Aufgabe dicht neben der größten Gefahr. Die verschiedenen volksthümlichen Richtungen stellen nur in ihrer Verbindung das volle deutsche Geistesleben dar. Das Streben, dieselben durch ein engeres politisches Band zu gegenseitiger Durchdringung zu führen, kann entsetzlich in das Gegentheil umschlagen, wenn es entweder unverständig betrieben wird, oder wenn diese volksthümlichen Unterschiede durch politische oder confessionelle Gegensätze, auf natürlichem oder

künstlichem Wege zur Flamme angefacht werden. Der eigent=
liche Sitz dieses, so wie des confessionellen Gegensatzes ist die
im geistigen Leben stationärere Masse des Volkes.

Diese Kräfte und jener Stoff, ihr gegenseitiges Ver=
hältniß, ihre Beziehung zu den organisirten Kräften der ein=
zelnen Staaten, geben uns das Maaß dessen, was wir im Wege
friedlicher Entwickelung können und sollen.

2) Das Nationalgefühl bildet im Allgemeinen keinen
volksthümlichen Gegensatz zu den Regierungen. Die Reform=
bewegung greift auch in ihre Sphäre, und die apathische Stimm=
ung sahen wir das Volk wie die Regierungen erfassen. Wer
aber in allgemeinen Zügen den Gegensatz dessen, was war und
was ist, sich vergegenwärtigen will, der braucht nur unser heu=
tiges Vertheidigungssystem und die Beschaffenheit unsrer Bun=
descontingente neben ein Reichsheer des vorigen Jahrhunderts
zu stellen, oder sich zu erinnern, wie bereit die meisten Staaten
im Jahre 1859 waren, ihre Contingente in's Feld rücken zu lassen.

3) Bei Beurtheilung des Bundestages sind zwei Dinge
streng zu scheiden. Die Mängel, welche in der Organisation
desselben, und diejenigen, welche nicht hier, sondern tiefer ihren
Grund haben, deshalb auch nicht hier, sondern nur da, wo ihre
Quelle ist, geheilt werden können. Unter letzteren steht der
Dualismus oben an, welcher, wenn nicht innerlich ver=
söhnt, auch jede neue an die Stelle des Bundestags
tretende Combination feindlich durchbringen wird.

Unter den Mängeln der Organisation des Bundestags hat
sich durch eine fast fünfzigjährige Erfahrung der Widerspruch
zwischen seiner Gestaltung und den nach Art. 13 der Bundes=
acte vorausgesetzten Landesverfassungen als der wichtigste her=
ausgestellt. Er bezieht sich unmittelbar jedoch nur auf dieje=
nige Competenz des Bundestags, welche nicht blos völkerrecht=
licher Natur ist, sondern in die inneren Staatsverhält=
nisse der Bundesglieder eingreift. Dieser Mangel wurde
bis vor Kurzem im höchsten Grade dadurch geschärft, daß die
beiden Mitglieder des Bundes, welche, so oft sie übereinstimmen,

der Regel nach auch entscheiden, den Artikel 13 der Bundesacte in ihren eignen absolut regierten Monarchien unausgeführt ge= lassen hatten. Die Schärfung des Uebels ist weggefallen, das Uebel selbst besteht noch fort.

Es ist — wie überall — so auch auf dem Gebiete der Bundes = Reform die erste Vorbedingung der Heilung, das, woran man leidet, rückhaltslos darzulegen. Das Zweite ist, von den Symptomen zu dem Grund des Uebels den Blick zu erhe= ben, und das Dritte, sich klar darüber zu werden, in wie weit und durch welche Mittel die Besserung möglich ist. Man soll erkennen, was die Natur der Dinge Positives bietet, um das Fehlerhafte zu ersetzen oder umzubilden. Uebersehen wir dies, so gleicht unsre Polemik der Thätigkeit dessen, der einen schadhaften Ast von seinem Baume entfernen wollte, und — ganz vertieft in sein Geschäft — vollständig vergaß, daß er selbst auf diesem Aste saß, und daß er bei dem letzten Schnitt seiner Säge einen höchst gefährlichen Sturz thun mußte.

4) Die Grundsätze, welche das preußische Ministerium des Auswärtigen in der Beantwortung der königlich=sächsischen Bun= des=Reform=Vorschläge neuerdings bekannt hat, führen zu einem anderen praktischen Resultate, als die Ideen namhafter Vertreter der Volkspartei, welche den preußisch = deutschen Bundesstaat innerhalb des Bundes, und jener, welche ihn nach Befinden auch unter völligem Preisgeben der Bundesgemeinschaft will.

5) Allen diesen politischen Bestrebungen steht aber der Satz gegenüber, daß die Fortdauer des Bundes in seinem Fundamente unvereinbar ist mit jenem engeren Bunde. Dies ist wahr, selbst wenn man den weiteren Bund auf seinen völkerrechtlichen Inhalt beschränken, oder wenn man zwei engere Bünde, einen preußisch=deutschen und einen österreichisch = deutschen errichten wollte.

Das Wesen des Bundes liegt nur theilweise in dem Schutz, welchen er jedem Mitgliede in dem Fall gewährt, wenn ein Feind sein Bundesgebiet betritt. Es liegt eben so sehr in der genau bestimmten Mitwirkung jedes Mitgliedes bei Entscheidung der Frage, ob, wann, und wie Deutschland als Ganzes in den Krieg oder aus dem Krieg in den Frieden treten soll. Alles, was einem Bundesgliede diese Mitwirkung abschneidet, was die Bedeutung seiner Stimme verringert, oder was sie nur zum Schein fortbestehen läßt, ist eine Aenderung und zwar die aller= wesentlichste Aenderung des Fundaments des Bundes. Man hat sich denselben natürlich nicht ideal — etwa wie die u n s i c h t= b a r e Kirche über den einzelnen protestantischen Landeskirchen — sondern, wie alles Staatliche, concret, also mit seinen ver= fassungsmäßigen Organen zu denken. Kein Bundesfürst darf, so lange er noch B u n d e s f ü r s t i s t, die ä l t e r e Bundesgemein= schaft und die durch dieselbe begründeten staatsrechtlichen Bezieh= ungen aller Glieder zu dem Ganzen, durch neuere einseitige Ver= bindungen aufheben, oder wesentlich ändern.

Der engere Bund will aber als Erstes und Letztes eine völkerrechtliche Persönlichkeit f ü r s i c h begründen, welche mit einem andren Staate wohl in einem bleibenden föderativen Ver= hältniß stehen, niemals aber in ihrer inneren Organisation sei= ner Stimme einen Einfluß darauf gestatten will, ob sie als Gan= zes einen Krieg beginnen oder beendigen soll.

Ein engerer Bund würde sich in der e n t g e g e n g e s e t z t e n Auffassung mit dem weiteren Bunde vereinigen lassen; wenn er nämlich alles Völkerrechtliche, Alles worüber der Bundestag nach Majorität entscheidet, unberührt ließe, und sich in legislativen Fragen, überhaupt in Allem, wofür das Bundesrecht Stimmen= einhelligkeit verlangt, dem Bunde als Glied einfügte. Dies ist aber nicht das, was beabsichtigt wird.

6) Die praktische Bedeutung dieses Unterschiedes für einen Staat wie Oesterreich ist an sich so klar, daß sich schon aus diesem einen Grunde die Unmöglichkeit ergibt, einen engeren, Deutschland ohne Oesterreich begreifenden Bund auf friedlichem Wege herzustellen.

Man setze den Fall, daß unter dem Zusammenwirken und unter dem vorübergehenden Drucke ganz ungewöhnlicher Um= stände der vollständige preußisch=deutsche Bundesstaat, fast wie ein

Wunder, ohne Revolution und Krieg in's Leben träte, so müßte letzterer unausbleiblich folgen, wie sich jene Umstände geändert haben würden. Es wäre aber ein Bürgerkrieg, begleitet von revolutionären Erhebungen und der Einmischung des Aus= landes. Der verhängnißvollen Schwere dieser Dinge ist durch Worte nichts hinzuzufügen.

7) Das Wesen jeder Föderation liegt in der Mitwirkung ihrer Glieder in der obersten, für die gemeinschaftlichen Angele= genheiten bestellten Regierung. Diese Mitwirkung kann eine unmittelbare oder mittelbare sein, eine engere oder losere födera= tive Gemeinschaft begründen. Die Uebertragung der wesentli= chen gemeinschaftlichen Regierungsrechte auf eines der Mitglieder für immer, und mit Begründung eines erblichen Uebergangs dieses Rechts auf seine Regierungsnachfolger hebt das Wesen der Föderation auf.

Die engere föderative Verbindung ist der Bundesstaat, die weitere der Staatenbund. Dieser ist eine Vereinigung der Glieder, jener soll zwar keinen einheitlichen Staat, wohl aber eine wirkliche Einigung derselben, dieser eine gesellschaftliche, jener eine obrigkeitliche Gewalt begründen. In dem Bun= desstaate sollen die Verfügungen der Centralgewalt unmittelbare Gültigkeit für die Angehörigen der Einzelstaaten haben, im Staatenbunde hängt ihre Verbindlichkeit davon ab, ob und wie weit sie die Regierung des Einzelstaates verkündet. In der Wirklichkeit gehen einzelne Attribute des Staatenbundes und des Bundesstaates oft in einander über.

Aber in beiden Formen hat die Bildung hier der gesell= schaftlichen, dort der obrigkeitlichen Gewalt den föderativen Cha= rakter zu tragen.

8) Ein engerer Bund, welcher die Vertretung nach außen, ferner die Entscheidung über Krieg und Frieden, die Führung des Heeres in die Hand Preußens d. h. des jeweilig regieren= den Königs von Preußen, legt, ist weder Bundesstaat noch Staa= tenbund. Er nähert sich darin dem Zustande des gewesenen deutschen Reiches, daß er die Stellung, welche Oesterreich in

ganz Deutschland hatte, in veränderten Formen Preußen in einem Theile von Deutschland anweist. Aber auch hier darf man sagen: comparaison n'est pas raison. Die Vergleichung paßt selbst in dieser geographischen Beschränkung nur halb. Das oberherrliche Recht, welches damals nur thatsächlich bei einem und demselben Regentenhause blieb, würde hier rechtlich mit demselben verbunden. Rechte, die früher die Föderation der Stände im Reichstage ausübte, würden hier dem Oberhaupt des engeren Bundes übertragen. Dieses Recht würde endlich, im Gegensatze zu dem, was zur Zeit des deutschen Reiches galt, eine rechtlich feststehende Souveränität theilweise wieder aufheben. Der Hauptsache nach würde die Stellung des Vorstandes des engeren Bundes die eines Monarchen sein, wel= cher mit der vollen Souveränität über sein eigenes Land auch noch Rechte der Oberhoheit (souzeranité) über andere, in soweit beschränkte Monarchien verbände.

Dies ist innerste monarchische Kern des modernen preußisch= deutschen Bundesstaates, mag man ihm nun den volksthümlichen Namen des Kaiserthums oder den doctrinären der Union, des engeren Bundes geben. Die Unterschiede liegen immer nur in einem Mehr oder Minder des geographischen Um= fanges, der monarchischen Oberhoheitsrechte, der constitutionel= len Beigabe, oder in einem gänzlichen Ausschluß der letzteren.

9) Wenn die engere Einigung auf die militärische und völ= kerrechtliche Einheit beschränkt bleibt, so hat dieselbe gar keinen constitutionellen Charakter; denn auch in den Einzelnstaaten ge= hören diese Fragen an sich nicht zur Competenz der Volksrepräsentation. Wenn diesen Zwecken noch andere beigefügt werden, eine gemeinsame Gesetzgebung, so kann insoweit die Einigung den föderativen und zugleich den constitutionellen Charakter erhal= ten. Es entsteht dann eine halb föderative und eine halb ober= hoheitlich=monarchische Verfassungsform.

In dem Maaße, wie das constitutionelle Element eines engeren Bundes wesentlich gesteigert wird, in dem Maaße wächst auch für Preußen die Schwierigkeit, in denselben ohne Vorbehalt

einzutreten, da ein großer Theil seines inneren Staats=
lebens nicht blos durch die staatsrechtlichen Factoren des preu=
ßischen Staates, sondern durch andere über jenen stehende Poten=
zen bestimmt werden würde.

Ein vollständiges constitutionelles Gepräge würde
der engere Bundesstaat nur unter der Voraussetzung eines
eigenen von der Volksrepräsentation zu bewilligenden Reichs=
budgets, überhaupt eines eigenen der Union unmittelbar unter=
stellten Finanzwesens erhalten.

10) Es ist nur eine Fiction, daß die oberste Gewalt nicht
Preußen oder dem König von Preußen, sondern dem neu ent=
stehenden Oberhaupt eines neuen Staatswesens übertragen würde.
Die neue Centralgewalt ist eben in den Hauptfragen der König
von Preußen. Die Geschichte der Dynastie und des Landes
würde nicht mit einem Male zerschnitten oder inhaltlos wer=
den. Der König würde überdies in der Mitte seines Staates
bleiben und fortfahren zu diesem, seinem eigenen Staate
in einem ganz anderen und näheren Verhältnisse zu stehen, als
zu den übrigen Unionsstaaten. Gleichwohl lautet die gewöhn=
liche Theorie etwa so: an der Stelle des Bundestags, oder inner=
halb des Bundestags soll eine auf das Nothdürftigste beschränkte
einheitliche Organisation sich bilden. Für alle Zeit soll der König
von Preußen die Spitze dieser Organisation darstellen. Das ein=
heitliche Band derselben soll aber nichts preußisches, sondern etwas
deutsches sein.

11) Daß Preußen, obgleich nicht rein deutsch, sich doch
in viel höherem Grade dem Wesen eines rein deutschen Staates
dem nationalen Inhalte nach nähert als Oesterreich, ist vollkom=
men einleuchtend. Formell sind die zum deutschen Bunde ge=
hörigen Provinzen Preußens weit einheitlicher mit den übrigen
verbunden, als dies durch die Februar=Verfassung rücksichtlich der
zum Bunde gehörigen, und der nicht dazu gehörigen Länder
Oesterreichs der Fall ist.

12) Das Interesse Preußens als selbständigen Staates
wird mit dem Interesse der Union im Ganzen und jedes ein=

zelnen Unionsstaates oft zusammenfallen, vielleicht bis zu dem=
selben Grade, oder noch vollständiger, wie das Interesse des
ganzen deutschen Reichs mit dem der österreichischen Gesammt=
monarchie vom westphälischen Frieden an zusammen fiel. Allein
die Behauptung, daß beide Interessen stets zusammenfallen müs=
sen, daß Conflicte zwischen dem nächsten und dem ferneren In=
teresse nicht eintreten würden, weder im Frieden, noch nach
einem glücklichen Kriege, der eine Erweiterung des Gebietes be=
gründet, noch auch nach einem unglücklichen, zu momentanen
Gebietsabtretungen nöthigenden Kriege, ist in dieser Allgemein=
heit unwahr. Auf den nicht deutschen Besitz Preußens wird
dabei kein besonderes Gewicht gelegt. Derselbe ist, wie die
Dinge einmal geworden sind, eben so wichtig für Deutschland,
wie die Behauptung der nicht deutschen Besitzungen Oesterreichs.
Das Festungsviereck und Venedig allein hält Deutschland im
Süden das Meer offen und gestattet ihm eine freie Entfaltung
seiner Kräfte nach dieser Seite hin. An den ganzen oder theil=
weisen Verlust der östlichen Hälfte der österreichischen Monarchie
knüpft sich das sofortige Vorrücken Rußlands, oder ein politi=
sches Chaos, welches, wie einst die Zustände Polens, Rußland
wenigstens später hereinziehen, und ihm in unserer südöstlichen
Flanke dieselbe Stellung geben würde, welche es bereits in der
nordöstlichen hat.

13) Auf die größere Kraft der gemeinsamen materiellen
Interessen und auf das lebendiger erwachte Nationalgefühl stützt
sich die Parteibewegung, welche in ihrer reinsten Auffassung von
der Ansicht ausgeht, daß die von den Einzelnstaaten zu bringen=
den Opfer, der Krone Preußens gegenüber, für das Ganze noth=
wendig, für sie selbst nur scheinbar ein Selbstmord, in
Wahrheit eine Selberhaltung seien. Hierbei steht aber
keineswegs die Einheitsbewegung einfach dem Particularismus
gegenüber; sondern es stoßen zwei Reformbewegungen an einan=
der, von denen die eine dem Bestehenden mehr, die andere weni=
ger feindlich ist. Die kleindeutsche, wie die großdeutsche Partei
enthält patriotisch gesinnte Männer und einen Anhang, welcher

Nebenzwecke erstrebt. Hier wird unter dem Vorgeben der groß=
deutschen Reform einfach das Fortbestehen der gegenwärtigen
Zustände, dort schließlich eine ganz andre Neuerung, als die
zunächst betonte erzielt. Wir fassen auf beiden Seiten nur die
in's Auge, deren wahre Gedanken und Ziele in ihren Worten
liegen. Nach der Ueberzeugung der großdeutschen Partei aber dienen
die für den preußisch=deutschen Bundesstaat verlangten Opfer
weder dem Ganzen, noch dem Besten der einzelnen Länder. Nur
ein engeres föderatives Band auf der Basis der gegebenen
staatsrechtlichen Zustände frommt nach dieser Ansicht dem einen,
wie dem anderen Zwecke. Ueber die Stärke beider Parteien in
dem hier zunächst in Frage kommenden nicht preußischen und
nicht österreichischen Deutschland ist schwer zu urtheilen, beson=
ders deshalb, weil die großdeutsche Partei sich nicht organisirt
hat. Dies ist, wie die Dinge jetzt stehen, ein Uebel und
scheint sich nicht blos aus der conservativeren Natur derselben,
sondern auch daraus zu erklären, daß sie das Bewußtsein hat,
sich außer den Kräften der Partei, noch auf die organisirten
Kräfte fast aller Mittelstaaten und mehrerer kleinen Staaten
im Entscheidungsfalle zu stützen.

Die nächste Frage ist nun die, ob irgend eine Aussicht vor=
handen ist, daß die kleindeutsche Staatsidee den doppelten Wider=
stand des Particularismus und der großdeutschen Reformpartei
durch eine geistige Bewegung überwinden kann, selbst wenn
Oesterreich sich eine Zeit lang gar nicht in das Spiel mischen
wollte, oder könnte? Ich glaube, die Frage ist zu verneinen.
Wäre aber das Gegentheil der Fall, und verfolgte Preußen in
der neuen Gestaltung der Dinge den ihm vorgezeichneten Weg
mit einer seltenen Reinheit der Absichten, was würde der Erfolg
sein? Könnte sich die neue Staatsbildung, welche in solcher
Weise noch nie und nirgends in der Geschichte bestanden hat,
von Oesterreich und dem ganzen Continente abgewendet, wie
einst das werdende Großbrittanien, auf einem seeumgürteten
Eilande ungestört entwickeln, so möchte vielleicht, trotz aller
theoretischen Bedenken, unter guter Leitung auch etwas Tüchti=

ges daraus werden. Den Particularismus aber und die groß=
deutsche Reformpartei im Herzen, Oesterreich mit dem Stachel
seiner Reminiscenzen im Rücken, Frankreich und Rußland auf
inneren deutschen Hader hoffend, zur Seite, alle diese Dinge sich
anrankend an die natürlich nie zu vermeidenden Reibungen,
Meinungs= und Interessenverschiedenheiten zwischen dem Ganzen
und den Theilen: würde das neue Deutschland nicht nur kleiner,
sondern auch schwächer sein, als das gegenwärtige. Die neue
Gestaltung würde zerfallen, oder Preußen müßte den Versuch
machen, den Bundesstaat umzustürzen, und auf seinen Trüm=
mern, mit den Waffen in der Hand, den Einheitsstaat zu errich=
ten. Aber mit welcher Aussicht auf Erfolg unter solchen Um=
ständen? und was wäre aus den deutschen Interessen geworden,
welche jetzt Oesterreich im Süden und Südosten vertritt?

14) So lange Preußen in seiner jetzigen Position verharrt,
der Bundesthätigkeit möglichst entgegenzutreten, um die übrigen
Staaten dadurch für den kleindeutschen s. g. Bundesstaat zu dis=
poniren, so lange kann und wird gar keine Reform zu Stande
kommen. Es könnte ebenso wenig etwas zu Stande kommen,
wenn Oesterreich die Rolle von Preußen übernähme, und Preu=
ßen dem entgegen wäre. Allem Anschein nach wird weder die
Publicistik noch der Journalismus, noch die Diplomatie an die=
sem entnervenden Zustand der Dinge in der allernächsten Zeit
etwas ändern. Sie werden bis zu einem gewissen Punkte ihren
Gang gehen. Wenn man um einige Illusionen ärmer ist, ein
billiges oder auch vielleicht ein entsetzliches Lehrgeld gezahlt hat,
wird man entweder in das Stadium der Apathie gegen die ge=
meinsamen deutschen Angelegenheiten zurückfallen, oder die rechte
Stimmung finden, um auf einem andren Wege sich der Reform
des Bundes zuzuwenden.

15) Die Ideen, welche das Kaiserreich deutscher
Nation in seiner Blüthezeit trugen, sind dahin. Dieses wird
wenigstens seinem inneren Wesen nach nie wiederkommen;
noch wird Deutschland in dem Europa, wie es heute ist, so
überwiegen, wie damals. Aber es kann in ähnlicher Weise, wie

in jener Zeit, zu einer hohen völkerrechtlichen Bedeutung sich erhe=
ben. Die neue Gestaltung würde nicht von den Ideen des histo=
rischen Kaiserreiches, sondern von den unmittelbarsten politischen
Interessen der deutschen Staaten ausgehen.

Der Mittelpunkt des Ganzen ist die klare Einsicht der beiden
deutschen Großstaaten, daß nicht das Streben nach einseitiger Hege=
monie in Deutschland, sondern nur eine auf Gleichstellung be=
rechnete vollständige Föderation jedem dieser Staaten eine Summe
von Kraft, freier Entwickelungsfähigkeit und dauernder Sicher=
heit gewährt, wie keine Alliance; daß dieselbe aber vollends mit
der wirklichen Isolirung des einen oder andren dieser Staaten
in dem schneidendsten und vortheilhaftesten Gegensatz steht. Diese
Isolirung folgt dem in Europa vorherrschenden Gefühl, daß
beide Staaten nur in ihrer Verbindung die Entscheidung geben,
wie sein Schatten nach.

In dieser Föderation würden die rein deutschen Staaten
durch ihre Mitwirkung in den Bundesangelegenheiten nach innen
und nach außen nicht wenig, als eigentlich zusammenhaltendes
Element viel*), und in dem geistigen Leben der Nation vielleicht
das Meiste bedeuten.

In der völkerrechtlichen Kraft solcher Föderation liegt deren
größte Bedeutung, das Wichtigste von Allem, was wir durch
gemeinschaftliche Kräfte zu erstreben haben. Ohne Hinterge=
danken verwirklicht, bedeutet sie etwas, was die Nation im
tiefsten Innern erwärmen, erregen und zu gemeinsamer hinge=
bender That erwecken kann.

Wirklich in's Leben treten kann sie nur, wenn zuerst die
Einsicht gewonnen ist, daß der Weg, welchen die kleindeutsche
Partei zeigt, nie zu dem gewünschten Ziele führt, daß er dem
wahren preußischen Staatsvortheil nicht dient; wenn zweitens
eine Combination gefunden wird, welche nicht nur die einseiti=

---

*) Darin erblicke ich einen Grund, weshalb bei einer Reform des Bundes
im Interesse des Ganzen, und folglich auch aller Glieder, das militärische
Machtverhältniß nicht den alleinigen Maßstab für das Zusammenwirken
der rein deutschen Staaten mit den beiden Großstaaten abgeben sollte.

gen Hegemoniebestrebungen ausschließt, sondern die Verbindung beider Großstaaten mit Deutschland so gestaltet, daß dadurch das Interesse beider wirklich und dauernd gesichert, nicht von schwankenden Voraussetzungen abhängig gemacht wird.

Wird dieses Ziel nicht erreicht, so ist — vorausgesetzt, daß ein völliger, nicht unvorherzusehender und deshalb auch nicht zu berechnender Umsturz aller Dinge eintritt — weder der engere noch der weitere Bund das E n d e unsrer Bestrebungen. Es wird vielmehr nach längerem Siechthum ein Zerstörungs= und Auflösungsprozeß folgen, und weiter ein Zerfallen Deutschlands in mehrere nicht mehr verbundene Staaten. Derselben würden wenigstens zwei, wahrscheinlich mehrere sein. Ganz gewiß aber würde sich ein anderes Gesetz als das mathematische erfüllen; die Theile zusammengenommen, würden nicht mehr gleich dem Ganzen sein.

16) Daß der Bund die Fähigkeit hat, Bedeutendes für das innere Staatsleben zu wirken, wenn die beiden Großmächte einig sind, beweist seine einschneidende v e r d e r b l i c h e Wirkung nach dem Jahre 1819. Selbst jetzt hat er, trotz des Auseinander= gehens der Großmächte im Handelsgesetzbuch etwas Werthvolles für Deutschland geschaffen, und anderes Bedeutende angebahnt. Das höhere Ziel ist aber dieses, daß die Großmächte durch eine übereinstimmende und nationale Politik eine Sühne geben für das, was früher durch ihre Uebereinstimmung in einer antina= tionalen und negativen Politik gesündigt worden ist.

Aenderungen in der Organisation des Bundestags, z. B. eine andre Vertheilung der Stimmen der einzelnen Bundes= staaten mit größerer Berücksichtigung ihrer Bundescontingente und andere ähnliche Reformen, wie die Schaffung einer besond= ren Executive, sind gewiß wünschenswerth. Allein sie sind nicht die Hauptsache. Wird der verderbliche Dualismus nicht versöhnt, so werden auch sie gar nichts nützen.

Daß dies der Punkt ist, wo die Wunde brennt, ist schon oft, und wohl auch an entscheidender Stelle gefühlt. Unverges= sen sind die Worte Friedrich des Großen in der berühmten Zu=

sammenkunft mit Kaiser Joseph: „ich sehe diesen Tag als den schönsten meines Lebens an, denn er wird die Epoche der Vereinigung zweier Häuser begründen, die zu lange Feinde gewesen waren, und deren gegenseitiges Interesse es erfordert, sich einander eher beizustehen, als aufzureiben;" und die Antwort Joseph's: „für Oesterreich gibt es kein Schlesien mehr", und die Aeußerung Kaunitz's: „die Vereinigung Oesterreichs und Preußens ist der einzige Damm gegen den wilden Strom, welcher Europa zu überfluthen droht."

Aber wie viel leichter waren diese Prinzipien ausgesprochen als befolgt! Und doch, so lange es ein Oesterreich und Preußen in ihrer historischen Bedeutung gibt, ist nur hier der Angelpunkt für die Lösung der deutschen Frage zu finden. Schwer ist diese Vereinigung, aber unmöglich ist sie nicht.

Daß sie nicht auf dem Wege des preußisch=deutschen s. g. Bundesstaates ohne Oesterreich möglich ist, wird den Freunden dieser Idee wahrscheinlich erst durch die weitere Verfolgung ihres Planes klar werden.

Praktischer schon ist der Gedanke, die deutschen Staaten außer Oesterreich und Preußen unter sich zu einem wahren Bundesstaat, und diesen mit Preußen und Oesterreich staaten= bundlich zu vereinigen. Diese Verbindung soll das Terrain neutralisiren, auf welchem sich die Hegemoniebestrebungen Oester= reichs und Preußens zum Schaden Aller feindlich begegneten, sie soll ein wahrhaft einigendes Mittelglied werden. Allein die= ser Plan hat, auch wenn die rein deutschen Staaten ihm zu= stimmen würden, große Schwächen, von denen die wichtigsten in der geographischen Lage einzelner Glieder des neuen Bundes= staates, und in der diplomatischen Vertretung desselben liegen. Jedoch abgesehen hiervon, zweifele ich, daß diese, eine Alterirung der Bundesverfassung mit sich bringende Organisation die Zu= stimmung Oesterreichs und Preußens finden würde. Die Durch= führung jeder Bundesreform ist schwer, auch derjenigen, welche später erwähnt werden wird. Aber keine kann auf friedlichem

Wege verwirklicht werden, wenn nicht Oesterreich und Preußen für dieselbe einstehen.

Beide zusammen können und werden so wenig oder noch weniger als Glieder eines constitutionellen Bundesstaa= tes in der vollen Bedeutung dieses Wortes eintreten, als Preußen allein. Es gibt Illusionen der kleindeutschen und solche der großdeutschen Partei. Zu letzteren gehört jene Auf= fassung. Aber es sind sehr heilsame Reformen der Bundesver= fassung möglich. Es ist ganz gleichgültig, ob sie unter den einen oder den anderen Schulbegriff passen, ob unsere Verbind= ung eine bundesstaatliche oder staatenbundliche, oder weder ganz das Eine noch das Andere ist. Das Leben bildet die Dinge, und dann erst entlehnt die Wissenschaft denselben ihre Begriffe. In der Politik und in dem positiven Staatsrecht ist das meiste Compromiß, und die consequentesten Systeme sind in der Regel auch die einseitigsten, diejenigen, welche den Keim baldigen Zer= falles in sich selbst tragen. Das Wichtigste für Deutschland ist, in den Dualismus heilsame statt verderblicher Triebe zu senken. Dies ist unmöglich ohne zwei Dinge, die wahrscheinlich ent= weder gar nicht kommen, oder (dem Wesen nach), wenn auch nicht in allen Einzelnheiten) zugleich kommen werden.

a) Preußen muß die Gewißheit haben, daß ihm im Kriege die wirksame Hülfe der Bundesgenossen zur rechten Zeit nicht fehlt. Dazu kann dienen: Organisirung der durch verschie= dene Contingente gebildeten Armeecorps durch Generalstäbe schon in der Zeit des Friedens; Eintheilung der Gränzen Deutschlands nach großen Kriegstheatern mit der Bestimmung, daß den einheitlichen Befehl daselbst führt, wer die größte Trup= penmasse stellt; unmittelbarer Anschluß der Contingente der zwi= schen den beiden Theilen der preußischen Monarchie liegenden Staaten an das preußische Heer im Falle eines Kriegs; Aner= kennung einer angemessenen Beitragspflicht aller nicht preußi= schen und nicht österreichischen Staaten für die Flotten, welche im Süden und Norden deutsche Interessen zu schirmen haben, und wovon Deutschland den besten reellen Gewinn haben wird, wenn die Flotte im Norden ebenso unter preußischem, wie die im Süden unter österreichischem Befehle steht. In solchen und ähnlichen Dingen liegt das wahre, reale Interesse Preußens*) in ganz andrer Weise, als in einem Alterniren des Vorsitzes im Bundestage. Doch würde, wie aus offiziellen Kundgebungen des österreichischen Cabinets sich ergibt, an diesem Punkte die Reform des Bundes nicht scheitern, wenn über die anderen wesentlichsten Differenzpunkte eine Einigung erlangt wäre.

b) Ein Angriff auf Preußen und ein Angriff auf Oesterreich, das feindliche Betreten seines Staatsgebietes, sei es Bundesland oder nicht muß den Kriegsfall für Deutschland begründen. Nimmermehr kommt man außerdem aus einem unnatürlichen Zustande heraus. Oesterreich schützt deutsche Interessen auch über das Bundesgebiet hinaus, Preußen desgleichen. Jede Schwächung des einen oder des anderen Staates schadet Deutschland; und will man große Interessen einmüthig

---

*) Nur solche Einrichtungen werden es möglich machen, daß Preußen seine Kräfte nicht einseitig auf seine Landmacht concentrirt, daß sich im Norden das bildet, worin im Süden Oesterreich seit 1819, trotz seiner außerordentlichen Finanzbedrängniß, weit entschiedener vorangegangen ist, nämlich eine der Bedeutung Deutschlands und Preußens in's Besondere angemessene Flotte. Es ist vollkommen unzureichend und Deutschlands geradezu unwürdig, nur an eine Flotte zu denken, welche zur Defensive gegen die dänische Seemacht ausreicht. Rußland greift mit seinen Ostseeprovinzen, Dänemark in Schleswig in das Culturgebiet Deutschlands ein. Beides liegt recht eigentlich in der natürlichen Machtsphäre Preußens. Es ist nicht daran zu denken, daß Preußen eine Eroberungspolitik nach dieser Seite hin beginnt; es ist selbst nicht zu wünschen. Allein was es nicht sucht, kann durch Provokationen an dasselbe herangebracht werden. Deutschland aber hat nur dann ein Recht, in solchem Falle die Wahrung der höchsten deutschen Interessen durch die höchste und entschiedenste Machtentfaltung Preußens zu verlangen, wenn es selbst das Seinige dazu thut. Auf seine eigenen Kräfte verwiesen, wird Preußen nicht füglich ein Heer, wie sein gegenwärtiges erhalten, und daneben eine bedeutende Flotte ausrüsten und unterhalten können. Geschähe es dennoch, so würde eine Ueberspannung der Kräfte und, im Falle eines längeren Krieges, eine Finanzcalamität, wie die des heutigen Oesterreichs die Folge sein. Daran aber würde Deutschland mit zu leiden haben.

vertreten wissen, so muß man auch die entsprechenden Pflichten
übernehmen. Aber diese Pflichten würden in der That nicht so
schwer wiegen, als es auf den ersten Blick scheint. In Wahr=
heit würde die jetzt auf jedem deutschen Staat drückende Sorge
und Last erleichtert werden. Die Thatsache solcher Föderation
allein würde genügen, jeden Angriff gegen Preußen oder Oester=
reich und das übrige Deutschland fast unmöglich zu machen,
gerade so wie Niemand daran denkt, Frankreich anzugreifen.
Nur so ist es möglich, daß sich nicht jene peinigenden Sce=
nen wiederholen, deren Zeugen wir 1859 waren. Dabei ist nicht
blos die Ehre Deutschlands, es ist auch das höchste Interesse
Deutschlands, Oesterreichs und Preußens engagirt. Für beide
ist es wahr: duobus litigantibus tertius gaudet. Wenn einer
unsrer Großstaaten in einem isolirten Kampfe unterliegt, ist es
immer ein Dritter, welcher gewinnt. Sodann fehlt die Hülfe
des natürlichen Alliirten in jedem folgenden Falle entweder ganz,
oder ist wirkungsloser. Der Feind ist stärker, der Bundesgenosse
schwächer geworden. Und auch Preußen kann in eine ganz ähn=
liche Lage kommen, wie Oesterreich im Jahre 1859.
Setzen wir den Fall, daß die Erledigung des dänischen
Thrones die Schleswig=Holsteinische Frage in ein neues Stadium
bringt, zu einer Kriegserklärung Rußlands und Dänemarks an
Preußen führt. Wie Italiener und Franzosen nur das nicht
zum Bunde gehörige österreichische Gebiet betraten, so greift man
auch Preußen nur in seinen nicht zum Bunde gehörigen Ländern
an. Frankreich — ich setze nicht den extremen Fall, daß es sich
am Kriege betheiligt — stellt ein Heer auf, wirkt mit Erfolg
für die Localisirung des Krieges, wie Rußland 1859; es bindet
die besten Kräfte Preußens am Rhein. Ein Schrei des Unwil=
lens durchzittert Deutschland; man will dahin eilen, wo deutsches
Blut fließt. Oesterreich aber bestreitet Preußen das Recht, im
Bunde den Antrag auf Kriegserklärung zu stellen, weil es Partei
sei. Dieses drängt jenes, in die Action überzugehen, bestimmte
Verpflichtungen zu übernehmen, ist bereit, ihm für diesen Fall
die Initiative zu überlassen. Oesterreich erklärt, es werde eine

bewaffnete Vermittlung versuchen. Aber es hat den kriegführen=
den Parteien noch nicht einmal sein Ultimatum, ja überhaupt
noch keine bestimmten Bedingungen gestellt, während die Feinde
schon vor der Festung Posen stehen, wie Italiener und Franzosen
1859 vor Verona standen. Hier endigte damals der Krieg; und
so mag auch diese Parallele schließen. Was geschehen sein würde,
wenn der Krieg fortgedauert hätte, ist unseren Blicken verhüllt.

Daß der Fall genau so kommen wird, wie er hier erwähnt,
ist sehr unwahrscheinlich, daß jedoch ähnliche Fälle leicht eintreten
können, darüber kann nur der Leichtsinn sich täuschen.

17) Und welche weiteren Reformen würden und könnten
sich, in's Besondere für das innere Staatsleben anschließen, um
die gerechten Ansprüche der Nation zu erfüllen? So wird man
fragen.

a) Man kann auf eine Art deutschen Reichsbürgerrechts zu=
rückkommen, d. h. man kann vereinbaren, daß jeder Staats=
bürger eines deutschen Bundesstaates (und dafür bleibt das jetzige
Bundesgebiet vorerst maaßgebend) in jedem anderen die Aufnahme
in einer Gemeinde unter denselben Bedingungen erhält, wie der
Angehörige des eigenen Staates, und daß mit dieser Aufnahme
der Erwerb des Staatsbürgerrechts in dem betreffenden Staate
von selbst gegeben ist.

b) Die Gesandtschaften von Preußen und von Oesterreich
können sich unter Zustimmung des Bundes oder einzelner Bun=
desstaaten in gewissem Sinne zu allgemein=deutschen Ge=
sandtschaften erweitern, d. h. sie vertreten die Verletzung jedes
deutschen Interesses im Ausland unmittelbar, wenn der Staat,
welcher zunächst betheiligt ist, keine Gesandtschaft hält, und wenn
man sich an sie wendet; falls aber der nächstbetheiligte Staat
eine Gesandtschaft hält, so unterstützen sie nach vorherigem Ein=
vernehmen dessen Schritte.

c) Ein Bundesgericht kann für den weiteren Bund, ebenso
wohl wie für den projectirten engeren preußisch=deutschen Bund
geschaffen werden; aber hier wie dort werden Preußen und
Oesterreich es nicht als Schiedsrichter über Conflicte zwischen der

Krone und der Volksrepräsentation anerkennen wollen, auch in der That nicht füglich anerkennen können. Seine Competenz wird also auf dieses Gebiet nicht ausgedehnt werden können.

d) Nicht der Wegfall, sondern die weitere Ausbildung und festere Begränzung der Competenz des Bundes auf dem legislativen Gebiet des inneren deutschen Staatslebens ist, nach dieser Auffassung der Föderation, die Aufgabe. Leitender Grundsatz aber kann nur der sein, daß auf diesem Felde dem obersten Bundesorgane ein Ausschuß der ersten und ein solcher der zweiten Kammern der deutschen Staaten (was Preußen und Oesterreich betrifft, der Abgeordneten ihrer Bundesländer) mit entscheidender Stimme zur Seite tritt. Die mittelbare Bedeutung dieser Institution, welche die besten politischen Kräfte der Einzelstaaten concentriren würde, kann eben so groß werden, als die unmittelbare. Alles hängt von dem politischen Tacte oder der Unfertigkeit ab, wodurch dieselbe von denen, welchen sie anvertraut wird, entweder heilsam entwickelt oder heillos verdorben und in Verruf gebracht werden kann.*) Wer der Ueberzeugung lebt, daß in Oesterreich und Preußen, wie sie historisch geworden, nicht alles Gemeinsame eben so leicht in's Leben treten kann, wie in den übrigen deutschen Staaten, der wird kein Bedenken tragen, nach einer Combination zu suchen, durch welche

---

*) Diese Gefahr besteht in gleichem oder höherm Maaße auch wenn der gemeinsame politisch-legislative Körper nicht aus den Kammern, sondern aus unmittelbaren Volkswahlen hervorginge. Wer in einer besondren Abhandlung das absolut Beste und nicht das, was man haben kann, untersuchen wollte, der würde für jedes der beiden Systeme eigenthümliche Vorzüge und eigenthümliche Nachtheile zu constatiren haben. Die Bedenken, welche man h. z. T. gewöhnlich hört, beruhen auf einem Mangel an Nachdenken. In Amerika ist das Repräsentantenhaus dickleibiger, hat mehr gute, mehr schlechte Elemente, als die gesetzgebenden Körper der einzelnen Staaten; der Qualität nach ist es ihnen gleich, es hat nur mehr zu sagen. Der aus den einzelnen Staatenhäusern hervorgegangene Senat allein ist durch inneren Werth, Einsicht, Mäßigung, staatsmännischen Sinn höher gestellt. Durch die Distillation ist eben mehr amerikanischer politischer Insel zurückgeblieben, ein besserer Gehalt an Spiritus gewonnen.

die Rücksicht auf die eigenthümliche Natur der deutschen Groß=
staaten mit dem Zweck der Gemeinsamkeit auf diesem Gebiete
des inneren Staatslebens, so viel wie möglich, versöhnt wird.
Man könnte z. B. anerkennen, daß ein durch gemeinschaftlichen
Beschluß zu Stande gekommenes Gesetz für Preußen oder Oester=
reich nur dann bindend wird, wenn dessen Staatsoberhaupt sich
unter den Fürsten befindet, welche im Bundestag für dasselbe
gestimmt haben.*) — Eine Erweiterung der Zollverträge, eine
Verschmelzung des österreichischen Zollgebietes mit dem des Zoll=
vereins, wenn sie erfolgt, könnte einem derartigen, aus den
deutschen Kammern hervorgegangenen legislativen Körper ein
weiteres höchst bedeutendes Feld der Thätigkeit zuweisen.

e) Die Bedeutung einer veränderten Organisation der
obersten Bundesbehörde und des Stimmenverhältnisses in der=
selben ist schon früher erwähnt.

Dies Alles wird in den Augen vieler Reformfreunde als
nicht viel mehr, denn nichts erscheinen. Auch würde in der That
ein anderes Bild der zu erstrebenden Reformen zu geben sein,
wenn der Weg von den Hoffnungen zu den Erfüllungen eben
so gangbar wäre, wie jener von den Wünschen zu den Hoff=
nungen, und wenn die spröden Dinge sich wie Wachs gestalten
ließen. Vom Standpunkt einer stetigen Rechtsentwickelung aus
— die, welche mit der Anwendung der Waffen drohen, oder dazu

---

*) Ich enthalte mich aller Vorschläge über die Einrichtung solcher Reprä=
sentation im Einzelnen. Die sich entgegenstehenden Extreme sind 1) was der
Bundestag innerhalb der geordneten Competenz durch einfache Majorität be=
schließt, und wozu der Centralausschuß der Kammern eben so zustimmt, wird
Gesetz für alle deutschen Staaten, 2) jeder Ausschuß eines Landtages bildet
eine Stimme. Zu einem Gesetze ist Einstimmigkeit aller Ausschüsse und
aller Bundestagsgesandten erforderlich. — Letzteres halte ich für keine Ver=
besserung des jetzt bestehenden öffentlichen Rechts. Nur auf einem Mittel=
wege findet man, wie mir scheint, das, was nicht zu schroff mit dem Gegebenen
contrastirt, uns aber doch auch in Wahrheit mehr einigt. Im Text ist ein
solcher Mittelweg angedeutet; man kann überdies statt einer einfachen eine
Majorität von ⅔ oder ¾ der Stimmen annehmen, und jeden Falles lassen
sich noch andere vermittelnde Wege finden.

aufrufen, stehen auf einem andren Boden — bedeuten die bezeich=
neten Reformen viel. Ohne im Geringsten daran zu denken,
daß es nicht noch andre erreichbare, an die gegebenen Zustände
sich anschließende Bundesreformen gibt, nehme ich keinen Anstand,
zu sagen, daß schon Großes erreicht wäre, wenn nur die bedeu=
tendsten der angedeuteten Aenderungen verwirklicht würden.
Wichtig sind diese Reformen durch sich selbst, gleich wichtig weil
sie den Nationalgeist praktisch entwickeln, und die Fähigkeit in
uns erzeugen können, Größeres zu erlangen, wenn es sich bietet.

Das Geschick der Nation wird genau dasjenige sein, welches
sie verdient. Wenn wir uns in allgemeinen, nach den gegebenen
Thatsachen unmöglichen Projecten erschöpfen, spalten, reizen, bald
krankhaft aufregen, bald krankhaft abspannen, so werden wir
weder das jetzt Mögliche, noch später ein Größeres erreichen.
Wir werden ganz einem Manne gleichen, welcher nach einer herr=
lichen Frucht auf einem hohen Baume verlangt, und welcher —
die Höhe desselben oder seine Sprungkraft falsch schätzend —
immer und immer vergeblich darnach springt, statt Zeit und Mühe
an die Fertigung einer Leiter zu wenden, um auf derselben von
Sprosse zu Sprosse aufzusteigen. Die ersehnte Frucht bleibt
natürlich in unerreichter Höhe, und der, welcher sie begehrt, stets
auf seiner Stelle, wenn er nicht gar nach jedem Sprunge auf
die Nase fällt.

Oesterreich hat in seiner Finanzzerrüttung, in der Ungleich=
artigkeit seiner Theile, in dem Uebergangsstabium seines neuen
politischen Lebens, in den Folgen einer zurückgehaltenen freien
geistigen Entwickelung; Preußen hat in seiner zerrissenen Lage,
in der Last der Großmachtstellung unter weit größeren Staaten,
in unvermittelten socialen und Parteigegensätzen, in seiner noch
nicht fest gewurzelten Verfassung, in einer vielfach hervortreten=
den krankhaften Spaltung zwischen Bürgerlichem und Militä=
rischem im Staat und in der Gesellschaft, große und ernste
Schwierigkeiten. Beide Staaten haben auch eigenthümliche, reiche
Hülfsmittel und Heilquellen. Sie werden beide noch manchen
schweren Sturm bestehen, gekräftigt aus ihm hervorgehen, ihre inne=

ren Kräfte freier entfalten. Wollte der eine den Fall des andren künstlich herbeiführen: es ist nur zu wahrscheinlich, daß er in die selbstgegrabene Grube stürzen würde.

Allein noch hat kein Staat von allen jedem Wechsel der Zeiten widerstanden, und einst — sei es auch noch so spät — wird der letzte Tag auch für die österreichische und für die preußische Staatsgestaltung erscheinen. Wenn einen dieser Staaten das allen unvermeidliche Geschick erreicht, wenn dann in dem andren ein Herrscher das Scepter hält mit der Kraft und dem Talente, welches Staaten gründet, die deutsche Nation aber unterdessen sich mehr gesammelt als zerrissen hat, dann, aber auch nur dann darf der höchste Flug der Gedanken sein luftiges Reich verlassen und festen Ganges über die deutsche Erde schreiten. Wenn das Reich ledig und der Kaiser, der rechte ganze Kaiser da ist, dann mögen die Raben nicht mehr flattern, vom Untersberg oder vom Kyffhäuser mag der geistige Blick eines unsrer dahingegangenen großen Kaiser auf ein in neuem Geiste wiedergeborenes Deutschland schauen, auf den Höhen aller deutschen Berge aber mögen Freudenfeuer leuchten, und von den alten deutschen Domen am Rhein und an der Donau mächtige Glockentöne zur Andacht stimmen, auf daß alles deutsche Volk dankend niederkniet, und Amen sagt.

Aber ich möchte nicht mit etwas schließen, was fast wie eine Phantasterei klingt. Was ich durch das angewendete Bild nachdrücklich sagen wollte, ist dieses, daß wir das Höchste nie aus dem Auge verlieren, daß wir aber als praktische Politiker an und mit dem Gegebenen stetig arbeiten sollen, um vor Allem uns selbst würdig zu machen für jenes Höhere, und um fähig zu werden, so viel oder so wenig davon zu ergreifen, als das Geschick uns bietet. Wenn uns die gegenwärtigen Bestrebungen für die Reform des Bundes fördern sollen, so müssen Alle sich redlich bemühen, ein Stück germanischer Erbsünde abzulegen. Denn ihr Reich ist weitverbreitet, und vielfach die Gestalt, unter welcher sie erscheint. In der Stellung, welche die kleineren Staaten einnahmen, war oft der Neid, das Mißtrauen gegen die

Mittelstaaten, und die innere Freude, diese auf das eigene Niveau gebracht zu sehen, nicht ohne Einfluß. In den Bestrebungen dieser spielte schon vielfach das Verlangen, auf Kosten der kleineren Staaten an Einfluß zu wachsen, unter der Decke; und den ex= clusiven Hegemoniebestrebungen der beiden Großstaaten fehlte oft selbst die nothbürftigste Hülle. Das aber ist die Ironie des Schicksals, daß, wo viele Gesichtspunkte die Blicke verwirren, das eigentliche Ziel wie eine täuschende Lufterscheinung verschwindet, daß, wo Alle etwas Besondres gewinnen wollen, Niemand ge= winnt und Alle verlieren; während im andren Falle Niemand in Wahrheit verlieren, Alle gewinnen würden. Tief in des Men= schen Brust liegt die Neigung, dicht neben dem Heiligthum des Glaubens dem Aberglauben ein Capellchen zu erbauen. So gibt es auch für die, welche in den, dem großen Vaterlande ge= geweihten Tempel den Fuß setzen, keine größere Gefahr, als daß sie den Blick vom Hochaltare wenden, und eine Reihe verschieden abgestufter Altäre mit besondren Widmungen in den Seiten= gängen des Heiligthums errichten. Da ist die Versuchung größer, eine Fackel dem Heiligen und eine andre seinem Gegenpart anzuzünden, einen billigen Accord zwischen der Sünde und der erlösenden Kraft zu versuchen, und unbewußt durch ein Stück alten oder neuen Götzendienstes den reinen Cultus zu verderben.